経営

MANAGEMENT LEARNING
JUN NAKAHARA

学習論

増補新装版

人材育成を科学する

中原淳

東京大学出版会

Management Learning
[Revised Edition]
Jun NAKAHARA
University of Tokyo Press, 2021
ISBN 978-4-13-040295-8

経営学習論　増補新装版——人材育成を科学する　目次

第1章　本書の概観

> ある理論が成功したか否かの程度は，マネジャーが知り得る所与の条件のもとで，
> 理論を使って予測した結果がいかに得られるかによって決まる。したがって，私
> たちの研究は，プラトンが言うような“絶対的真理の探究”をめざさない。むし
> ろ実用可能性と有用性こそが，真理の判定基準である。
>
> (Christensen, C.)

1.1　本書の目的

　本書は，「経営学習論（Management Learning)」という学際的研究領域を扱
う学術書である。「経営学習論」という言葉は耳慣れない言葉だと思われる
むきもあろうが，それはやむなきことである。西欧においては，専門雑誌
Management Learning が Sage 社から発刊され，英国・ランカスター大学の
ように Department of Management Learning & Leadership を有する大学も
存在する。つまり，Management learning という言葉は，広く普及している
とはいえないまでも，欧米における経営の言説空間においては確かに存在は
している。

　しかし，それに対して我が国においてはこれまで経営学習論という専門用
語を冠する書籍，論文，研究科は，筆者の管見の限り存在していない。わず
かに東京大学大学院学際情報学府において，筆者が「経営学習論」と冠する
大学院生向けの授業を行っているだけである。

　しかるに「経営学習論」という専門用語が公のものとなり，筆者を含む研
究者の知的探究がさらに生まれるのは，今これからということになる。

　本書の目的は2つある。

　まず第1に，経営学習論という研究領域の「全体像」を読者に提示する

ことである。読者にはこの領域で研究を志す大学院生レベルの人々を想定している。ゆえに本書の構成と記述は必然的に「テキスト」としての色彩を帯びる。

第2章において後述するが，経営学習論は「"企業・組織に関係する人々の学習"を取り扱う学際的研究の総称」である。それは単一のディシプリンに基づく知的探究によって切り開かれる研究領域ではない。むしろ様々な領域の研究者が定性的調査・定量的調査などの多種多様な研究方法論を用いて関与し，経営現場における人々の学習を学際的に探究する。それらの知見が実務家に解釈され，実践され，経営現場の変革に資することをめざしている。

経営学習論の学問的出自は極めて新しい。世界的に見ても十分な研究の蓄積があるとはいえない。それゆえ，その学問的状況は混沌としており，日々変化している。本書の目的はその「全体像」を描き出すことにある。

なお，その目的を達するにあたって本書で筆者は，1）組織社会化，2）経験学習，3）職場学習，4）組織再社会化，5）越境学習という5つの理論的視座から経営学習論の言説空間の全体像を描き出す。これらの理論的視座は，経営学習論という広大な領域を照らし出すいわばスポットライトのようなものだと考えてもらえればよい。

それぞれの概念については後で詳細に述べるが，ここではさしずめ組織社会化を「組織に新規参入時に，組織で仕事をするのに必要となるような知識・技能・信念を獲得させ，組織適応を果たすプロセス」，経験学習を「業務経験を積み重ね，それを内省し，出来事をスキーマ化することで熟達を果たすこと」，職場学習とは「職場において，人が，仕事に従事し経験を深めるなかで，他者，人工物との相互作用によって生起する学習のこと」，越境学習とは「個人が所属する企業・組織の境界を越えた場所で，個人が現在および将来の仕事に関連した内容を学習・内省すること」，組織再社会化を「前所属組織を去った個人が，新組織の一員となるために，新組織の規範・価値・行動様式を受け入れ，職務遂行に必要な技能を獲得し，新組織に適応していく過程」と把握しておこう。

もちろん，これらの理論的視座はそれぞれ独立に存在しているというよりも，緩やかにつながりあっていることはいうまでもない。例えば組織社会化

のプロセスにおいては個人は新規参入した組織で様々な「出来事」を経験し，熟達化していく。ということは組織社会化のプロセスにおいて，経験学習論における「経験」の役割は無視できないだろう。また，後述するように職場学習論の「他者からの相互作用」においては，経験学習論の「内省」が駆動するか否かが，成人の能力発達に対して大きな影響を持つ。

　次に本書の第 2 の目的を述べる。

　本書の第 2 の目的は，読者に対して「企業経営における学習」の最新の研究知見を提供することである。本書を著すにあたり，筆者は本書を「固定化され，体系化された内容から構成されるテキスト」というよりも，「発展途上にある内容を含むテキスト」として構成することをめざした。

　筆者は過去 10 年弱にわたって経験学習の研究領域を渉猟し，質問紙調査・ヒアリング調査の実証データを多角的に用いて，主に「日本企業に勤務するホワイトカラー中核人材の能力形成」について探究してきた。

　前著『職場学習論』（中原 2010）では，成人の能力形成の現場として「職場」に着目し，職場におけるメンバー間の相互作用と個人の能力形成の関連を実証的に探究してきた。

　しかし，後述するように「職場メンバー間の相互作用」だけが学習の契機ではない。むしろ前著において筆者が提示した視点は，経営学習論が対象とする研究領域の一部として位置づけられる。

　本書において筆者は，前著で扱った「職場のメンバーの相互作用を通した学習」だけでなく，ビジネス現場におけるタフな経験を通した学習（経験学習），組織を越えて組織外で行われる学習（越境学習）など，経営学習論が対象としている研究領域に内在する様々な学習の実態を筆者が関与し，共同で行った最新の調査研究の知見を紹介しながら描き出そうと思う。

　調査のなかには，筆者が独自に行った調査の他，東京大学大学院学際情報学府中原淳研究室に所属する大学院生たちと行った調査研究なども含まれる。それぞれの研究知見を紹介・引用する際に詳細を述べる。

　以上，本書の 2 つの目的を述べた。

　本書は経営学習論の全体像を描き出すことを企図しつつも，最新の研究知見も紹介する。よって，その構成・記述は教科書的な側面を含みつつも研究

専門書的な研究知見をあわせ持つものとなる。

1.2 本書で用いるデータ

　本書で用いるデータについて説明する。筆者は定量的データと定性的データの2つを用いて，本書を執筆する。

　まず定量的データである。

　本書において用いられる主要な定量的データには，以下の単独研究および共同研究で得られたデータがある。

①「職場学習調査」

　「職場学習調査」は，公益財団法人日本生産性本部と東京大学大学院学際情報学府中原研究室との共同研究により実施された調査で，その結果はすでに『職場学習の探究』（中原 2012c）として出版されている。共同研究には，木村充，重田勝介，舘野泰一，伊勢坊綾，脇本健弘，吉村春美，関根雅泰，福山佑樹，伊澤莉瑛，島田徳子が参加した。

　この共同研究においては，主要コンセプト，質問紙設計，サンプリングの決定，分析方針の決定，分析結果の議論などを中原研究室所属の大学院生らで行い，2010 年 11 月から約 4 ヶ月間にわたって調査を実施した。議論には日本生産性本部の担当者も参加することがあった。

　調査は日本企業に勤める 22 歳以上の正社員を対象に，紙による形式で行った。この調査票の設計にあたっては既存の尺度を主に用いたが，一部の質問項目は組織学習論，経験学習論，社会関係資本論の理論的枠組みに基づいて独自に開発したものを含んでいる。

　「職場学習調査」の回答者は，企業の人事部を窓口として，特定の部門，業種，年齢に偏りがないように回答者を抽出（有意抽出）してもらった。未回答の質問項目がある回答をのぞくと，有効回答数は 623 人になった[1]。表 1-1 から表 1-4 は回答者の属性である。

---

　1)　なお，研究課題・分析によっては，全データ 623 名を使わず，その一部を使うこともある。それについては各章の該当箇所でふれる。

表 1-1　「職場学習調査」の回答
者：男女比率

性別	人数（人）	割合（%）
男性	470	75.4
女性	153	24.6
合計	623	100

表 1-2　「職場学習調査」の回答
者：年齢比率

年齢（歳）	人数（人）	割合（%）
20～29	173	27.8
30～39	290	46.5
40～49	129	20.7
50～59	28	4.5
60～69	3	.5
合計	623	100

表 1-3「職場学習調査」の回答者：業種

業種	人数（人）	割合（%）
農林漁業	7	1.1
鉱業	1	.2
建設業	25	4.0
製造業	242	38.8
電気・ガス・熱供給・水道業	10	1.6
情報通信業	64	10.3
運輸業，郵便業	40	6.4
卸売業，小売業	31	5.0
金融・保険業	31	5.0
不動産業，物品賃貸業	1	.2
飲食・宿泊業	37	5.9
教育・学習支援	3	.5
学術研究，専門・技術サービス業	25	4.0
その他サービス業	76	12.2
その他	30	4.8
合計	623	100

表 1-4「職場学習調査」の回答者：職種

職種	人数（人）	割合（%）
研究・技術職	138	22.2
管理職	91	14.6
経理・財務職	35	5.6
企画・総務・広報職	122	19.6
人事・労務職	66	10.6
営業・購買・販売職	121	19.4
その他	50	8.0
合計	623	100

表 1-5 「組織社会化調査」の回
答者：男女比率

性別	人数（人）	割合（%）
男性	341	55.3
女性	276	44.7
合計	617	100

表 1-6 「組織社会化調査」の回
答者：年齢比率

年齢（歳）	人数（人）	割合（%）
20	12	1.94
21	1	.16
22	39	6.32
23	2	.32
24	309	50.08
25	110	17.82
26	102	16.53
27	42	6.81
合計	617	100

表 1-7 「組織社会化調査」の回答者：職
種

職種別	人数（人）	割合（%）
研究・技術職	186	30.1
製造・技能職	66	10.7
企画・総務・広報職	59	9.6
人事・労務職	30	4.9
経理・財務職	41	6.6
営業・購買・販売職	155	25.1
その他	80	13.0
合計	617	100

② 「組織社会化調査」

「組織社会化調査」は，筆者と筆者の指導する大学院生である関根雅泰，伊澤莉瑛，木村充，舘野泰一らとの共同研究として，2011 年 1 月に実施した。

調査の目的は，1）職場において実施される OJT（On the job training）行動の尺度構成，2）上司から部下に対する業務経験付与行動の実態把握，および 3）職業価値観と組織社会化の関係を探索するためであった。当調査の目的を達成するため，社会人歴 2 年目の社員を選び，調査を行った。

回答者は 20 歳から 27 歳の正社員であった。民間の調査会社の有するモニターを対象とした Web 調査として実施された。有効回答数は 617 名であった。

回答者の属性は表 1-5，表 1-6，表 1-7 に示すとおりである。

表1-8　「中途採用調査」の回答
者：男女比率

性別	人数（人）	割合（%）
男性	154	82.8
女性	32	17.2
合計	186	100

表1-9　「中途採用調査」の回答
者：年齢比率

年齢（歳）	人数（人）	割合（%）
24	2	1.1
25	1	.5
26	1	.5
27	5	2.7
28	8	4.3
29	3	1.6
30	10	5.4
31	2	1.1
32	9	4.8
33	8	4.3
34	6	3.2
35	10	5.4
36	9	4.8
37	12	6.5
38	15	8.1
39	7	3.8
40	12	6.5
41	7	3.8
42	8	4.3
43	9	4.8
44	5	2.7
45歳以上	37	19.9
合計	186	100

③「中途採用調査」

　「中途採用調査」は筆者の単独研究として，2011年3月に実施した。調査
の目的は中途採用者が新たな組織に参入する際，どのような学習行動をとり，
どのようにして組織再社会化されるのかを把握するためである。

　対象者は24歳以上の正社員かつ中途採用を経験して1年以上2年未満の

営業職の社員であった。営業職を選んだ理由は，営業職は最も中途採用が多い業種であるので厳しいサンプリング条件においても回答者を確保できることや，中途採用後の業績成果が数量として把握できやすいためである。

　調査は民間の調査会社の有するモニターを対象とした Web 調査として実施された。有効回答数は 186 名であった。回答者の属性は表 1-8，表 1-9 に示すとおりである。

④「海外赴任調査」

　「海外赴任調査」は筆者による単独研究として，2012 年 2 月に実施した。

　調査の目的は海外勤務をしている日本のビジネスパーソンの組織適応，能力向上を探究することにある。当調査の目的を達成するため，「半年以上日本国外に居住し，海外のオフィスで業務を行ったことのある日本人正社員」を対象に調査を行った。

　回答者は 23 歳から 39 歳の正社員であった。調査は民間の調査会社の有するモニターを対象とした Web 調査として実施された。有効回答数は 310 名であった。

　回答者の属性は表 1-10 から表 1-13 に示すとおりである。

　以上，本書で分析に用いる 4 つの主要調査，すなわち「職場学習調査」「組織社会化調査」「中途採用調査」「海外赴任調査」の概要を説明してきた。なお，これらの調査をデータ分析し，その結果を読み解くにあたり，3 つ留意されたい点がある。

　第 1 に留意しておきたいことは，本書の諸調査データが有意抽出によって得られていることである。経営学習研究の定量研究においては，一般に，組織風土・職場風土・上司の管理行動・職場メンバーの意識や行動などの詳細を尺度化された質問項目を用いて，回答者にたずねる形式になる。その実施に際しては，企業の経営者・人事部門・経営管理部門との信頼関係を個別に築き，趣旨を十分に理解してもらったうえで，各事業部門ごとに協力依頼を行う必要がある場合が多い。よって結果の解釈にあたっては，先に示した回答者属性を考慮に入れて行う必要がある。

表 1-10　「海外赴任調査」の回
答者：男女比率

性別	人数（人）	割合（%）
男性	229	73. 9
女性	81	26. 1
合計	310	100%

表 1-11　「海外赴任調査」の回
答者：年齢比率

年齢（歳）	人数（人）	割合（%）
23	2	. 6
24	1	. 3
25	6	1. 9
26	6	1. 9
27	4	1. 3
28	6	1. 9
29	11	3. 5
30	19	6. 1
31	18	5. 8
32	29	9. 4
33	24	7. 7
34	28	9. 0
35	24	7. 7
36	25	8. 1
37	33	10. 6
38	33	10. 6
39	41	13. 2
合計	310	100

表 1-12　「海外赴任調査」の回
答者：職種

職種	人数（人）	割合（%）
事務職	88	28. 4
企画職	31	10. 0
研究開発職	58	18. 7
技術 SE 職	59	19. 0
営業職	43	13. 9
サービス職	20	6. 5
その他	11	3. 5
合計	310	100

表 1-13　「海外赴任調査」の回答者：
企業規模

企業規模	人数（人）	割合（%）
〜299 人	97	31. 3
300 人〜999 人	61	19. 7
1000 人〜2999 人	50	16. 1
3000 人〜4999 人	21	6. 8
5000 人〜9999 人	22	7. 1
10000 人以上	57	18. 4
わからない	2	. 6
合計	310	100

　第2に留意しておくべきことは，これら諸調査によって取得したデータは「個人の知覚データ」であるという点である。例えば「職場」や「風土」に関してたずねているときでも，回答は個人によって知覚された職場の現状を示していることになる。また「能力」に関する質問項目についても，自分の能力を自己評定していることになる。

　このように職場や組織の風土などを問う質問も含めて，あらゆる質問は「個人の知覚」による。本書の記述においては，例えば「能力向上の自己知覚」といったような記述は冗長であるため避けている。いずれも「能力向上」と簡略化して執筆しているので，留意されたい。

　第3に留意されたいことは階層データの取り扱いである。「職場学習調査」においては，人事部を介して様々な事業部門に質問紙を配布していることもあり，そのデータ構造はいわゆる「階層データ」である。しかし，今回の調査においては特定の部門に偏りがないよう，回答者を募ったこともあり，回答は特定の職場に偏りなく，組織内に広く分散していた。念のため ICC (1)，ICC(2)，rwg(j) などの合意指標を計算したが，鈴木・北居（2005）で紹介されているような経験的基準を満たさなかった。ゆえに，本書の分析においては，階層データとしてこれを扱わない[2]。なお，「組織社会化調査」や「中途採用調査」や「海外赴任調査」に関しては，データの階層性は生じないのでこの問題はそもそも起こらない。

　なお，本書の記述にあたってはこれら4つの調査データを用いて再分析・新規分析を行うことが多いが，それ以外にも筆者の関与する共同研究の結果としてすでに公刊された書籍，論文などのなかから，いくつかの分析結果を出典を示し適宜引用することがある。詳細はそれぞれの節において示す。

　次に定性的データである。本書を執筆するにあたって用いている定性的データとしては，筆者が経営・組織・学習の研究を志すようになってから，継続的に行っているインタビューデータがある。

　ヒアリングは，1）事業部で働く若年労働者・マネジャー，2）人事部の

2）　近年の組織論においては，階層データを用いた分析が広まりつつある（牧野 2011）。筆者も中原（2010）においては，職場における業務経験談が組織レベルの社会関係資本とどのように関係しながら，能力形成に影響を与えるかというリサーチクエスチョンに対して階層線形モデルを用いて論じた。

社員・マネジャーを対象としている。各企業における人材育成・人材開発の現状を把握し，仮説構築・仮説解釈に役立てることを目的に非構造化インタビューのかたちで，1 回 1 時間程度の時間をかけて実施している。本書では，これらの定性的データを定量的データの解釈を補完するものとして用いていくものとする。

近年，定量的データと定性的データを混合して用いる研究法に注目が集まっている（Cresswell 2007）。その混成のあり方は様々な形態が存在しているが（Cresswell & Clark 2010），本書においては，主に定性的データを「定量的データによって示された事実を実践的に解釈するための資源」として用いるものとする。

1.3　本書の構成

最後に本書の構成を述べる。

まず第 2 章では，「経営と学習」がなぜ企業・組織経営の課題として「前景化」してきたのかについて，その社会的背景を論じるものとする。第 2 章において筆者が描き出したいことは経営学習論という学問領域の背後に存在する社会的背景である。経営学習論の学問的発展がどのような社会的意義を持ちうるのかについて考察する。

経営における人材育成の問題は個々の企業・組織の課題というよりは，むしろ長期的かつマクロな社会構造変化に応じて必然的に前景化しているということが筆者の主張である。そして，これら諸変化への組織対応が企業の人材育成の現場，仕事の現場で求められるようになった。これを裏打ちする学術的基盤・理論的基盤が「経営学習論」の言説空間である。

第 2 章後半では，経営学習（Management learning）の定義を行い，既述したように本書を綴るうえでの 5 つの理論的視座についてより詳細に論じる。

第 3 章では，第 1 の視座である「組織社会化（Organizational socialization）」について論じる。組織社会化の一般的定義としてよく知られたものに以下の「組織への参入者が組織の一員となるために，組織の規範・価値・行動様式を受け入れ，職務遂行に必要な技能を習得し，組織に適応していく過程」が

ある（高橋 1993）。

　一般に「社会化（Socialization）」とは，「非常に広範囲の行動可能性を持って生まれた個人を，その準拠集団の基準に照らして，所属メンバーに慣習的に受け入れられる範囲の，限定された行動へ，実際に発展・誘導させる包括的プロセス」のことをさす（Child 1954）。

　一方，学習の一般的定義とは「経験により比較的永続的な行動変化がもたらされること」であるから（中島 1999），組織社会化とは，「組織参入時における個人の学習」の問題としても論じることができる[3]。

　第3章前半では，組織社会化研究の先行研究を概観する。組織社会化研究は1970年代に創始され，これまで連綿と研究知見が生み出されてきた。

　第3章後半では，組織社会化研究の実証研究として職場におけるOJT行動に関する研究を紹介する（関根・中原2011，関根2012）。近年，企業にはOJT指導員，ブラザー，シスターなど多種多様な呼称で新入社員の組織社会化を円滑に達成するための先輩社員が割り当てられるケースが増えている。組織社会化を円滑に進めるためにはどのような働きかけを行えばよいのか，そのことに関する研究を紹介する。

　第4章では「経験学習（Experiential learning）」とよばれる第2の理論的視座について，先行研究を概観し，最近の研究を紹介する。

　経験学習という用語は，経営学習論において，最も広く受け入れられている理論群である。ビジネスパーソンならば誰しも，自らの業務経験を振り返れば，タフな顧客との交渉，厳しいプロジェクトへの参加など，苦境や葛藤に満ちた業務経験をいくつかは思い起こすことができるのではないだろうか。

　経験学習の理論的視座によれば，苦境の経験は学習のリソースでもある。自己の現有能力をはるかに超えた苦境を何とか乗り切り，そのプロセスを内省することによって自己の業務能力を向上させることができる。こうした観点から，業務能力向上に資する経験のレパートリー，内省の方法，経験から学ぶための個人的資質などについて探究を行うのが，この理論群である。

3）　組織社会化研究は，これまで経営学における組織行動論とよばれる研究領域に位置づくものとされてきた。組織エントリー時の行動変化を「学習」として把握するならば，それは経営学習論の研究射程にも位置づく。

　第 4 章前半においては，経験学習の先行研究を概観する。経験学習はプラグマティズムの主導者，ジョン・デューイの理論に端を発し，様々な研究者によって発展させられてきた。

　第 4 章後半では，経験学習モデルの尺度化に関する研究（木村・舘野・関根・中原 2011），経験学習の多母集団分析に関する研究および上司による経験付与行動に関する研究を紹介する。

　第 5 章では，「職場学習（Workplace learning）」とよばれる理論群について論じるものとする。

　この理論群が焦点を合わせるのは，人が業務を行う職場における他者との相互作用，コミュニケーション，社会的支援関係である。

　人は職場で，多くの時間を過ごす。そのプロセスにおいては，上司のみならず，上位者・先輩，同僚・同期といった様々な主体（エージェント）との相互作用・相互行為が存在する。あるときには厳しい叱責を受け意気消沈し，時には懇切丁寧に指導を受ける。また，ある時には励まされたり，時には業務経験の振り返りを促される。こうした職場における他者を媒介とした学習に焦点化するのが第 5 章に他ならない。

　第 5 章前半においては，これまでの先行研究を概観する。筆者の前著『職場学習論』では，「職場におけるメンバーからの支援と能力形成の関係」ないしは「職場におけるメンバー同士の相互作用と能力形成の関係」を考察したが，その概略を述べるものとする。

　第 5 章後半においては，2 つの研究を紹介する。2 つの研究とは，1）職種・年齢などの多母集団分析を通して，職場における他者からの支援の実態がどのように変化するかを考察した研究，2）職場のイノベーション風土と他者からの支援の関係を考察した研究である。

　第 6 章では，中途採用者の組織再社会化，すなわち再学習の問題を取り扱う。よく知られているように，ポストバブル以降，我が国の企業における雇用慣行は長期雇用と年功序列賃金を前提にしたものから大きく変化した。

　例えば，守島（2006）の調査によれば日本企業の雇用慣行に関して，1994年の段階では「長期雇用」「年功序列」を維持していた企業が，調査企業1628 社中，56.4% の 919 社存在していたにもかかわらず，10 年後の 2004

年には調査企業 1207 社中 40.5％（489 社）にまで低下しているという。一方，長期雇用は前提としていつつも，「業績に基づく評価処遇」を導入している企業が，1994 年は 32.2％（524 社）から，2004 年は 37.8％（456 社）にまで増加している，という（Morishima 1996，守島 2006）。本データから解釈するに，日本企業の半数はいまだ終身雇用は維持しているものの，一方で「業績に基づく評価処遇」が導入されている。

　このような雇用慣行の変化にともない，雇用の流動化が進むという指摘は枚挙に暇がない。雇用の流動化が高まるということは，キャリアの途上において，従来とは異なる企業・組織に再参入する人々の数が増加するということである。これまで日本企業は，新卒一括採用を前提として，様々な組織社会化戦術を駆使してきたが，その手法がそのまま中途採用者の社会化戦術としても役立つ可能性は，決して高くはない。よって，今後進むであろう雇用の流動化を前に中途採用者が組織再参入時に抱える固有の問題・課題に対する学習支援の方策が探究されるべきである，と筆者は考える。

　第 6 章では，前半において中途採用者に関する社会的背景を述べる。加えて，中途採用者が抱える課題や学習は，彼らが置かれている社会的コンテキストに強く影響されていることを論じる。

　第 6 章後半では，1）中途採用者が組織再社会化時にどのような問題・課題を抱えるのか，再社会化を何が促すのかを考察する。また，2）中途採用者の組織再社会化を促す職場環境がどのようなものなのかについても考察を深める。

　第 7 章では，組織外に目を向けて「越境学習」という視座から，成人の学習を追う。「組織外で行われる学習」ということは，必然的に「組織がイニシアチブを発揮して，個人に促すことはできない学習」である。そこで描き出されるのは，「個人がイニシアチブを発揮する学習」である。

　従来の研究では，「組織がイニシアチブを発揮できない学習」は，組織による経営・管理の対象ではないし，また就業時間以外に実施される場合が多いため，それが論じられることは少ない。しかし，近年，雇用流動性が高まり，自らキャリアを切り開く働き方やエンプロイアビリティ（雇用可能性）を高めることが喧伝されたりするなかで，自らのキャリアや能力形成につい

て関心を持つ人々の自律的な学習に関して，研究の焦点が合わせられつつある（荒木 2007, 2008, 中原 2010, 石山 2011）。また，新たなアイデアや着想を得るために社外の勉強会や交流会で学ぶ人も少なくない。

　第7章前半では，越境学習の背後に横たわる社会的ニーズと先行研究の知見を概観する。越境学習が，新しいアイデアの渇望，自律的なキャリア形成・能力形成の契機として，人々の関心を集めていることを論じる。

　第7章後半では，どのような個人がどのようなニーズで越境学習を行っているのかに関して，舘野・木村・関根・中原（2011）らの共同研究の知見，筆者が行った追加分析の結果を概観・紹介する。続いて，越境学習を行う人々の社会関係資本と学習行動の関係について実証的に探究するものとする。第7章4節では，越境学習を支援するために筆者らが行ってきた社会的実践についても紹介する。

　終章の第8章では，今後の研究課題について述べる。日本企業が生産拠点を海外に移す動きが本格化し，いわゆるグローバル化した経営戦略に対応可能な人材マネジメント，人材開発のあり方が模索されている。その動向に資する研究などの一部を紹介する。

1.4　小括

　第1章において筆者は本書全体の構想を述べた。本書は，「"企業・組織に関係する人々の学習"を取り扱う学際的研究の総称」，いわゆる「経営学習論」に関する学術書である。従来の先行研究の知見を概観することと，筆者が関与してきた共同研究および単独研究の調査知見を紹介することを主な目的とする。

　経営学習論の広大な理論領域を概観するにあたっては，1）組織社会化，2）経験学習，3）職場学習，4）組織再社会化，5）越境学習の5つの視点から論じるものとする。本書を執筆するにあたり，用いるデータとしては，主に「職場学習調査」「組織社会化調査」「中途採用調査」「海外赴任調査」の4つである。

　続く第2章では経営学習論が注目される社会的背景を述べる。

第2章 経営学習論をめぐる社会的背景

> 時間的尺度が短く，また，不規則な先端組織は，人々から物語的展開の概念を奪
> ってしまう。物語的展開とは，単純にいえば，出来事を時間の中で結びつけるこ
> と，経験を積み上げていくことである。
>
> (Sennett, R.)

「経営の言説空間」において，「学習」という言葉が「ターミノロジ（専門
用語）」として頻繁に利用されるのは主に2つの時期においてである。

第1の隆盛期は1980年代末から90年代にかけて起こる。この時期，激
変する経営環境のなかで組織が中長期的にわたって環境適応を果たすために
は，組織および組織に勤務する個人が学習し，変化を遂げなければならない
という認識が急速に広まった。

その問題関心のもと，「組織学習論（Organizational learning）」という研究分
野の知見が人口に膾炙するようになり（Tsang 1997, Levitt & March 1988,
Crossan, Lane & White 1999）[1]，その研究領域の要諦を実務家向けにまとめた
『最強組織の法則』が上梓された（Senge 1995）。

この第1の隆盛期においては，これまで「教育・学習研究の言説空間」
においてのみ流通していた「学習」という概念が「経営の言説空間」に導入
され始め，意識の高い経営者，経営学者の注目を集めるようになった。しか
し，一方で残念ながら，組織学習論はその後多様な方向に発展するものの，
研究の蓄積性・累積性が担保されなくなる事態が生じ，理論的停滞期を迎え
たとされている（安藤 2001）[2]。

「経営の言説空間」における「学習」の第2の隆盛期は1990年代後半な

---

1) 組織学習論自体は，1970年代より連綿と研究が行われている。この研究分野の動向に関
   しては安藤（2001）が詳しい。

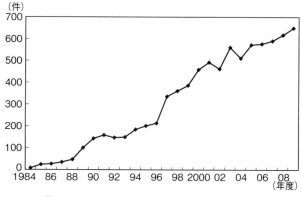

図 2-1 『朝日新聞』データベースにおける「人材育成」の出現
頻度

いしは 2000 年代にかけて生まれる。いわゆるポストバブルの時代である。

　この時期には,「それまで機能していたかのように見えた職場・実務現場
における人材育成が機能不全に陥った」という認識が生まれ,組織として人
材育成を再構築するための知見として「学習」というキーワードないしは
「学習」に関する研究知見に人々の関心が集まった(中原 2012a, 2012c)。

　解決するべき具体的課題としては,職場における OJT(On the job training)
がうまくいかない,年長者から若い世代への技能伝承が滞っている,という
現象などが実務家から数多く報告されている。実務家と実践的な研究を志す
研究者によって,それへの対処のあり方が模索され始めた。

　例えば,図 2-1 のグラフは,『朝日新聞』の記事データベースにおいて
「人材育成」という用語が,各年度においてどの程度出現したのかをグラフ
化したものである。ポストバブル期の 1990 年代前半から次第に「人材育
成」が世間の関心を集めるようになり,90 年代中盤から後半にかけて大き
な伸びを見せることがわかる [3]。

　もちろん,企業内における「人材育成」と「学習」は必ずしも同義語では

---

2)　しかし,近年,本邦においては松尾(2009),中村(2009)などの専門書や Senge
　(2010)などの実務書がいくつか出版されるなど,再び活気づく傾向が見られ,今後が期待
　される。

ないので，これだけをもって「学習」の隆盛を裏付けるデータとは成り得ない。

　しかし，企業内における人材育成の機能不全とその再設計に関する喫緊の社会的要請を背景に，その営為を根拠づける学問的理論群の必要性が高まったことは間違いない。そして，この時期に広く生産されたものこそ，本書のタイトルである「経営学習論」に内包される諸知見に他ならない[4]。

　しかし，それではなぜ1990年代から2000年代にかけて，本邦においては「経営学習論」が求められ，引用されるような社会的コンテキストが生まれたのか[5]。換言するならば，人材育成や学習の問題が，なぜ我が国の企業組織の経営課題として「前景化」してきたのだろうか。なぜ，「それまで機能していたかのように見えた職場・実務現場における人材育成が機能不全に陥った」のだろうか。これらの社会的コンテキストについての詳細な検討を行う必要がある。

　本章では前半で，人材育成の危機の背後にある社会的状況を論じたい。そのことを論じることが，我が国における経営学習論の社会的意義を位置づける作業にもなるだろう。

　なお，本章の後半では社会的状況に関する議論を踏まえたうえで，経営学

---

3)　人材育成に対する関心が高まる一方で，この時期，急速に職場の人材育成が弱体化したのは皮肉なことである。OJT（計画的なOJT）に関しては，1987年に74.2%の事業所がそれを実施したものの，1994年以降は実施事業所の数が急減し，97年には30%を切った（内閣府 2007）。その数値はいったん回復したものの，2008年のリーマンショック後の厳しい経営状況の中，2010年では，前年59.6%から2ポイント弱さがり，現在57.2%となっている（厚生労働省 2010a）。

4)　「経営学習論」という名称は，ともすれば，「学習を行えば，即，利潤が追求できる」というイメージを喚起してしまいがちだが，それは必ずしもそうではない。もちろん，人材育成が企業内で行われる営為である以上，その原則は「経営に貢献する」という大目標からは逃れられない。が，その「貢献のあり方」には多種多様な可能性がある。短期的な貢献としては「利潤の追求に資すること」がある。しかし，学習や人材育成が直接的に「利潤追求」に資するならば，企業組織においては「学習・人材育成」だけを行っていればよいことになる。むしろ，学習や人材育成の意義を考えるうえでは，長期的・包括的な立ち位置に立つ必要がある。例えば，組織適応を進め組織コミットメントを高める，離職・転職者をださない，などもそのひとつだろう。新たな仕事に挑戦するマインドを高め，業務能力を向上させる，といったことも「経営への貢献」である。それらは即，利潤には結びつかないものの，長期的には組織の競争優位を支える資源となりうる。

5)　経営学習（Management learning）という用語の隆盛は，欧米においては1990年代に起こった。1990年代にそれが起こった理由は，学習研究における，いわゆる「状況学習論（Situated learning theory）」の隆盛の果たすべき役割が大きい。

習（Management learning）の定義を行い，本書を綴るうえでの5つの理論的
視座についてその詳細を論じる。第1章で既述したように，本書では，1）
組織社会化，2）経験学習，3）職場学習，4）組織再社会化，5）越境学習
という5つの理論的視座から，企業経営における学習の問題を描写する。

2.1 「経営課題としての人材育成」をめぐる社会的背景

「人材育成」が経営課題として前景化する社会的背景をさぐるうえで，ま
ず認識しておかなければならないことがある。それは，経営課題としての
「人材育成」がこの時期に浮上してくるのは，必ずしも，個々の企業・組織
の怠慢から生じたわけではない，ということである。むしろ，1990年代全
般にかけて日本企業を急速に襲った社会変動に企業が何とか環境適応しよう
とした結果，必然的かつ不可避的に——場合によっては意図せざる副産物と
して——そうした事態が生まれてしまった，と把握した方がよい。

もちろん，企業によっては，大規模かつ長期間にわたった低成長期の混乱
に乗じて，将来の見通しや展望をいささかも持つことなく，研修費・人材育
成費用の大幅削減を行ったところもないわけではない。ゆえに，「人材育成」
や「学習」が機能不全に陥り，経営課題として前景化してくるのは個々の企
業の責任であるという見方も成立しないわけではない。

しかし，多くの企業において人材育成の問題が横たわってくる主因はこの
時期に日本企業が経験した急激な社会変動である，というのが筆者の見解で
ある。本書第3章以降において，筆者は次世代の人材育成を再構築するた
めの種々の理論的基盤を紹介することをめざすが，まずそうした理論的検討
に入る前に，当時生じた社会変動の様子をより俯瞰的な視点で概観し，現在
起こっている人材育成の機能不全の原因を考察しよう。それは決して「遠回
り」にはならない。むしろ，第3章以降で紹介する理論群の輪郭を明瞭に
する働きを持つ。

以下，本節では「人材育成・学習」の機能不全の主因として，1）職場の
社会的関係の消失，2）仕事の私事化，業務経験付与の偏り，3）高度情報
管理による学習機会喪失，という3つの仮説を提示する。人材育成の機能

不全はこれらの仮説によって説明される諸条件が，複雑に重なり合った地平に立ち現れる。

2.1.1　職場の社会的関係の消失：組織のスリム化とフラット化の果てに

第 1 の理由「職場の社会的関係の消失」とは，「個人の発達支援の基盤となる "職場の社会的関係" がポストバブル期に進行した組織のスリム化・フラット化のために脆弱化したり，消失したりすることで，職場メンバーの能力形成機会が著しく阻害された」とする仮説である。要するに，新入社員や若手社員の能力形成を支えていた職場の人的ネットワークが失われ，能力形成のためのケアが十分行き届かない事態が発生し，とりわけ新入社員や若手社員の能力形成が阻害された，ということである。

それでは，なぜこのような事態が生まれたのか。それを理解するためには当時の時代的背景を押さえる必要がある。

1990 年代，ポストバブル時代の人的資源管理の特徴を簡潔に述べるのだとすれば，それは「人件費抑制」と「成果主義の導入」である。これらの諸施策において「生産性を高めること」が，この時期，最も注目された。

まず，この時期，長期化する不況に対応するべく，戦後以降，日本企業が維持し続けてきた「長期雇用」「年功序列賃金」の段階的な撤廃が行われ始めた。同時に，仕事の業績を給与と連動させる，いわゆる「成果主義制度」が相次いで導入され（青木・鹿生・木村・島貫・山路 2007），人件費抑制をはかる一方で，それでも不足が生じる部分は大規模なリストラクチャリング（事業整理・人員整理）や非正規就業者の雇用を行い，組織のスリム化・組織のフラット化をはかった（Jacoby 2005）[6]。

このようなプロセスを通して，職場を構成する人員，とりわけホワイトカラー中核人材は確実に減少する。特に給与が比較的高いものの，管理職または管理職の一歩手前の経験あるベテラン人材が職場から流出する事態ないしは不足する事態が生まれた。

このような当時の状況に関して，あるマネジャーはこのように語る。

---

[6]　厚生労働省のデータによると，いわゆる「成果主義」を導入している企業は，大企業（従業員規模 1000 人以上）では，平成 22 年現在，80％ を超過している（厚生労働省 2010b）。

　「むかしは，どこの会社でも，ある程度，似たりよったりだと思うんだけど，教育係さんとか，いたんですよ。あれは役割だったんでしょうかね（中略）。例えば，マネジャーのすこし下くらいで（中略）なぜか，全体をみてて，教育係をやる人がいて。そういう人が若手の面倒みてたり，コボレダマを拾ったりしてた。でも，いつの間にか，そういう面倒をみる人もいなくなっちゃった」

　この語りにおいてマネジャーは，当時の職場は階層が今よりも多く設けられており，そのなかの特定の人物が「教育係」の役割・機能を果たしていたと述懐している。この語りにおいて，マネジャーが言及しているのは，「ラインマネジャーとボトムの社員の間」の教育係である。教育係を担っていた人々は，役割として特に「若手の面倒」を見ていたり，若手が失敗したときなどにケアをしていたことを述懐している。「コボレダマを拾う」とは若手の失敗をカバーすることのメタファであろう。

　しかし，そうした人材は1990年代中盤から2000年代にかけて起こった組織のスリム化の果てに，職場から「いなくなっていた」。「いなくなった」とは，物理的に退出したという意味でも解釈しうるし，そうした「役割」が消えた，という意味にも解釈可能である。その真偽はこのデータだけからは明瞭ではないが，少なくとも，そうした機能が職場から消失したことは間違いない。

　このことに関連して，別のマネジャーは次のように語る。

　「今は元に戻す会社も，ちらほら，こっそり，でてきましたけど。でも，この時期のフラット化の動きが大きかったと思いますよ。（中略）階段［階層が］たくさんあったものを，2段とかに，階層なくす［る］ことが，もてはやされて，ひとりの管理職とそれ以外になっちゃいましたから。しかしながらですね，管理職ひとりで，多くの"それ以外"の［人の］面倒を見なくちゃいけない。でも，それは無理です。当然，手が回らないですよ」

　この語りにおいてマネジャーは，この当時に進行した「組織のフラット化」の「意図せざる弊害」として人材育成の機能不全を考えている。組織のスリム化と表裏一体をなす「組織のフラット化」の動向によって，既述したような「教育係の機能を果たす人材」は職場から失われた。その果てに生まれたのは「管理職ひとりで，“それ以外の”面倒を見なくてはならない」状態である。しかし，管理職はただでさえ多忙である。ゆえに，「手が回らない」。かくして，職場の人材育成は危機に瀕することになる。

　これらの事例に見るように，当時進行した「組織のスリム化」，「組織のフラット化」の動きは，職場における人材育成を支えていた様々な社会的関係を消失させ，個人の発達支援の機会を阻害した可能性が示唆される。

2.1.2　仕事の私事化，業務経験付与の偏り

　第 2 の理由「仕事の私事化，業務経験付与の偏り」とは，1）成果主義を背景に，個人が個人の業績だけを追求する風潮が生まれた結果（仕事の私事化），職場の個人が他のメンバーの発達支援を担うという，いわゆる組織市民行動を担おうとしなくなったこと，ないしは，2）職場としての成果を出さなければならないために，個人の成長につながるような業務経験の付与に偏りが生じ（業務経験付与の偏り），成長機会が阻害されたという仮説である。

　まず前者，「仕事の私事化」に関して考えてみよう。

　1990 年代から 2000 年代に進行していたのは，職場の経験ある人材の流出とともに成果主義を背景として，個人が短期的業績を追い求める風潮の広がりであった。右肩上がりで給与が上がっていく時代は，終焉のときを迎えた。役職・役割・業績成果によって，大きく変動するという給与体系がこの時期導入され，それに応じて従業員の働き方も変容する。

　福山（2012）によれば，このような状況下において，人材育成を奏功させるような，職場のメンバー間の相互援助行動が消失した可能性が高いとしている。福山（2012）の論考においては，あるコンサルティングファームに勤務するビジネスパーソンが「成果主義制度の導入後の会社」について語っている様子が掲載されている。その語りをここでも引用してみよう。

「ウチの部門はコンサルティングが仕事で，一人で〇千万円売り上げて
こいというノルマがある。ノルマが導入されて以降，個人として数字を
意識する風土ができたのは良かった。しかし，他のコンサルティング部
門との間や時には部内でもライバル意識が働き，“教えてあげれば良い
のに”という情報を伏せることや，“助けてあげない”ということが見ら
れるようになってしまった。また，縄張り意識が働き，よその部門を
排除してしまうような動きもある。これでは，会社として良い方向に進
まない」
　　　　　　　　　　　　　　　　（福山 2012 187 ページ 傍線は引用者）

　この語りにおいて，このビジネスパーソンは会社にノルマが導入されて以
来，「個人として数字を意識する風土」ができたのは良かったとしながらも，
それがともすれば過剰な「ライバル意識」を助長してしまい，「情報を伏せ
ること」や「教えてあげない」「助けてあげない」といった現象を，組織内
に生み出してしまったことを述べている。
　一般的に，職場における人材育成とは個人に現有能力を超える業務を担わ
せ，それができないときには適切な支援を与えることで奏功するものである。
上記の語りに見られるような「情報を伏せる」「教えてあげない」「助けてあ
げない」という「支援消失」の諸現象は，職場の人材育成にとってマイナス
に働く可能性が高い。
　「個人として数字を意識する風土」に関しては，あるメディア企業で人材
開発を統括するマネジャーも次のように語る。

「とにかく，現場の傾向をいうとですね，早く結果を出したい。（中略）
それはたぶん，成果主義っていうこともあると思うんですけど，黙って
いても，給与が上がらないのでっていうのもあると思いますし。相当，
不安だと思います。1年たって，黙っていても，昔の人は給与上がるの
に。［自社の場合は］多少ステージとかが［上がって］，［給与が］上が
るようにはなっているんですけど。本人たちの意識は，とにかく早く結
果を出さないと，と」

　上記の語りにおいてマネジャーは，自社の現場の従業員の意識が「早く結果を出すこと」に傾斜していることを述べている。かくして成果に連動した人事諸施策の実施により，「個人として数字を意識」するようになった。とりわけ，「とにかく早く結果を出さないと」という言葉からは年功序列から成果主義への緩やかなスライドのなかで，従業員のなかに焦燥感や不安が生まれている様子，また業績成果に人々が駆り立てられている様子が見て取れる。

　このように業績成果を個人に負わせる人事制度のもとでは，個人は自らの業績達成のために個人の業務に向かわざるをえない。いわゆる「仕事の私事化」が起こり，業務は「カプセル化」する。自分の業績につながらないことには関心を示さない。ただでさえ多忙であるのだから，他者に関わろうとしない風土が生まれる可能性がある[7]。かくして，福山（2012）が述べるような「職場における発達支援行動」は消失する可能性が高まる。社会生産性本部（2006）の調査によると，約 50% のビジネスパーソンが，職場の助け合いが消失した，と回答しているという。

　人材育成とは第 5 章で述べるように，職場のなかに埋め込まれた発達支援のメカニズムが暗黙のうちに機能することで達成される。発達支援行動が消失した職場では人材育成が機能不全に陥る可能性がある。

　続いて，後者の「業務経験付与の偏り」に関して見ていく。

　ここまで既述してきた「仕事の私事化」が成果主義を踏まえて個人レベルで起こる変化だとすれば，こちらは職場レベルで起こる変化である。

　成果を求める社会的プレッシャーのなかで，職場全体の業績が自分自身の業績評価につながるマネジャーは個人の成長を促すような高度な業務経験を

---

7)　近年，某販売企業にて若年就業者の初期キャリア形成について調査研究を行っている鈴木・忠津・尾形・松本（2011）によれば，若年就業者が組織に順応し，業務を達成することができるようになるためには，若年就業者自身の努力もさることながら，環境的条件も重要であるという。環境的条件の中で，最も重要なもののひとつにかかげられるのが「職場が多忙すぎない」という条件であり，多忙すぎる職場からは，業務遂行上の相談が行えず，また積極的に上司・同僚・同期からサポートを得る機会が失われやすく，組織適応を阻害する，という。

「仕事のできるメンバー」に選択・集中させる。すなわち，能力形成につながるような重要な業務経験を，職場メンバー全体に付与して底上げをはかるのではなく，業績の高い人に一極集中させ，短期的業績を上げようとする傾向である。

　このことに関して，労働政策研究・研修機構（2006）が行った調査によれば，過去3年間の職場において「仕事ができる人に集中している」という質問に肯定的な回答をした人は55.6％になっていたという。それから4年後，筆者らが「職場学習調査」において同じ質問項目で職場の状況をたずねた際にも，「過去3年間で仕事ができる人に集中している」と回答した人は55.1％に達していた。これらの結果からは業務経験が業績成果の高い人に集中している様子が見て取れる。

　「業務経験付与の偏り」の果てには，さらに深刻な事態である「マネジャーのプレイヤー化」も待ち受けている。

　短期的成果を出すことが求められ，かつ業務経験の高い社員に，これ以上，仕事を一極集中させることができない場合——部下の業務負担が一定の限度を超え，これ以上，仕事を付与することができない場合——最終的にマネジャーが選択せざるを得ないのは，マネジャー自らが部下の仕事を担うことである。

　「職場学習調査」の結果によると，「上司は，本来，部下がやるべき仕事を，自ら抱え込んでいる」という質問項目に対しては，28％の回答者が肯定的回答を寄せていた[8]。

　こうした状況は，産業能率大学総合研究所が行った人材育成に関する調査（N=622）においても認められており，「マネジャーがプレイヤーとしての仕事に追われ，マネジメント業務がおろそかになっている」という項目に対して65.9％が肯定的回答を示している。このことからも，上司やマネジャーがプレイヤーとして仕事を抱え込む様子が見て取れる（産業能率大学総合研究

---

8) 管理職が本来の管理業務に加えて，自らもプレイヤーとして業績・成果を出さなければならない事態（いわゆる管理職のプレイングマネジャー化）が，1990年代以降，進行した（中原・金井 2009）。管理職の厳しい勤務状況を目の当たりにすると，組織内において能力を高めて昇進することの魅力が減り，それを忌避する傾向が生まれる。このようななか，能力形成が難しくなる可能性もある。

所 2011）。

　それでは，仕事が業務能力の高い人，ないしはマネジャーに集中するといった現象――業務経験に偏りが生じること――が，なぜ，職場の人材育成の機能不全につながるのだろうか。この理由は理論的に推測可能である。

　第4章「経験学習」において後述するが，個人が業務能力を向上させることに，まず必要なことは，現有する自らの業務能力を超えるような経験（ストレッチ経験）を付与されることである。しかし，業務経験が一部の職場メンバーに集中している職場においては，職場メンバーが現有する能力を超える業務経験を積むことができない。その結果，業務能力向上の機会が失われることになると思われる。

　まして，2.1.1項で既述したように，職場の社会的関係は失われ，それによる発達支援もあまり期待はできない。第5章「職場学習」で後述するが，個人の能力形成にとっては折にふれて業務経験を振り返ることを促す他者の支援が重要である。しかし，その余裕は現在の職場にはもはや残されていない。かくして職場の人材育成は機能不全に至る。

　ちなみに若年労働者の働き方を丹念なインタビューを通して，リアリスティックなルポルタージュにまとめた稲泉（2010）は，ある銀行に勤めた若手行員（文章中においては大橋と書かれてある）の思いを次のようにまとめている。大橋の個人的述懐は，職場の社会関係の消失，援助行動の消失，業務経験の偏り，という本節まで筆者が論じてきた内容を，アクチュアルに描き出しているので引用しよう。

　「銀行は，バブル期に増加された採用数を大幅に減らし，なかにはゼロ採用に踏み切る例も見られた。当然，大橋の銀行も新卒採用数が低迷したままで，1年たっても，2年たっても，彼は支店の中での「下っ端」新入社員であり続けることになった。（中略）先輩達の雑用を片付けなければならないのは，いつも自分だった。例えば，労働組合の係を命じられること。組合から，頻繁に送られてくる資料をコピーしては回覧し，"今は忙しい"と気のたっている先輩社員達に意見を求めなければならない。あるいは，<u>帳票を切らさないように気をつけ，なくなれば発注す</u>

ること，コピー取りやシュレッダーにかけること。そうした仕事をこなしながら，自らの顧客にも対応し，厳しい営業ノルマを達成させる必要がある。（中略）あこがれるような上司でもいれば別だったかもしれないが，その思いは，いま，ここで働く自分は，職業的なスキルや経験を何一つ積み上げていないのではないか，人生にとって全く無意味な日々を堪え忍んでいるだけなのではないか，という恐怖にも似た気持ちばかりを呼び起こした……」

（稲泉 2010 10ページ 傍線は引用者）

　この稲泉（2010）のルポルタージュでは，新人である大橋が職場における先輩行員との葛藤に悩まされながら，自らの能力形成に不安を感じていることが見て取れる。彼には，1年たっても，2年たっても，先輩行員のような業務経験は付与されない。ただ，先輩行員がこなす仕事を上目に見ながら，何の援助もなく，「帳票を準備すること」「コピー取り」「シュレッダー」に奔走する。かくして，大橋は苦悩する。その苦悩はこのままこの組織にいることが能力形成のための機会を逃し，人生にとって「無意味な時間」を過ごすことにつながり，「いつ，うち捨てられるかわからない」という，「不要とされる不安」（Sennett 2008）に接続する。

　こうした若年層の実態に対して，年長者の方にも言い分はある。例えば金融業界のあるマネジャーはこのように語る。

　「新人には，昔は"タスク"が与えられた。"タスク"をこなしながら，仕事（を）おぼえた（中略）でも，今は，"タスク"すらないんです。もうぶっつけ本番，即，"仕事"。昔は，仕事を"タスク"に輪切りできたんだけど，今は，それができない。今の仕事は，反射的なスピードが求められるから。ひとつ任せたら，全部任せなきゃなんないでしょ。でも，新人君，それ，できないでしょ。だから，任せられない」

　この語りにおいて，マネジャーが述べていることは昨今の職場における仕事・業務の大規模化，複雑化，スピード化とそれにともなう新人育成の難しさについてである。

　昨今の「仕事」は「ぶっつけ本番」で処理しなければならないものに変質してしまった結果，新人に任せる適切なサイズに仕事を「輪切り」し，「タスク」として付与することができない，という事態が出現していることを述べている。

　マネジャーによれば現在の仕事はスピード感が大切であり，「反射」的対応が求められる。このような状況下においては，「ひとつ［仕事を］任せる」ことは「業務をすべて任せること」にならざるをえない。しかし，それを新入社員や若手社員に担わせることができないので，いつまでたっても雑用の立場に甘んじることになるのだという。このような認識でマネジャーが業務経験を付与した場合，既述したように，仕事ができる人にさらに業務経験が付与されたり，マネジャー自身が仕事を抱え込むことが容易に予想される。

　既述した稲泉（2010）の描くような若年層から見た「職場の光景」とマネジャーの網膜に映る職場の現状は，悲しきことに，かくも重なる。そして，その解決策に関する，それぞれの思いは，おそらく空中で交差する。

2.1.3　高度情報管理による学習機会喪失

　最後に，人材育成の機能不全の背後にある第 3 の仮説「高度情報管理による学習機会喪失」について考察する。「高度情報管理による学習機会喪失」とは，「企業における情報流通・情報管理が高度化したことによって，学習が阻害されてしまう事態」をいう。

　2.1.1 項，2.1.2 項で描き出したような職場・業務の変化が生まれていた頃，企業では情報流通・情報管理のあり方が高度に発達し，そのことによって職場内に遍在していた様々な学習機会が喪失してしまう事態が生まれた。その契機になったものには，「業務の IT 化」，「ナレッジマネジメントの発達」，「個人情報保護法・米国 SOX 法等の情報管理」の 3 つの影響が考えられる。以下，順に述べる。

　まず「業務の IT 化」とは，1990 年代から 2000 年代にかけて企業業務の多くが IT 化され，メール・Web などの情報メディアが業務に大幅に導入されたことをいう。

　『平成 19 年国民生活白書』によると，2005 年末時点で常用雇用者規模 5

人以上の事業所ではパソコンの保有率が93.5％，インターネット普及率は85.7％に達している。一般人でも使えるような普及型のオペレーションシステムが誕生したのは1990年代後半であるが，それ以降，職場における業務のIT化は急速な勢いで進展したものと推察される（内閣府 2007）。

　このことについて長期にわたる工場勤務を終えて本社事務部門に戻ってきた，ある製造メーカーに勤めるマネジャーは次のように語る。

　　「久しぶりに本社に戻ってきて感じたことは，"職場が静かなこと"。ときどき電話がなる。でも，それ以外は，シーンとして。（中略）もくもくとみんな。電話がならず，指だけが［パソコンのキーボードを操作する真似をして］カチカチ，動いている。（中略）昔は，みんな電話がガンガンなって，どなりあいみたいな話し合い？　まさに"わいがや職場"」

　ここでマネジャーが述べているのは急速なIT化の進展による会社の業務の変化である。マネジャーによると彼が本社スタッフ部門を離れていた10数年のあいだに職場の風景は激変した。そこからはかつての喧噪が消えた。「電話」の音が消え，職場のメンバーが皆パソコンに向かって仕事をする状態が生まれた。かつての「わいがや職場」は過去のものになりつつあり，「静かな職場」が誕生している。

　そして「静かな職場」は学習機会を阻害する可能性を有する。

　マネジャーはさらに続ける。

　　「僕は電話で学んだ。となりで，先輩が仕事の電話する。誰と，どんな会話しているかなって。先輩，あの一件，どうやって，話，つけんのかな，みたいな。耳，ダンボみたいにしてね。今は，問題解決が見えない」

　これらの語りにおいて，マネジャーは自己の若い頃を振り返り，先輩の電話応対を聞くことから学習機会を得ていたことを吐露している。喧噪にまみ

れる職場においては，非明示的な学習資源——ここでは，耳をそばだてて先輩の仕事のやり方を覚えること——が存在していた。先輩が他者と実際の仕事でどのようにインタラクションしているかは，「耳をダンボ[9]」にしさえすれば，誰もがアクセスできる学習資源であった。しかし，業務が IT 化されるようになると，これの機会が仮想環境上に移動して，他者からのアクセシビリティは失われる。他者の「問題解決が見えない」事態が生まれた。

　業務の IT 化は，かくして，このような職場に遍在していた潜在的な学習資源へのアクセシビリティを阻害することになる。

　次に「ナレッジマネジメントの発達」とは，上述の「業務の IT 化」が発達し，基盤が形成された後に生まれる現象である。ナレッジマネジメントには様々な定義が存在するが，それは一般に「組織における知識共有（コモンナレッジ）」と捉える向きが多い（Dixon 2000）。

　ナレッジマネジメントにおいては，高業績者，ベテラン，専門家など組織内で属人的に所有されていた技術，顧客に関する知識，営業ノウハウといったものを共有し，移転することがめざされた[10]。そして，この知の共有・移転のためのプラットフォームとして，各社において実務に関する知識や専門知を共有するためのデータベースが構築され始めるようになった。そして，仮想環境における「知の共有」こそが，皮肉なことに，学習を阻害し始める。

　なぜなら，これらのデータベースによって他者の貴重な知識やノウハウがいつでもどこでも検索可能で，共有可能であるとするならば，人は自らの手足を使って，経験したり，頭で思考したり，試行錯誤することをやめてしまうからである。すなわち，学習は生起しない。

　Matuo & Easterby-Smith（2004）は，こうした事態を「知識共有のディレンマ」とよび，次のようなコンサルタントの事例を紹介している（松尾2006）。

---

9)　「耳をそばだてて，話を聞くこと」のメタファ。

10)　本来，ナレッジマネジメントの成否は，IT の利用には規定されない。それは理論的には IT の整備にかかわらずして，組織の中の知識・専門知を組織を越えて共有しようとする経営戦略のひとつであったが，実際には，この時期に急速に発達した IT の導入とともに語られ，経営の革新に資するものと位置づけられた。

　「ソリューションパックとか，お客様の事例集のデータベース化，知識
データベースとかつくっちゃうと，基本的には，似たようなプロジェク
トがあると，それを見る環境にしています。私の持論からすると，それ
は考えなくなる世界ですので，「効率化」というキーと，考えなくなる，
ということを，どうやって折り合いをつけるというのが難しい」

（松尾 2006 5 ページ 傍線は引用者）

　ここでコンサルタントは，ナレッジマネジメントの進行によって，「ソリ
ューションパック」「お客様の事例集のデータベース」「知識データベース」
ができて，それが安易に使われるようになると，「考えなくなる世界」が生
まれることを指摘している。そうした仮想環境においては，他者の経験や他
者が構築した知識が容易に検索可能・利用可能である。そのようなことを繰
り返していると，他者の経験に過剰に依存してしまい，個人が自ら直接経験
すること，試行錯誤することをやめてしまう。

　これに関して，生態心理学とプラグマティズムを架橋する独自の立場から
現代社会の「経験」について論じているエドワード・リードによれば，情報
環境の高度な発達は「業務において経験すること」自体を脅かすという
（Reed 2010）。高度に発達した情報環境上の，いわゆる「間接経験」が「我々
が事物を独力で経験することを可能にすること」――直接経験――を凌駕し
てしまい，個人が「生態学的」に環境・事物と相対し，相互作用すること，
すなわち思考すること，学習することが消失するのだという。

　このような事態は我が国の数多くの職場において，頻繁に観察される事態
となっている。『平成 19 年国民生活白書』によれば，ビジネスパーソンの
26.1% が「ネットに頼りすぎて生の情報が希薄になりがち」だと回答して
いる（図 2-2）（内閣府 2007）。

　かつて組織学習研究の泰斗である Levitt & March（1988）は，知識の共有，
制度化，ルール化といった，組織における知識の定着・蓄積は短期的視野か
らすれば，業務のスピード化・業績向上に資するものの，そこには看過でき
ない副作用があることを指摘していた。その副作用は，それによって個人が

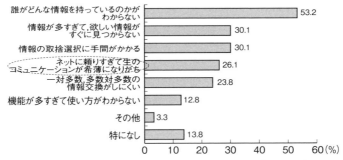

図2-2　ITを活用したコミュニケーションの問題点（N＝1742）（内閣府 2007）

学習を行うことをやめ，ひいては組織が新しい知識を獲得し，環境変化に適応しつつ，存在していくことを阻害してしまうということである。"考えなくなる世界"とは，ナレッジマネジメントの高度な発達によって，まさに現象としてあらわれているものといえよう。

　これらに加えて，ITを用いたナレッジマネジメントの進展は，「仮想環境下の情報共有が，対面状況下の情報共有を阻害する」というアイロニーを現場で噴出させる。

　すなわち，重要な情報を職場内メンバーで共有するためにシステムを導入したことが，かえって職場において対面状況でやりとりされていた情報流通を阻害してしまい，学習機会を毀損してしまう，という問題である。

　この問題に関しては，中原（2010）が下記のような事例を紹介している。この企業では営業の業績管理・行動管理のため，セールスフォース・オートメーション（営業支援システム）が導入され，職場のメンバーは各自の営業行動を日々そこに入力することが求められているが，そのことがかえって対面状況での職場内コミュニケーションを阻害している可能性の事例である。

　　「セールスフォース・オートメーションには1日30分くらいでしょうね。誰とあったとか，何回あったとかを指標としていれます。（中略）でも，［営業部員にとって］重要なのは，どういう内容をコミュニケートしたのか，ということであり，何を言っていたのか，ということです。

　　これらは，［セールスフォース・オートメーションの入力項目の］特記
事項というところに入れますが，<u>他の人に見られているかは，疑問です</u>
<u>ね</u>。
　　僕自身は，あまり感じないですが，［以前と比べて］<u>チーム間のコミ</u>
<u>ュニケーションが減ったとはよくいわれますね</u>。それまでは<u>井戸端でや</u>
<u>っていて，やいのやいのいっていたのが</u>，今は，<u>皆さん，忙しいですし，</u>
<u>各自，セールスフォース・オートメーションで見られるでしょ，という</u>
<u>感じで，［職場の人と］話さなくなってしまうのです</u>」

（中原 2010 67 ページ）

　この事例において語られているのは 2 つのことである。
　第 1 に，営業部員が本来共有しておいた方がよい重要な情報を「特記事
項」として入力していても，それが多忙化のため，なかなかメンバーに閲
覧・理解されていない現実である。
　第 2 に，システムが導入されたがゆえに職場内におけるチーム間のコミ
ュニケーションが減少した事例が語られている。つまり，システムを導入し
たのだから，そこに入力してさえいれば情報や知識が共有できているはずで
あるという前提が生まれ，実際の対面での相互作用の機会が失われる。それ
までは「井戸端で，やいの，やいの」やっていた学習機会が阻害されている
ということである[11]。

　最後に「個人情報保護法・米国 SOX 法等の情報管理の影響」について述
べる。2000 年代に展開した個人情報保護法の施行，内部統制・コンプライ
アンス強化への対応から，組織内の情報流通が統制されたり，従業員の情報
へのアクセシビリティが制限された状況についてである。
　2003 年，我が国では「個人情報の保護に関する法律」が成立し，個人情
報を含むデータの取り扱いに関して，行政・民間企業の区別なく情報管理が
徹底された。また，米国の不正会計事件などの影響を受け，2006 年に会社

---

　11)　入力されているという「事実」があったからといって，他のメンバーが「閲覧・理解」
　　　しているとは，必ずしも限らない。

法・金融商品取引法などが改正され，内部統制の強化が進行し，それによって組織内の情報管理が徹底された。

　一般に，個人情報保護とは情報化社会において個人情報などのプライバシーを守るための法律であり，内部統制とは業務の効率性，財務情報の信頼性，事業活動の法令遵守，資産の管理などをめざすために，組織が組織内部の業務プロセス・リソースを統制するシステムを構築することである。よって，これらが直接，組織内部の情報流通を毀損させる要因になるわけではない。

　しかし，これらの施策が現場レベルで実施される場合，それまで非明示的に機能していた，職場の情報流通が毀損されたり，社員の能力形成に暗黙のうちに寄与していた，各種情報へのアクセシビリティが制限される事態が生まれうる。

　次の語りは，ある情報通信系企業に中途採用で入ったばかりの男性社員の言葉である。

　　「僕が，［今の，この］会社に入って驚いたのは，会社には“仕事の話”
　　がないということです。コンプラ，情報管理，徹底してますから。例え
　　ば，エレベータ［のなか］でも業務の話をするのは禁止。総務が，張り
　　紙はってますでしょ，仕事の話をしないでください，と」

　この語りで男性が述べているのは情報管理の徹底によって，インフォーマルコミュニケーションや職場内の情報流通が阻害されている状況についてであった。男性の働く組織においては，「エレベータ」などの公共の場所——すなわち，誰が聞き耳をたてているかわからない場所——において「仕事の話」をしないよう，会社側が管理を行っている。

　もちろん，無秩序に組織内に情報が漏洩してしまうことは避けなければならないが，これら情報管理の徹底によって，中原（2010）が取り上げたような，「インフォーマルな学習につながる業務経験談の交換の機会」は確実に失われつつある。

　同種の事態は過去の業務資料の閲覧などについても起こりうる。ある金融企業に勤める女性は次のように語る。

「前の担当者が，［引き継ぎ前に］どうやって仕事していたのかな，と思って，［過去の］書類を見ようとするじゃないですか。でも，ファイルがしまっているキャビネットは鍵されちゃってるし，上には，ジーッと監視カメラまでついてますから（中略）気軽に，自分の見たいものは，見られないんですよね」

　ここで女性が述べているのは，「監視カメラ」を実装するほど厳しい情報管理によって業務に関する知識がまとめられた「過去の書類」を閲覧することが阻害されている状況である。このような場所では他者の過去の経験から学ぶことが阻害される可能性がある。

　誤解を避けるために付記しておくが，ここで筆者は内部統制や情報管理の必要性に関して問題提起を行いたいわけではない。しかし，これらの徹底によって「意図せざる影響」を受けたのが学習資源へのアクセシビリティの制限であった。

　以上見てきたように，1990年代から2000年代に進展した高度情報管理は意図せざる結果として，職場における人々の能力形成に負の影響を与えた。「静かな職場」が生まれ，職場の情報流通が阻害されたり，「考えなくなる世界」が生まれ，自ら試行錯誤して経験したり，学習する機会が失われたり，内部統制の厳密な運用によって学習資源へのアクセシビリティが制限されたりする事態が生まれた。このような多種多様な要因を背景にして，職場の人材育成は危機に瀕することになったものと思われる。

2.2　戦略的な「人材育成の再構築」へ

　2.1.1項から2.1.3項までにおいては，ポストバブル期の社会変動のなかで職場の人材育成が機能不全に陥る理由について，いくつかの仮説を考察してきた。

　年功序列賃金・終身雇用の崩壊と成果主義の導入といった人事施策の変化，あるいはより後景にはポスト近代，グローバリゼーション，情報化というマ

クロな社会構造変化のなかで，職場の人材育成・学習が不可避的に阻害される事態が現出している。

　加登（2008）によれば，かつての高度経済成長に沸いていた日本企業の人材育成とは，「意図せざる整合性」の上に生み出されていた。

　当時の経済成長を支えた日本の製造業では工場が置かれていた場所は地方であり，その職場構成員は近隣の村落共同体の人員をそのまま雇用することで成立していた。そのような村落共同体における緊密な人間関係がベースに存在し，長期雇用・年功序列賃金という右肩上がりの報酬システムが完備されたとき，職場における人材育成は「意図せざる整合性の結果として機能」することになる。

　つまり，職場で学習・自己研鑽を積めばいつかは村落共同体の古参者のようになれるという，誰もが持ち得たモティベーションを背景に「熟達者の背中を見て学ぶ」という「教育システム」が「機能」する，ということである。

　しかし，バブル経済破綻によって，ものの見事にこれらを支えていた「意図せざる整合的システム」は整合性を失い，職場における人材育成は機能不全に陥る。

　「いつかは自分もあの人のようになれる」と感じていた「当のロールモデル」が退去を命じられ，さらには終身雇用も右肩上がりの報酬システムも崩壊する。この職場で自己研鑽を積んで，能力形成をしたとしても意味があるのかという疑念や諦観が起こり，組織にコミットさえしていれば組織は個人を守ってくれるはずだという心理的契約，さらには能力形成へのインセンティブが失われる。

　行き着く先は，いつ自分も「不要」のラベルを押されるかわからない不安に苛まれる状況か（Sennett 2008），ないしは，「"現状にとどまることの不安"を抱えるのと同時に，さりとて"現状を出て行くことへも不安"をもつ」というディレンマ状況であろう（久木元 2011）[12]。

　このようなかたちで人々を支配する「不安やディレンマ」を後景にしつつ，

---

12)　2008年のリーマンショックを含む 2002 年から 12 年まで，過去 10 年間において，就業者の失業不安を感じる割合は，17.8% から 28.3% を推移しているという（南雲・小熊 2011）。

職場の社会的関係の消失，仕事の私事化，業務経験の偏り，職場の情報流通阻害，学習資源へのアクセシビリティの制限などの諸条件が前景において交差するとき，職場の人材育成は危機に瀕することになる。これが1990年代から現在に至るまでのストーリーである。

しかし，一方で今を生きる私たちにとって最も大切なことは，「これから」を構想することである。

私たちは，社会学者エズラ・ヴォーゲルが『ジャパン・アズ・ナンバーワン』を上梓した1980年代まで企業経営・人事制度の時計の針を戻すことはできない。むしろ現在の状況のみならず，未来を見据えて戦略的に組織の人材育成システムを再構築する岐路に，今，私たちは立っている。

かくして2000年代後半に入り，現場における人材育成を意図的かつ計画的にデザインすることにもう一度取り組もうとする動きが生まれ，人材育成・人材開発に対して人々の関心が高まってきた。企業経営における人材育成の意味とは，「企業が戦略目的達成のために必要なスキル，能力，コンピテンシーを同定し，これらの獲得のために従業員が学習するプロセスを促進・支援することで，人材を経営に計画的に供給するための活動と仕組み」である（Hall 1984）。この定義に高らかにうたわれているように，今，人材育成は「戦略」目的達成のために，「意図的」かつ「計画的」に推進しなければならない時期に来ている。

特に中長期の活用を前提に人材育成を行うべきコア社員は，フレキシブルな職務能力と高い学習能力が期待されている（佐藤 2010）。これら企業の浮沈を左右しかねない中核人材に対して，どのような学習機会を提供しうるのか。それも「学習」の原理に従って，どのように人材育成システムを再構築しなおすことができるのかに注目が集まってきた（Garavan, Gunnigle & Morley 2000, Marsick & Watkins 1994, Swanson 1995, 中原 2012a, 2012c）。それを裏打ちする学際的な研究領域が本書で紹介する「経営学習論」の諸知見である。

次節では経営学習論の青写真について論じる。

2.3　経営学習論の青写真

2.3.1　定義

　経営学習論の研究領域の歴史はそう古いわけではない。それは，1970 年代後半から，学際的研究領域として認識されるに至り，1978 年には *Management Learning* 誌が出版されている。経営学習（Management learning）は「"企業・組織に関係する人々の学習" を取り扱う学際的研究の総称」であり，そこには関連する非常に広範囲な研究知見が寄せられている [13]。例えば過去 10 年にわたる *Management Learning* 誌の論文を概観してみても，MBA 教育のあり方に関する論文，経験学習や内省に関する論文，職場学習に関する論文など，多種多様な論考が掲載されている。

　しかし，多様で広範囲な諸知見が含まれうる経営学習論ではあるが，そこに一定の学問的発展の道筋が存在しないわけではない。

　スティーブ・アームストロングらによれば，Management learning には，Management education（以下，「教育アプローチ」）と Management development（以下，「発達アプローチ」）という，2 つの研究があるのだという（Armstrong & Fukami 2008）。以下，この 2 つの研究のあり方を振り返ってみよう。

　まず前者の「教育アプローチ」とは，「個人の分析スキル，実務スキルを向上させるため，公式の教育機関などにおいて単位・資格を付与するコースとして実施されるもの」をいう。この種の学習機会においては，時間が制約され，構造化されたプログラムが学習者に提供される。

　「教育アプローチ」の契機は組織内外に広がっている。組織外において行われる「教育アプローチ」の代表格としてあげられるのが，ビジネススクー

---

13)　ちなみに 1970 年代に始まり，80 年代に隆盛を迎えた組織学習論と経営学習論の違いについて付記しておくと，明確な違いはその理論的志向性にある。前者の場合には，究極的には「組織が学習すること」が重視されることにある。もちろん「組織が学習すること」はメタファであり，実際には，組織内の個人が学習したり，創造した内容を組織メンバーで共有したうえで，「体制化（ルーチン化）」することを意味する。組織学習論においては，組織の中に体制化されたルーチンが蓄積されることが最重要視される。これに対して，経営学習論においては必ずしもそれは必要条件ではない。むしろ，個人の学習に焦点化した研究も数多く含まれている。2 つの分野は互いに重なり合いながら，今後も発展していくだろうと思われる。そこに排他性は必要ない。

ルであろう。19世紀中頃から始まった各大学によるビジネスの教育課程への取り込みは，1881年，米国のビジネスパーソンであったジョセフ・ウォートンによって，ペンシルヴェニア大学にビジネスの学士課程が設立されたことをきっかけに本格化した。その後，1908年にハーバード大学にMBAが設置され，同様に25年にスタンフォード大学に修士課程が設置されるなど，米国の有名私大群にもビジネスについての教育課程が設置されていった（Engwall & Zamagni 1998）。

　ビジネススクールが組織外の学習環境であるならば，「教育アプローチ」に分類される社内の学習機会も存在する。一般に，企業において行われる公式の研修・セミナーなども，「教育アプローチ」に分類されるだろう。「研修」は，ビジネススクール以上に，一般のビジネスパーソンにとって非常にありふれた光景であろう。

　一般に，日本企業においては年功序列賃金を機能させるためのシステムとして，職務遂行能力に応じた給与制度，いわゆる「職能資格制度」が運用されてきた。

　この制度のもとでは，業務能力向上に従って給与が向上していく。そしてそれを裏打ちする施策として，一般的な業務能力向上のための様々な学習機会，いわゆる人材育成が社員に向けて実施されていた。人材育成施策は職能資格制度を支える根幹として正当化され，機能していたということである。そして，この人材育成の光景の最たるものが「研修」に他ならない。今もなお，多くの企業では，定期的あるいは昇進段階に応じて「研修」が開催され，ビジネスパーソンが招集されている。

　なお，近年の「教育アプローチ」の研究動向については，MBAやビジネススクールといったフォーマルな学習機会・学習機関に関する歴史的研究に加えて，学習転移や教育効果測定に関する論文が多くの注目を集めている。

　いうまでもないが，企業の人材育成にとって学習とは最終目的ではない。学習した内容が現場でも役立てられ，パフォーマンスを上げることが目的である（Noe 1986, Noe & Tews 2009, Holton III, Bates & Ruona 2000）。ゆえに，どのような要因が研修効果に大きな影響を与えるか，その教育効果測定とはどのようなツールを用い，どのように測定するべきかについて様々な論文が投

稿されるに至っている（Holton Ⅲ 1996, Cromwell & Kolb 2004, Noe & Ford 1992, Yamnill & McLean 2001, Holton Ⅲ, Bates & Ruona 2000）[14]。

　さて，ここまで「教育アプローチ」を論述してきた。それはひと言で述べてしまえば「公式の構造化された教育カリキュラム」を指し示す概念である。一方，それとは対照的に「インフォーマルな職場における学習機会」を指示する概念として存在しているのが，後者の「発達アプローチ」である。

　後者の「発達アプローチ」は，「学習」を私たちが仕事をする状況，職場，文脈に文化的かつ社会的に埋め込まれているもの（Embeddedness/Situatedness）と見なす。これらの視座は，いわゆる状況的学習論の影響を受けながら，1990 年代から 2000 年代にかけて生まれ出てきた（Garavan, Morley, Gunnigle & McGuire 2002）。

　この考え方に立てば仕事場は学習環境（Learning environment）と見なすことができる（Billet 2004, 中原 2012a）。そして，その場合の学習は職場の仕事のあり方，構成員，人工物との相互作用のプロセスや（Engeström 2001），特定の仕事経験（Collin 2004）を通じて生じるものとされる[15]。比喩的に述べるのであれば，私たちは「職場で仕事をしつつ学んでいる」。職場の仕事やタスクは，そもそも学習・発達の機会と見なすことができると考えるのである（Davies & Easterby-Smith 1984）。

　一般に「発達アプローチ」の概念は，実務家にとっては十分了解がいく答えであろう。例えばニコラス・クラークはイギリス国内にある専門的医療団体 161 団体へ，「フォーマルな学習機会とインフォーマルな学習機会」に関する質問票を送り，120 団体のマネジメント層・実務担当者から回答を得た

14）　特に関心が集まっているのは，研修効果に対する職場要因の大きさである。そのなかでも特に注目されているのが，職場での準備・実践・サポートである。例えば，人材開発の教育評価測定を研究するロバート・ブリンカーホフは効果のない研修プログラムの原因分析を行い，その失敗要因の実に 8 割が研修以外において生じていることを主張している（Brinkerhoff 2008）。ブリンカーホフによれば研修の失敗要因は，①研修前の職場での準備（現場のマネジャーが受講者のレディネスを高めていない。適切な人物が研修に送られてきていないなど）が 4 割，②研修のデザインそのものが 2 割，③研修後の職場実践とサポート（研修の後に学んだことを実践する機会が与えられていない。あるいは上司・同僚からサポートが得られていないなど）が 4 割だという。実に研修成否の 8 割を研修以外の要因，すなわち職場での準備・実践・サポートが影響を与えている，ということである。

15）　この概念は，正統的周辺参加（Lave & Wenger 1991, Rogoff 1990）をはじめとする状況的学習論（Situated learning theory）から理論的影響を受けている。

(Clarke 2004)。その結果，1）トレーニングや教育といった「フォーマルな学習情報源」に比べて「インフォーマルな学習情報源」の方が重要だと認識していること，2）インフォーマルな学習情報源としては，「直属の上司」（12.24％が重要だと回答），職場のチーム（10.70％），社内メンター制度（9.05％），観察（8.54％），自主勉強会（6.92％）などがあげられることがわかったという。実務の観点からすれば「人は仕事のなかで学ぶ」のであって，「仕事」と「学び」が分離されているわけではない。

　さて以上，「教育アプローチ」と「発達アプローチ」について述べてきた。　経営学習論の研究分野には，制度化され構造化されたフォーマルな学習機会を探究する「教育アプローチ」の系譜に属する研究と1980年代から90年代に入って，状況・文脈に埋め込まれたインフォーマルな学習機会を把握しようとする「発達アプローチ」の系譜が存在してきた。歴史的観点からすれば，前者が先に発展し，後者がその理論的空隙を埋めるべく，後から前者を相対化しつつ言説としての厚みを増してきた系譜があるので，とかく前者と後者は共約不可能であるかのように考えられがちである。

　しかし，アームストロングらによればこれらの2分法による把握は，必ずしも「排他的に扱われるべきものではない」という（Armstrong & Fukami 2008）。むしろ，互いに他を補い合いながら学習機会が構築されているのであって，これらを包括する概念として経営学習論の学問的探究がなされるべきだとしている。筆者としても，この立場に同意する（中原 2012a）。「学習」をめぐる多種多様なアプローチをそれぞれ「排他的」なものとして扱う危険性はすでにSfard（1997）においても指摘されている。

　近年では研究の現場においても，「教育アプローチ」と「発達アプローチ」を分けず，接続する試みが数多く生まれつつある（例えば，Raelin 1997, 2000, 2006など）。具体的には，研修などの教育機会と，職場における業務経験を通じた学習を接合する試みである。例えば杉万・谷浦・越村（2006）は研修での学習と職場での学習が連動し，職場の改善をめざすようなプログラムとして「Already-stated型研修」を開発している。

　そのプログラムにおいては，2日間の集合研修において研修参加者が自ら

の職場を分析し，職場改善のためのアクションプランを策定する。研修プログラム終了後には，上司とそのプランを練り直したうえで，職場の改善を行い，実践する。その後，再び研修にかえってくるということを行う。

　筆者も JR 東日本旅客鉄道株式会社との共同研究において，OFF-JT とOJT を連動させ，統合的な学習環境を構築する探究を行ってきた。研修を具体的に開発し，半年にわたってその学習効果を測定するという研究を同社安全研究所と実施した。

　筆者らが企画・開発した研修では，ひとつの職場から 2 名のマネジャー（現場長），マネジャーの補佐役（助役）に研修に参加してもらい，職場の事業や業務のあり方の改善のために，基礎的な知識，理論的知識をまず学んでもらう。その後，この 2 名が議論を行い，実現可能性の高いアクションプランを構築してもらう。アクションプランの発表はポスターセッションの形式で行い，マネジャーらよりもさらに上位者の前で，数ヶ月間にわたり実践することを宣言させる。この数ヶ月間が職場での実践期間である。2 人は相互に連携し，部下を巻き込み，実践を組織化する。数ヶ月の時間をおいた後に研修参加者に再び集まってもらう。そしてその成果をポスターセッションの形式で報告してもらい，リフレクションを促す。研修の評価として，研修を受講した 18 職場を実験群，研修を受講してない 6 職場を対照群として，プログラムの実施前後に職場の状況をたずねる質問紙調査を実施している。

　いずれにしても，近年始まっているこれらの研究においては，「教育か，発達か」「フォーマルか，インフォーマルか」という従来の 2 分法（ダイコトミー）は，実質意味をなさない。現在の経営学習論においては従来支配的であった 2 分法を無化し，組織参入時の学習，経験を通した学習，職場における知識共有など，様々な学習研究が展開している。

2.3.2　本書の視点：5 つの学習軌跡

　2.3.1 項において，筆者は経営学習論を「"企業・組織に関係する人々の学習"を取り扱う学際的研究の総称」と定義した。この領域には，「教育アプローチ」と「発達アプローチ」もさることながら，様々な研究分野の諸知見が集合している。既述したように，それらの 2 つの系譜ですら，近年は

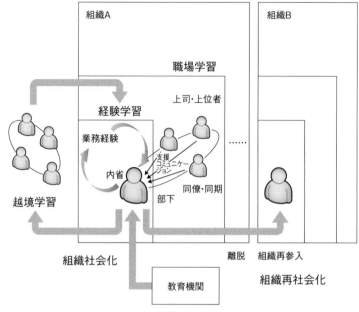

図 2-3　経営学習論の全体像

接続され「混成体」をなしている。

　経営学習という研究領域が実務のニーズと関連し，さらには学際的に発展する限りにおいて，この研究領域がいわば「混成体」として発展するのは，やむを得ないところもある。様々なアプローチ，様々なディシプリン，様々な理論体系が持ち込まれ，日々，発展している。経営学習論の「多様化」の勢いはとどまることをしらない。

　ただし，筆者としては「混成体」的発展を遂げている「経営学習論の学問動向」を歓迎する一方で，この研究領域をこれから学んだり，研究しようとする人々にとってこの事態は必ずしも有効ではない，とも考えている。

　経営学習論に人々を誘い，さらなる探究の基盤をつくりだし，ひいては「現場の変革」に資するような諸知見を生み出すためには，この研究領域の全体像をより簡潔簡明に読者の前に提示する必要があるだろう。そのためには，「特定の主要概念」を用いて全体像を理論的に照射することも必要なことである。

　そこで本書においては，1）組織社会化，2）経験学習，3）職場学習，4）越境学習，5）組織再社会化という5つの視点から経営学習論の全体像を描写することをめざしたい。これら5つの視座は，ある人が組織に参入してから（組織社会化），職場において業務経験を通じて学び（経験学習・職場学習），時には組織を離れ（越境学習），場合によっては組織を退出し，新たな組織に再参入（組織再社会化）するまでのプロセスを時系列的に把握することができ，研究領域の全体像を理解するためにふさわしいものと思われる。

　図2-3は，そのアプローチの理論的布置を図示したものである。それぞれの概念の指し示すところについては第3章から第7章において詳細な解説を行うものとするが，ここではその概略について説明する。

①組織社会化

　組織社会化とは組織参入時に必要とされる学習であり，本書では第3章でこの問題を取り扱う。一般に組織社会化とは「個人が組織の役割を想定するのに必要な社会的知識や技術を習得し組織の成員となっていくプロセス」であるとされている[16]。具体的には，人が組織に参入する前に行われる各種社会化の戦術，組織参入時に新入社員が経験する新入社員研修，各種の定着プログラム，組織参入後に行われる組織内メンバーによるインタラクションなどの問題がここで取り上げられる。

②経験学習

　経験学習とは一般に「現場での業務経験の積み重ねと，その内省をともなった学習」のことをいう。"現場での業務経験を通じて学習が達成される"という命題には取り立てて新鮮さがないように感じられるが，既述したように，もともと経営学習論で学習は「教室内のフォーマルな学習機会」において生起するものとして扱われる傾向が強かった。そのような状況下において，「現場の業務経験」に焦点を合わせることは知的チャレンジをともなうものであったと考えられる。

---

16)　その他の定義としては「新参者が，参入する組織の新たな役割や規範や価値を習得し，変化し，適応していく過程」（Wanous 1992）というものもある。

　経験学習は 1970 年代に提唱され，90 年代以降，リーダーシップ開発論（Leadership development theory）の発展と呼応して，発展してきた経緯がある。本書では第 4 章にて経験学習を取り扱う。

③職場学習

　「職場において，人が，仕事に従事し経験を深めるなかで，他者，人工物との相互作用によって生起する学習」のことをさす。この定義の中心的概念である「職場」も取り立てて新しさを感じないように思われるむきもあるかもしれないが，ここ数十年の人的資源管理論，人的資源開発論のなかで見落とされていた概念であるという指摘が昨今なされている。

　例えば，守島（2010）は過去 50 年の人材マネジメント研究を振り返ったうえで，その研究の名称が「労務管理論」「人事管理論」から，いわゆる「人的資源管理論」に移行するにつれて，「人ならではの要因が輻輳しておこる，職場のダイナミックな過程についての思考をめぐらす研究者が少なくなった」と指摘している [17]。

　従来の労務管理や人事管理における「管理過程」とは，働く人の意識や価値観，仕事内容，上司のパーソナリティや行動など，様々な要因が複合するプロセスの管理であった。ゆえに，その研究には「人という存在がもつ多様な特徴について思考をめぐらし，職場のダイナミクスを考えようという姿勢があった」という。

　しかし，人材を「経営のための資産」と把握し，人材施策と成果変数との関係について分析する人的資源管理論が，1980 年代に台頭するにつれて（例えば Fombrun, Tichy & Devanna 1984 など），「職場」のダイナミズムへの研究的関心は失われたのだという。それらの研究においては，戦略とパフォーマンスの単純相関・因果の解明に焦点が絞られ，その間の媒介変数である「職場」のなかの要因への研究的関心が失われた。「職場」は，いわば「ブラックボックス」として扱われた，ということである。

---

17)　導入した人事施策が職場において上司にどのように運用されるのか，導入した人事施策が従業員の目にはどのように映っているのか，など人事施策は職場における様々な社会的ダイナミズムによって，効果が異なる（西村 2010）。

　同様の指摘は平野（2010）においてもなされている。平野によれば，人的資源管理や戦略的人的資源管理のフレームワークにおいて探究された「経営戦略」と「パフォーマンス」などの特徴的変数間の関係が主に職場レベルではなく全社レベルの変数として探究されたため，人事施策の運用の現場である職場があまり考慮されない事態を招いたのだという。

　職場学習のアプローチは人材マネジメント論の今後の展開に対して完全に対応するものではないが，その理論的空隙を補完する視点を持ちうるものと思われる。また人材マネジメント論・組織行動論をはじめとする経営学的研究と，学習論研究が交差する研究対象になりうるのだと考える（中原 2012a，2012c）。本書では第 5 章で職場学習を概観する。

④組織再社会化

　組織再社会化とは「ある組織において組織社会化を済ませ，仕事に熟達した個人が，新たな組織に再参入する過程において生じる学習・変化を扱う概念」である。

　1990 年代から 2000 年代に日本企業を襲った相次ぐ不況の後遺症から，日本企業の雇用保障能力に以前の勢いはない。企業で長期雇用を保障できない事態が出現することは個人の能力形成やキャリア確立のあり方にも大きな影響を与える。長期的に自己の生活を成立せしめるキャリア・能力を自ら構築することに，人々の関心が移り，より有利なポジションや，豊かな業務経験を求めて，現在勤務している組織を離れ，新たな組織に参入することが多くなる。かくして，すべての職種においてではないにせよ，専門職，技術者，研究開発担当者を中心として，転職が以前より盛んになる事態が生まれた。これが，新入社員を一括に社会化することを研究の主眼に置きやすい組織社会化ではなく，組織再社会化に注目が集まる所以である（Ashforth, Sluss & Harrison 2007）。

　組織再社会化のプロセスにおいて，人は新たな組織で仕事を行ううえで必要となる様々な知識や技能を獲得するだけでなく，既存の組織で獲得してしまったものの，新たな組織においては通用しないものをいかに学習棄却するのかが重要な課題である。第 6 章においてはこの問題を論じる。

図 2-4　社外の人との交流・勉強の場への参加状況（N＝1673）（内閣府 2007）

⑤越境学習

　越境学習とは，様々な定義があるが，本書においては「組織に勤める個人が，組織外に出て行う学習」のことをいうものとする。しかし，この学習は，組織外において，かつ勤務時間外になされることが多かったため，これまで経営研究の俎上に載せられることは少なかった。

　しかし，『平成19年国民生活白書』によると，ビジネスパーソンの3人に1人が社外の交流会・勉強会などに参加し，越境学習を行っている（図2-4）（内閣府 2007）。

　本書においては，どのような人がどのようなニーズで越境学習を行っているのかなど，これまであまり探究されることのなかった越境学習の実態に迫る諸知見を紹介したい。

　一見，越境学習は個人の趣味・嗜好の範囲内で行われる学習にカテゴライズされがちである。しかし，越境学習を志す人々のニーズは多様で，そのなかには自分の業務に資するような革新的なアイデアを生み出したい，といったニーズも含まれている。越境学習は「組織の外」で「業務時間外」に行われるのであるから，経営研究・組織研究とは無関連であるというステレオタイプを一度脱構築する必要がある，と筆者は考える。組織に勤務する成人の学習は組織内に局限されるべきではない。

2.4　小括

　本章では前半部分で人材育成・学習の問題がなぜ我が国の企業組織の経営課題として「前景化」してきたのかについて，この背後にある社会的状況を探究した。

　人材育成・学習の機能不全の問題は個々の企業の特殊な事情というよりは，1990 年代から 2000 年代に起こったグローバル化・情報化などの社会変化と経済不況，それにともなう長期雇用・年功序列賃金などの企業人事制度の変化にともなって起こったことがわかった。かつての日本企業においては存在していた「人事制度・人事施策間の意図せざる整合性」に陰りが見え始める。それとあいまって，職場の社会的関係の変化，仕事の私事化，業務経験の偏り，職場の情報流通阻害，学習資源へのアクセシビリティの制限など，人材育成を脅かす変化が組織に生まれる。かくして職場の人材育成は危機に瀕した。

　今，私たちは未来を見据え，現場における人材育成を意図的かつ計画的にデザインする岐路に立っている。そのための学問的知見の「混成体」が経営学習論に他ならない。

　本章の後半では社会的状況に関する議論を踏まえたうえで，経営学習論（Management learning）の定義を示した。経営学習論とは，「"企業・組織に関係する人々の学習"を取り扱う学際的研究の総称」であり，繰り返すが本書では，この全体像を，1）組織社会化，2）経験学習，3）職場学習，4）組織再社会化，5）越境学習という 5 つの理論的視座から描き出すものとする。

第3章　組織社会化

権力とは所有されるよりも，行使されるものであり，支配階級が獲得したり保持
したりするような特権ではなく，支配階級がその社会で占める戦略的立場の総体
的な効果であり，また被支配者に対して義務や禁止として強制するものではなく，
それらの人々を取り巻き，貫き，それらの人々を拠り所として作用する。

（Foucault, M.）

　組織と無縁のまま一生を終えることのできる人はいない。一般に組織論の
中で最もよく知られた「組織」の定義のひとつに「2人以上の人々による，
意識的に調整された諸活動，諸力の体系」というものがある。人が独力では
達成できない課題を成し遂げようとして，複数の人々と共通意志と相互作用
を持つとき，そこには「組織」が生まれる。

　組織のかかげる事業が継続的なものとなり，その規模が拡大してくると，
メンバーの新規参入が必要になる。新たなメンバーを外部から迎え，彼らに，
活動を担ってもらわなくてはならない。そしてここにこそ本章のテーマがあ
る。ある個人が組織に外部から参入しようとするとき，組織は組織目標に合
致したかたちで，個人を「社会化」する必要が出てくるからである。つまり，
組織目標を達成するために必要な個人が獲得するべき知識，技能，規範を個
人に受容させることに成功しなくてはならない。組織のなかでの役割を認識
させ，他の組織メンバーに順応していくことを組織は個人に求める。

　典型的には，毎年の風物詩のように繰り返される入社式における新入社員
のテレビ映像はその「象徴」である。ついこのあいだまで学生だった新入社
員が入社式，新入社員研修を経るうちに，組織が求める知識，技能，規範を
獲得し，少しずつ場に順応していく。数ヶ月後には，彼らの口からいつのま
にか「うちの会社は……だ」という台詞も出てくるようになる。この個人の

ダイナミックな変容のプロセスこそが，組織社会化（Organizational socialization）である。

組織にとって，組織社会化とは「初期投資」である。組織目標を達成するためには，組織社会化を即時的かつ効率的に実施することが求められる。そのためには，組織社会化を促進するための様々な手立て，戦略，道具立て，介入，テクノロジーを発達させる必要がある。

本章では前半，組織社会化の定義および先行研究を概観する。後半では，実際の日本企業の現場で得られた研究を紹介する。具体的には，OJT 時における上司や OJT 指導員のどのような行動が，新人・若手社員の組織社会化を促すかについての研究を紹介する。

3.1　組織社会化と学習

3.1.1　社会化

組織社会化とは，社会化（Socialization）のひとつである。社会化の定義としてよく知られているもののひとつに，Child（1954）による「非常に広範囲の行動可能性を持って生まれた個人を，その準拠集団の基準に照らして，所属メンバーに慣習的に受け入れられる範囲の，限定された行動へ，実際に発展・誘導させる包括的プロセス」というものがある。

社会はその存立および秩序維持のために，個人の有する無限の行動可能性に対して一定の制約・制限をかけ，彼らの行動は，社会が「是」とする基準に沿って——限定された方向に対して——発展させざるをえない。その具体的介入は，「学校における教育」に典型的に見られるとおりである。学校の役割とは，社会秩序の存立のため，知識を未来の社会構成員に配分・獲得させること，あるいは，子どもの行動可能性を社会的秩序に準拠したかたちで，発展させることにある。学校は典型的な社会化の主体であり，私たちは生まれてからというもの，様々な教育機関によって，常に「社会化」され続けてきた，ということになる。社会化の営為から逃れられる人は何人たりともいない。

もちろん，学齢期を終えても，人は社会化から逃れることはできない。教

育機関から職業領域に移行（School to work transition）を果たす際にも，社会化の重要な契機がおとずれる。中等教育ないしは高等教育機関を卒業し，職業領域にトランジションを遂げるとき，人は「社会化」の機会に直面する。それが，本章のテーマである組織社会化である。

　組織社会化とは，組織参入時に組織から個人にもたらされる社会化の諸力であり，社会化の下位概念と考えられる。

　それが奏功した場合，1）個人の役割・職務が明確化する，2）業務内容についての理解が進み，生産性が向上する，3）業務の時間配分を行えるようになる，4）自己効力・自信が獲得できる，5）同僚などに受容され，彼らから信頼感を得ることができる，6）職務態度・組織コミットメントが質的に向上する，7）離転職（組織からの離脱・退去）の防止に役立つ，などのメリットが生まれる，とされている（Feldman 1981, Bauer & Green 1998, Ashford, Sluss & Harrison 2007）。このように組織社会化は，組織にとって必要不可欠のものである。

3.1.2　組織社会化の定義

　まず組織社会化研究の定義について考察しよう。

　組織社会化研究の歴史は意外に古い。マサチューセッツ工科大学に所属する社会心理学者クルト・レヴィン，ダグラス・マクレガーの理論的系譜に属するジョン・ヴァン・マネン，エドガー・シャインらの取り組みによって，1970年代，組織社会化研究という領域自体が成立し，それから40年にわたって，様々な研究知見がまとめられつつある（Van maanen 1976, Van maanen & Schein 1979, Fisher 1986, Feldman 1976, Jones 1986, Schein 1980, Saks & Ashforth 1997, Gruman, Saks & Zweig 2006, Argote 2011, 小川・尾形 2011）。

　研究知見の蓄積期間が長いということは，組織社会化が何たるかに関する定義も多種多様であることを意味する。最もシンプルかつ古典的定義のひとつであるヴァン・マネン，シャインらの定義において，組織社会化とは「組織の成員が，組織成員としての役割を果たすのに必要な社会的知識・技術を学習するプロセス」とされている（Van maanen & Schein 1979）。これに似たシンプルな定義としては，シンシア・フィッシャーによる「新人が組織参入す

る際に［組織側から］働きかけられる過程，あるいは［組織での］やり方を学ぶ過程」がある（Fisher1986）。

　より複雑な定義としては，組織参入時に新規参入メンバーに獲得してもらう内容について言及しているものもある。そのなかで最も著名なのはメリル・ルイスによる定義である（Louis 1980）。

　ルイスによれば，組織社会化とは「個人が，組織内における役割を受容し，組織構成員として参加するために必須の価値観・能力・期待された行動・知識を正しく認知する過程」とされている（Louis 1980）。ここにおいて新規参入者が獲得するべき内容は「役割・価値観・行動・知識」とされている。そして，ここにはヴァリエーションが存在する。最近のものでは，ジル・ハウターらのものも注目されている。ハウターらの定義は「組織構成員として参加を達成するため，新規参入者が新しい職務・役割，職場集団や組織文化についての知識を獲得し，組織適応を達成する過程」というものである（Haueter, Macan & Winter 2003）。この定義は，1）Louis（1980）の「役割・価値観・行動・知識」とは異なり，「職場集団や組織文化に関する知識」が加わっているところと組織適応までその範疇に含めているところが異なっている。

　このように組織社会化の定義は，研究者によって非常に多岐にわたって定義されている。しかし，さしずめ，ここでは以下の3点について留意しておこう。

　第1に留意するべきポイントは，組織社会化とは「個人の学習」を内包する概念であるということである。

　第1章で既述したように学習とは，「経験により比較的永続的な行動変化がもたらされること」である（中島 1999）。また，組織社会化は上記の定義にも見られるように，組織参入時の「個人の変容」の現象を取り扱っている。組織社会化とは，新規参入者が外部者から内部者に移行し，社会的環境に適応する過程において生じる「個人の学習（Organizational socialization as a learning process）」の問題として位置づけることができる（Ostroff & Kozlowski 1992）。

　第2に留意するべきことは，組織社会化の目的である。組織社会化プロ

セスにおける個人の学習成果によって，一般的には，1）組織が期待する役割・職務・業務を実行することができるようになることと，2）組織に適応することが可能になることがめざされる。1）のために必要なものは，既述したように，知識・技術・価値観・信念などのヴァリエーションがありうる。2）のために必要なものは，組織構成員や職場集団に関する知識・経験・人的交流や組織文化に関する知識などが必要になる。

　第3に留意するべきことは，組織社会化とは，「時系列的変化」を理論的射程に含む「プロセス（Process）概念」であるということである。つまり，組織社会化とは組織参入時の局所的かつ一時的なスナップショットを暗喩する概念ではない。むしろ，組織参入時を中心として，参入前，参入の瞬間，そして参入後を内包するプロセスであると考えられる。

　プロセスに関する呼び名は様々に存在している。より細分化したプロセスとしては，1）組織に関する知識を事前に獲得・取得したり，組織参入時の社会的期待が様々な方向に伸びていく「予期プロセス」（組織参入前のプロセス），2）組織の境界に足を踏み入れ，激しいリアリティショック・カルチャーショック・幻滅を経験する「接触プロセス」（組織参入時のプロセス），3）組織側からの積極的な働きかけを媒介にしたり，新規参入者自身の積極的な周囲に対する情報探索行動によって，徐々に組織適応を果たしていく「適応プロセス」（組織参入後のプロセス），4）組織に同化して，組織構成員として組織から期待されている役割・職務を担い始める「安定プロセス」（組織参入後のプロセス）などがあるといわれている（Ashforth, Myers & Sluss 2011）。

　いずれにしても，個人が組織の求める知識領域に精通し，組織メンバーと社会結合を結ぶには，一定期間にわたるプロセスが必要である。そのプロセスにおいて，個人に漸次的変化，すなわち学習が生じることになる。

　さて，以上，組織社会化の定義について述べてきたが，本書における組織社会化の定義としては，組織社会化の研究を包括的にレビューした高橋（1993）の定義「組織社会化とは，組織への参入者が組織の一員になるために，組織の規範・価値・行動様式を受け入れ，職務遂行に必要な技能を習得し，組織に適応していく過程」を一般的なものと見なし，これを用いるものとする。

3.2 組織社会化プロセス

　前節において筆者は，組織社会化の定義を概観したうえで，その諸特徴を述べた。その最後には，組織社会化が個人の学習・変容を含む「プロセス」であることを強調した。3.2節においては，実際の組織社会化がいかなるプロセスを経て進行するかについて概観していきたい。

　多くの企業にとっては，新規参入者になるべく早いかたちで効率的に組織社会化をはかることが，組織目標達成にとって重要なことである。組織にとって学習とは「手段」であって，最終的な成果物ではない。できることならば，早期に効率よく新規参入者を社会化し，組織が期待する役割を担ってもらう必要がある。ゆえに，企業は多くの場合，組織社会化を積極的に促進するために様々な戦術を駆使したり，組織社会化を円滑にするための諸力，ツール，テクノロジーを開発する。組織社会化を促進する要因・主体のことを「社会化エージェント」とよぶこともある。

　以下，組織社会化のプロセスについて，組織参入前・組織参入後に，大別して概観するものとする。

3.2.1　組織参入前の組織社会化プロセス

　組織社会化の開始時期に関して，一般的に私たちが想起するのは「組織参入後」，とりわけ組織の境界をはじめて越境したばかりの，いわゆる「接触プロセス」である。入社式，それに続く新入社員研修などの儀式……組織参入直後に執り行われ，マスメディアに頻繁に登場することがその一因であろう。

　しかし，そうした私たちの期待を裏切るがごとく，組織社会化は組織に個人が参入する前においても，すでに始まっている場合がある。こうした組織参入前の社会化プロセスのことを組織社会化研究では，「予期プロセス」（Ashforth, Myers & Sluss 2011）ないしは「予期的社会化（Anticipatory socialization）」とよぶ（Chao 1988）。組織参入前，具体的には採用時あるいは内定時において，組織から個人に対して行われる働きかけを想起すればよい。

　既述したように企業の人事，経営企画，経営者の立場からすれば，新人が

組織に参入してから，現場で「戦力」の 1 人としてヘッドカウントされるまでの期間は「初期投資」を行っているということになる。新規参入した個人に，なるべく早く組織目標に照らした行動をとってもらうためには，組織参入前から，新規参入者に対する介入を行っていくことは「経済的合理性」にかなう行為であるといわざるをえない。

　特に，我が国の雇用慣行である新卒一括採用においては，教育機関に所属しているあいだにも，大量の新入社員に対して，均等な施策を安価に提供することができる。教育機関側としては，まだ学籍の残る学生に対して，組織側から様々な働きかけが行われることについて，企業の側に慎重で熟慮ある対応を求めざるをえないが，企業の側からすれば予期的社会化への期待は大きい。

　ところで予期的社会化は，1970 年代から 80 年代に組織論者や組織心理学研究者によって研究が進められてきた。その代表的人物の 1 人にジョン・ワナスがいる。

　ワナスは，新入社員の組織適応を円滑に達成し，彼／彼女らの離職を抑制するためには，新入社員が「採用候補者」である段階から，すなわち組織参入前から，彼／彼女らが抱く「現実とは異なる社会的期待」を抑制することが必要であると指摘した。

　一般に人は組織に参入する前，組織に対して過大にポジティブな期待，すなわち「バラ色の期待」を持ちたがる傾向がある。「あの組織に入った後，自分の仕事はこうなるに違いない」「あの組織で，自分は，こんなふうに活躍できるに違いない」など，新規参入者の社会的期待は高まることが多い。

　そしてこのような「バラ色の期待」が過剰に高まりかつ現実の仕事・組織との乖離の存在は，組織参入時のイメージのギャップを広げ，組織参入後の離職行動や生産性低下の大きな要因になることが知られている（Phillips 1998）。

　ワナスが行ったのは，端的に述べるならば，「バラ色の期待」を「リアルな現実」に変化させることである。採用候補者に対して，組織に関するネガティブな情報を含む「組織・職務のリアルで生々しい情報」を提供することによって，その過剰な期待を抑制しようとした。こうした認識のもと，この

抑制効果について米国の電話会社を舞台とした比較統制実験によって測定した（Wanous 1973）。

この実験においては，新人テレフォンオペレータを実験群（介入を行う群）と統制群（介入を行わない群）の2群に分け，実験群のオペレータに対しては「職務に関するネガティブな情報」を含んだショートムービーを提示した。統制群に対しては，この会社において伝統的に用いられてきた通常の職務情報を含む映画を提示した。この実験計画でワナスが提示した仮説は，実験群においてのみ「組織・職務のリアルで生々しい情報」が処遇されているので，実験群では「バラ色の期待」を抑制することができ，ひいては組織参入後の離職率が下がる，というものである。

実験の結果は，3ヶ月の職務態度を測定することで行われた。その結果，新規参入者が組織参入時に抱く「初期期待」が，統制群と比較して実験群の方が統計的有意に抑制されていた。また，3ヶ月後，職務に残った人の割合を検討したところ，統計的有意な差は見られないものの，実験群は62％の人が残り，統制群は50％であった。また，職務開始1ヶ月後に組織離脱を考えなかった人の割合も，実験群の方が高かった。

この結果を総合的に判定すると，一部で統計的有意な結果は得られなかったものの，組織参入時のネガティブ情報を含む「組織・職務のリアルで生々しい情報」は初期期待を抑制することに寄与し，離職を防止できる可能性が示唆されたといえる。

このように個人が組織に参入する前に，現実の職務・組織に関するネガティブ情報を含む生々しい情報を与え，新規参入者が有する過大な期待を抑制し，ひいては組織社会化を円滑に進める情報提供のあり方を現実的職務予告（RJP : Realistic Job Preview）とよぶ。

現実的職務予告は，いわば「ワクチン」のようなものとしても考えられるかもしれない（Wanous 1992）。私たちの経験を振り返ってみても，新しい組織に人が参入するとき，遅かれ早かれ，私たちは，リアリティショック，カルチャーショック，幻滅を経験するものだ。組織参入前の初期期待が高ければ高いほど，組織参入時のリアリティとの乖離が激しくなり，受ける精神的ダメージは大きくなる。ならば，本来は組織参入後になってはじめてわかる

「現実」の一部をワクチンのように「希釈」したかたちで組織参入前に投与しよう，ということであろう。

　ちなみに，本邦において，予期的社会化における現実的職務予告に関して最も早く注目したのは金井（1994）である。金井（1994）は，428 社を対象にした質問紙調査において，日本企業の採用活動での現実的職務予告の志向性を算定した。ワナスの研究同様，現実的職務予告は，日本企業においてもリアリティショックを抑制し，離職防止につながることが示された。

　これら現実的職務予告に関する研究以外にも，予期的社会化を促進する要因に関する研究は進んでいる。特に，1）採用活動において利用される各種広報手段，説明会，面接などと，2）インターンシップに関しては，近年，研究が進んでいるところであろう。

　例えば，採用活動において利用される広告などについては竹内・竹内（2009）の研究がある。

　竹内・竹内（2009）は，製造業を中心とした新入社員研修に集まった新規参入者を対象に質問紙調査を実施し，実証的な分析を行った。分析の結果，初期採用の様々な施策のうち，求職宣伝施策（就職のための自社 PR）を企業が積極的に提供することで，新規参入者の入社後の組織コミットメントが高まり，転職への意志が抑制されることがわかった。

　同様の研究には林（2009）の研究がある。林（2009）はある会社の採用内定者 717 名に対して質問紙調査を行い，その実態を階層的重回帰分析によって明らかにした。その結果，採用広報施策の満足度，採用選考時に内定者が接した従業員の好感度，採用面接時の面接官からの情報提供の度合い，採用選考時の面接のあり方などが，内定者が持つ仕事，成長，人間関係の期待に影響を与えていることが明らかになった。

　2）のインターンシップは，近年，教育現場において広がりを見せている活動である。現在，多くの企業が大学生に対してインターンシップの機会を提供しているが，そのインターンシップのプログラム自体を組織社会化に役立てようとする試みも始まっている。要するに，組織参入前のインターンシップの就業機会を組織社会化のリソースとして活用するということである（佐藤・堀・堀田　2006）[1]。

昨今，メーカーや販売企業のなかには，大学1年生からインターンシップを行い，そのプロセスを通して選別し，合格したものを即採用する，といった企業も出始めている。この場合，在学中は店舗でアルバイトをし，卒業と同時に正社員になるが，企業にとっては組織エントリー後の教育投資を抑制できるという意味でメリットがあるといえよう。

以上，組織参入前の組織社会化，すなわち予期的社会化について述べてきた。

いずれにしても，経営資源も限られるなか，組織参入前に効果的な施策を展開することで，組織参入時のリアリティショックを軽減し，スムーズなトランジションを実現することが今後より一層求められるようになるだろう。

日本の雇用慣行である新卒一括採用が段階的に緩和し，通年採用などが常態化すれば，組織に入ってから均等に大量の新規参入者を対象にした組織社会化を行うことはますます難しくなる。

もしそうなれば，今まで組織参入後に行われてきたことを，前もって予期プロセスにおいて実施する，といった事例が出てくるかもしれない。もしそうなれば，従来の「採用」活動は，今後，採用以上の意味を持ちうる。採用プロセスにおいても，人材育成，組織文化適応を促す努力が，今後，求められるようになると思われる[2]。

3.2.2 組織参入後の組織社会化プロセス：新規参入者による組織社会化

3.2.1項で見たように予期的社会化は組織参入時のリアリティショックを軽減し，円滑な組織適応を可能にするための重要な契機となる。しかし，組織参入前の各種の施策は，現段階においては，日本企業が採用する「組織社

---

1) インターンシップには，高等教育機関が主体となって行うものもある。文部科学省の調査によると，平成19年度における高等教育機関におけるインターンシップ実施率（授業単位認定を行うもの）は，大学67.7%（平成8年度17.7%，平成18年度65.8%），短大43.6%（同6.4%，40.6%），高専100%（同50.0%，98.4%）となっている（文部科学省2007）。

2) 一般的に企業人事は，採用・人材育成・配置・異動・処遇・労務・制度などというふうに分断されている。特に採用と人材育成は，めざすところが類似しているのにもかかわらず，その分断は激しい。今後の採用活動は，人材育成や経営学習論の研究知見，ノウハウが必要になるものと思われる。

会化」の中核的活動ではない。やはり，組織社会化は「組織参入時ないしは組織参入後」に本格化しているのが実状である。

　組織のなかで，どのような知識や技能を獲得することが個人に求められているのか。組織のなかで自分がどのような役割を果たすことを期待されているのか。そして，この職場，この組織ではいったいどのような秩序が働き，どのような文化を有しているのか……仕事をするうえで必要なこれらの内容を人は組織参入後にリアリティショックを抱えながら，時には「痛み」をもって学ぶのである。

　ところで，組織参入後の組織社会化を考えるうえで，従来から組織社会化研究では，1）組織側が新人にどのようにはたらきかけるかによって社会化がどのように促進するのか（組織による社会化），2）新人側がどのような行動をなすことで社会化が完遂するのか（個人による社会化），という2つの立場から研究がなされてきた。

　既述したチャイルド，ヴァン・マネン，シャイン，フィッシャーらの定義にも見られるように，「個人による組織社会化」よりも「組織が個人に働きかける諸力」の方が，研究のメインストリームであることは疑い得ないが，組織社会化研究の歴史をひもとけば，後者の理論的空隙を補完するかたちで「個人による組織社会化」の研究が進んだ経緯がある。

　すなわち，「組織による社会化」研究が「暗黙の前提」としているように，「新規参入者」を「組織からの積極的な働きかけを受動的に引き受ける存在」，「組織社会化を受け止める受動的存在」として描くのではなく（Fisher 1986），「自ら組織・職場に関する情報を探索し，社会化のイニシアチブを自ら積極的に引き受けうる存在」，「自ら組織社会化を引き受ける能動的存在」として描こうという動きが後年あらわれた。ここで描かれるのは，「能動的存在たる個人による社会化プロセス」（Fisher 1986）の動態である[3]。

3）　チャイルドは，後年，自らが用いてきた定義を改め，社会化とは「個人が他の人々とのあいだの相互影響を通じて，社会的に重要な行動や経験についての，この個人特有の型を発達させていく過程全体を示す，広範囲な意味を包含する概念」であるとする（Zigler & Child 1969）。Child（1954）による以前の定義は，個人の側に強制的に介入を行う側，すなわち社会化をなす側に力点が置かれているのに対して，後年は「社会化される側」のイニシアチブを認め，社会化それ自体が，個人と他のエージェントとの「相互影響」のもとに進行するプロセスであるとした。

　そこで本項ではまずこの「能動的社会化」を取り上げ，続く3.2.3項では，組織社会化研究のメインストリームである「組織による組織社会化」を描こうと思う。「個人による能動的社会化」を先に取り上げ，メインストリームである「組織による組織社会化」研究を後で取り上げることで，前者と後者の輪郭が明瞭になるからである。以下，「能動的存在たる個人による社会化プロセス」に関する研究について論じる。

　さて，「個人による能動的社会化」を概観するうえで，まず了解しておくべきことがある。それは，新規参入者にとって，組織参入時とは圧倒的な「不確実性」のなかにいる状態，だということである（Van maanen & Schein 1979）。

　既存の組織メンバーにとって「自明なこと」は，今，組織に参入してきた個人にとっては何ひとつ自明ではない。しかし，一方，すでに組織に同化している他の組織メンバーは「文化的無自覚性」のなかにいるため，「既存メンバーにとって自明であることが，新規参入者にとっては自明ではない」という事実に対してすら意識的ではない。

　加えて，多くの場合，既存の組織メンバーにとっては「新人がどのような人かもわからない」「新人がどのようなことについて困っているかもわからない」「新人がどのような仕事をしたいのかについてもわからない」。さらには，すでに組織に同化しているメンバーがこれほど「新人についてわからない状態」にあることは，新人にとっては「わからない」。新規参入者と既存の組織メンバーのあいだには，このような圧倒的な意識，認識，理解の「差異」が存在しており，時にそれは「再帰的な構造」をなしている。

　このような圧倒的な意識，認識，理解の差異を背景にしつつ，新規参入者は自ら組織や環境に能動的に働きかけ，自らの周囲に存在する「不確実性」をいくばくかでも減衰させるべく，動かなくてはならない。教育期間を終えた成人は子どもではない。自ら動かないことにはこの「不確実性」を減衰させる手立てはない。すなわち，自らの情報探索行動によって（Morrison 1993），「今，ここ」の職場環境，組織環境を少しでも理解可能（Understandable）なものになるよう懸命に努力するのである（Falcione & Wilson 1988）。この意味で，新規参入者は自ら外部環境に対して能動的働きかけを行い，そのことを

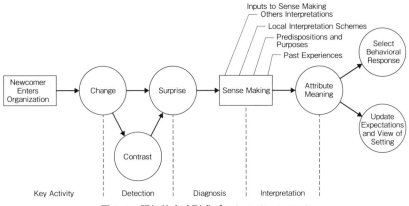

図3-1 認知的意味形成プロセス (Louis 1980)

通して，環境から絶えざる情報のフィードバックを受け（Ashford & Cummings 1983)，自ら環境についての「意味構築」を行っている存在とも考えることができる。

　このように新規参入者を「能動的主体」と見なし，その組織社会化プロセスを研究した代表的研究に，1）ルイスらの認知的意味形成アプローチや（Louis 1980)，2）リサ・ガンドリーとデニス・ルソーのクリティカルインシデントアプローチがある（Gundry & Rousseau 1994)。以下，詳細に見ていこう。

　まず，1）ルイスの「認知的意味形成アプローチ」のキーワードとなるのは，アプローチの名称にも冠されている「意味形成（センスメイキング：Sense making）である（図3-1参照）。

　その研究においては，新規参入者が組織参入時のショックや組織で経験する出来事を自ら「意味づけるプロセス」にこそ着目する。すなわち，組織参入時の出来事を「能動的に意味形成していく主体」として新規参入者を描き出すことを試みている。

　新人は組織参入時，様々な「変化」や「出来事」を経験する。そして，その変化を自分の記憶にある先行経験と対比させ，ショックを受けたり，驚きを感じる。問題となるのは，このショックや驚き自体ではない。なぜなら組織参入時には，少なからずリアリティショックが生じるものであるからだ。

見知らぬ組織に人がはじめて参入すれば，そこには必ずや感情の葛藤が経験されるであろうことは私たちの過去の経験から考えても，想像に難くない。

真の問題は，新規参入者がそうした「変化」や「出来事」をいかに受け止め，意味形成を行えるか否かにある。変化や出来事の意味形成に成功すれば，それがどんなものであったとしても，新規参入者は「納得」ができる。しかし，意味形成に失敗した場合には，その変化や出来事が，いかに「些細なもの」であったとしても，新規参入者は腑に落ちない。この意味で，出来事を解釈し，理解可能なものとしていかに意味構築していくのかが決定的に重要である。

それでは，上記のプロセスにおいては，新人はどのようなリソースを活用して意味形成を行うのだろうか。

まず，個人内部に蓄積されたもので最も有力なリソースは「先行経験」であろう。人は，先行経験およびそれから派生した各種のスキーマを認知的枠組み・準拠枠として，後続する経験を組織化する。先行する経験は後続する経験を体制化・組織化するリソースとなりうる[4]。

先行経験以外にはいかなるものがリソースたりえるのか。

大庭・藤原（2008）においては，職場の上司・先輩・同僚などとの社会関係による意味形成支援が主張されている。大庭・藤原（2008）は，入社直後のリアリティショックと入社1年半後の組織適応に関して定性的な調査を行った。1年半後の組織適応に影響を与えていたのは，上司による関与と意味形成であることが示されている[5]。

以上見てきたように，Louis（1980）による認知的意味形成プロセス理論は，変化・出来事自体と，それに対する「意味づけ」を峻別し，後者のプロセスに着目した点で，非常に画期的であった。

---

4) プラグマティストのデューイは，経験がそれ自体個別に独立して存在するのではなく，その前後の事物に影響を与えながら存立していることを説き，それを「経験の連続性原理」と名づけた（Dewey 2004）。

5) 人は客観的な事物によって行為するのではなく，意味によって行為する。また，そうした意味の導出は，他者との社会的相互作用の不断の解釈によって生まれる，という考え方を提示したのは，象徴的相互作用論者（意味学派）のハーバート・ブルーマーである（Blumer 1991）。意味形成を，行為者の個人的な営為に還元するのではなく，社会的相互作用に開かれたものとして捉える。

　次に，第2のガンドリーとルソーによる「クリティカルインシデントと教訓」アプローチとは，どのようなものだろうか（Gundry & Rousseau 1994）。ガンドリーらの研究は，新人が組織参入時に遭遇するクリティカルインシデントの経験を，いわば新人が組織の内情や文化，そして組織内部に埋め込まれた暗黙の規範を理解するための「学習機会」として捉え，それを通した意味形成（フレーミング）が新人ののちの行動規範，組織適応の公準になっていると考えるアプローチである。

　ちなみに，クリティカルインシデント（Critical incidents：臨界事象法）とは，ジョン・フラナガンによって提唱された研究分析方法であり（Flanagan 1954），ここでは「新人が組織文化や自身の役割について学ぶきっかけとなった出来事」のことをさしている。

　ガンドリーらはクリティカルインシデント法を用いて，12の電子部品製造メーカーに新規雇用された20歳から39歳の大卒白人男性149名を対象とし，彼らが雇用されてからどのようなクリティカルインシデントを経験したのか，そしてそこから組織の何を学んだのかを調査した。

　具体的には，彼らには，1)「その会社で働くとはどういうことなのか」を知るきっかけとなったクリティカルインシデント，2) そのクリティカルインシデントから得た教訓をワークシートに自由記述してもらい，合計で464個のクリティカルインシデントを得て，その分析をした。

　例えば，今，仮に「会議で自分の思ったことを自由発言してよいといわれたので，自由に思ったことを発言したら，次回の会議からメンバーとして招集されなくなった」というクリティカルインシデントをある被験者が経験していたとしよう。この場合，このクリティカルインシデントからの教訓は「この組織における会議では，自分の思ったことを発言してはいけない」ということになる。被験者はこのディレンマを含む悲惨な出来事と，その意味づけ（フレーミング）をもって，組織内に明文化されていないルールを学ぶことになる。

　ガンドリーらの分析の結果，1) 組織参入初日に新入社員が経験したクリティカルインシデントのうち，50%は肯定的なもの，38%は否定的なもの，13%は中立的なものであった。また，2) 組織に参入した当初は，肯定的な

感情をともなうクリティカルインシデントが多いものの，雇用されて1年を越える頃になると，否定的な感情をともなうクリティカルインシデントが増えていくこと，3）肯定的な感情をともなうクリティカルインシデントとしては，組織メンバー間の社会的インタラクション，組織が提供したセミナー，成果を報償するイベントなどがあり，そこから「チーム志向」が重要であるという教訓として意味づけていること，4）一方「組織内の作法に関する規範」は，新規参入者にとってネガティブな感情をともなう出来事と，その意味づけ（フレーミング）から学ばれていること，などがわかった。

　このように組織の側が望むと望まないとにかかわらず，新規参入者は主体的に情報探索をし，意味形成を行う。

　前者のルイスらの研究に見るように，先行する経験や職場における社会的相互作用のなかから情報探索・意味形成が可能になる場合もあるし，後者の「クリティカルインシデント」の分析が明らかにしたように，様々な出来事とその後の意味形成によって組織のことが学ばれてしまうこともある。

　新規参入者とは「学習者」である。不断の情報探索・出来事解釈を通して，参入時の「不確実性」を減衰させ，積極的に自らを社会化しようとしているのである。

3.2.3　組織参入後の組織社会化プロセス：組織による組織社会化

　前項で紹介したのは，組織社会化時における新規参入者の能動的役割——能動的な環境適応行動——についてであった。このアプローチに立つとき，新規参入者は新たに参入しようとする組織に自身が「受動的存在」として受け入れられることを望むのではない。むしろ，自ら様々な情報を探索し，意味づけ，自身の生活世界を理解可能なかたちに再編成していくことを試みる。その様子を私たちは見てきた。

　一方，既述したように組織社会化研究において，従来から多くの研究者の関心があったのは，「組織が，新規参入者を社会化するために，何をなすか」という視点からの研究である。

　この視点において新規参入者は，組織から「働きかけられる存在」である。組織は自らイニシアチブを持って，個人の知識・技能獲得，役割移行，円滑

な組織適応を支援する。そのために組織が採用する方法，やり方のことを
「組織社会化戦術」とよぶことがあり（Van Maanen & Schein 1979），組織社会
化研究ではこれまで数多くの戦術が研究されてきた。

　あまたある組織社会化戦術を把握する枠組みについては，組織社会化研究
の泰斗であるヴァン・マネン，シャインらが，次の6次元のタイポロジー
を提案している（Van Maanen & Schein1979）[6]。

　各次元における前者の項目が，公式的，組織的，制度的に社会化に取り組
むことを含意しているのに対して，後者は非公式で個別対応の社会化の取り
組みを含意する。以下，各項目の詳細について見てみよう。

1) Collective（集団的）−Individual（個人的）
2) Formal（公式的）−Informal（非公式的）
3) Sequential（連続的）−Random（非連続的）
4) Fixed（固定的）−Variable（可変的）
5) Serial（継続的）−Disjunctive（断続的）
6) Investiture（付加的）−Divestiture（剥奪的）

　第1のタイポロジー，1) Collective（集団的）−Individual（個人的）とは，
組織社会化のプロセスにおいて新規参入してくる人々に対するいわば「介入
単位」に関するものである。

　具体的には，新規参入してくる複数の人々を集団としてまとめて同一の経
験を付与させて社会化を果たすのか，それとも個々の新規参入者に個別化し
た対応を行い，あくまで個に応じた経験付与を行うのか，ということである。

　戦後，日本企業において一般的に行われてきた組織社会化の典型的風景は
新卒一括採用であった。教育機関を卒業した若年労働者の一群を「集団」と
して扱い，研修施設・教育機関などに隔離し，集中的な新入社員教育を一斉
に施すことで組織適応をめざした。

---

6)　ヴァン・マネンとシャインによる6次元のタイポロジーに関しては，理論的に後退して
　いるという指摘・批判も存在しているが（Jones 1986），最も有名な分類基準として広く利
　用されていることもあり，ここでは読者の便をはかるため紹介することとする。

　集団を単位として組織社会化を行うことによって，組織社会化のためのコストを下げる一方，「集団」を最初から意識させ，集団内部の社会関係資本を増加させることを狙っていたものと思われる。

　この観点から，従来の日本企業で採用されていた組織社会化戦術は，前者のCollective（集団的）に近いものといえる。ただし，近年に至って，新卒一括採用の是非に関しては議論が盛んである。外国人を含め多様な人材を採用し，組織内の人材ポートフォリオをより豊かにするためには，新卒一括採用にこだわらず，中途を含めた通年採用を行うなど，日本企業は，今，モデルなき模索を行っている。

　第2のタイポロジー，2）Formal（公式的）–Informal（非公式的）とは，新規参入者が，職場や職場メンバーから離れて，公式の，かつ新人に特化してデザインされた教育プログラムを受講するのか，それとも職場で職場のメンバーが主体となって，インフォーマルな機会に社会化を行うのかどうかを把握する分類枠組みである。

　これまで多くの日本企業においては，まずは集合研修で前者を経験させたあと，後者に移行することが多い。その意味では，Formal（公式的）からInformal（非公式的）への移行というのが一般的である。

　しかし，昨今の厳しい経営環境のなかで，公式の教育プログラムは無化されることはないにせよ，短縮される傾向がある[7]。その場合，組織社会化の中心は後者の「職場による非公式的手段」に比重が移ってくる。そのとき，職場のどのようなメンバーによって社会化が担われるかによって，社会化のクオリティに分散が生じる，というデメリットがある。また，現場では「最も教えやすいもの」が教えられる傾向があるというのも，よくいわれることである。「教えにくいものであるけれども，知っておかなければならない知識ドメイン」は確実に存在する。そのような知識ドメインをいかに獲得させるかが課題である。

　第3のタイポロジー，3）Sequential（連続的）–Random（非連続的）とは，組織社会化が完了するまでのステップが段階的に新規参入者に対して明示さ

---

7)　また，従来は外部の教育組織によって担われていた新入社員教育を，組織内部のライン長・実務担当者などが担うことも注目されている。

れているか否かの程度にかかわる分類枠組みである。

　例えば，ある新規参入者が組織内において特定の役割や業務を担う場合，それを完了するまでに習得しなければならない知識，技能，信念などがスモールステップで明示されている場合には「連続的」，そうでない場合は「非連続的」ということになる。これと類似する次元が，4）Fixed（固定的）−Variable（可変的）の分類軸である。この次元は，新規参入者の組織社会化が達成されるまでに必要とされる時間的展望が変化しないものなのか（固定的），それとも変化しうるものなのか（可変的）にかかわる分類基準である。可変的な社会化の場合には，社会化の完了はそのつどの状況に応じて変化することになる。

　これら3）と4）のタイポロジーに関しては，一部の専門職を除いて，多くの日本企業における組織社会化では，「非連続的かつ可変的な社会化」が中心的ではないか，と推察される。一般の企業において，職務に必要とされる知識・技能はそれほど明示されてはいない。また，組織社会化が完了するまでの時間的展望は，与えられた職務を遂行していくなかで，そのつど変化する。すなわち，可変的に社会化が行われているものと推察される。

　第5のタイポロジーは，5）Serial（継続的）−Disjunctive（断続的）である。ここで「継続的」とは，職場に存在する既存の職場メンバーが自分の後任として職場に新規参入してくる人を社会化する状態を意味する。一方で，「断続的」とは社会化を担ってくれるような既存成員が得られない状態で新規参入者が社会化されなければならない状態をいう。

　ポストバブルの時代，一時的に新卒採用を凍結した企業のなかには職場の年齢構成が変化し，新卒採用者とひとつ上の先輩社員とのあいだに「断絶」が生まれることがあった。つまり，新入社員のすぐ上の先輩社員が10年以上のキャリアを積んだ中堅社員やマネジャー層であることがまれではなかった。職場の年齢構成に極端な偏りがある場合，新入社員にとって「身近なロールモデル」が得られない場合もある。この基準でいうところの，「断続的」な組織社会化状況を社内に生み出してしまった可能性がある。

　最後に第6のタイポロジー，6）Investiture（付加的）−Divestiture（剥奪的）とは，新規参入してくる新人の過去の経験，専門性，個人的資質に対し

て，新たな専門性や知識などを「付加」するかたちで役割形成を行うのか（付加的），あるいは過去の経験や個人の特性を強制的に学習棄却（剥奪）して，新たな人格形成を行うのか，である。

　日本企業においては，教育機関から職業領域への移行の際，教育機関で形成された専門性・知識に「付加」するかたちで組織社会化が行われることは，一部の技術・研究開発職以外は，まれであると考えられる。また，組織社会化のプロセスでは，多かれ少なかれ，学習棄却（剥奪）の機会が生まれることがある。特に第6章で述べるように，中途採用者の組織再社会化のプロセスで，既存の組織では通用していたけれども，現在の組織では通用しない知識や経験などを剥奪するような社会化プロセスが必要になることもある。

　以上，ヴァン・マネンやシャインの組織社会化戦術に関するタイポロジーを紹介してきた（Van Maanen & Schein 1979）。これらは企業が行う組織社会化戦術を体系的に理解するうえで最も利用・引用されているものである。

　次に組織が行う組織社会化とは，具体的にどのように進行するのだろうか。実際の企業組織の現場は新規参入者をどのような機会において社会化してきたのか。それを詳細に見ていこう。

　組織が行う組織社会化の実際に関して，日本の一般的な企業においては，1）研修（新入社員教育），2）現場でのOJT（上司・先輩からの部下指導）が重要な契機として，これまで存在してきた。それでは，これらに位置づく研究の動向を概観しよう。

　第1に，1）研修（新入社員教育）に関してである。

　組織社会化時における研修の役割については尾形（2009）の研究が詳しい。尾形（2009）は，新人研修（論文内においては導入時研修）が新規参入者の組織社会化に与える影響について，従業員300名の製造メーカーを対象にして，定性的な研究を行い，研修の効果をまとめた。尾形のまとめる研修効果としては，「研修の厳しさによる効果」と「研修の不変性による効果」の2点があった。

　第1に「研修の厳しさの効果」は，①タブラ・ラサ（白紙）効果，②ヨコとの連帯感醸成，③タテへの信頼感醸成，④自己効力感の醸成，⑤組織コミ

ットメントの醸成から構成される。

　①タブラ・ラサ効果とは，「新人たちの今までの価値観を一気に打ち壊し，社会人・社員としての新たな価値観・行動規範を習得させること」である。学生時代を通して構築してきた様々な価値観・信念をいったん「白紙」のように真っ白な状態にすることをさして「タブラ・ラサ」という用語が用いられている。これは，先ほどのヴァン・マネンとシャインによるタイポロジーをあてはめると「剥奪的」な組織社会化戦術といえる。

　一般に「タブラ・ラサ」の状況をつくりだすためには，第三者による介入や揺さぶりを必要とする。このことをかつてヴァン・マネンは「価値低下経験（Debasement experiences）」という概念で把握した（Van Maanen 1976）。「価値低下経験」とは，新規参入者に対して，彼らのこれまでに保有し続けてきた信念，価値観，自信，経験を，一時的に，意図的・操作的・強制的に「低下」させる経験のことである。

　「価値低下経験」は，新規参入者の保有する信念・価値観を剥奪し――意図的に「タブラ・ラサ」の状況をつくりだし――，新たな価値観・信念の刷り込み―組織社会化を円滑に遂行することを可能にするとされている。多くの場合，一時的かつ意図的に，新規参入者に対して屈辱・恥辱の経験や知覚を付与し，新規参入者がこれまで有していた価値観，信念，自信，経験などの諸要素とのあいだに葛藤状況をつくりだすことをいう。

　価値低下経験に関して，ある人材開発担当者は次のように語る。

　「うちの新人研修は，［匿名化のため省略］Xでやるんですけど，Yさん，毎年，やるん［で］すよ。かわいがっちゃうの，新人を。こないだなんか，新人が，［先輩社員の］Bさんの名前を間違って呼んじゃったんですね。（中略）そしたら，Yさん，また，やるん［で］すよ。こらー，オマエ，Bさんの名前，今，間違って呼んだんじゃないのか。そんなんで，社会人やってられんのか。オマエは，お客の前にいっても，おんなじ［同じ］ことすんのか？　職場に配属されても，メンバーにそういう態度で接するのか。オマエは学生時代，どういう生活してたんだ？（中略）親は，何，教えたんだ！　オマエが今まで学んできたことなんて，

　その程度なんだ！（中略）ものすごい剣幕で。（中略）でも，それからガラッと変わるんですよ（中略）」

　この語りにおける「Yさんのかわいがり」は，「名前を呼び間違ったこと」を叱責することが真の目的ではない。なぜなら，そのような「かわいがり」は，おそらく何らかの新人の振る舞いを対象に，「毎年」のように行われているからである。

　むしろ，毎年，新人の未熟な振る舞いを目の当たりにする機会を得て，新規参入者の1人を叱責することで学生時代と社会人のあいだに明確な境界を設け，また，学生時代の経験や信念を棄却するよう強制しているのではないだろうか。要するに「これまで培ったものをいったん脇において，社会化されなさい」といっているのである。

　このような「かわいがり」が度を越えた場合には，様々な問題が生まれうるものの，このようにしてあえて新人を叱責する場面——意図的に「タブラ・ラサ」の状況をつくりだす場面——は，我が国の新人研修においても頻繁に見受けられることである。

　②のヨコとの連帯感の醸成は研修内容が厳しく，予断を許さないものであるからこそ，「同期のあいだの社会的結合が強固」になることをいう。

　教育機関から職業領域の移行期のまさに渦中にある新入社員研修は，新規参入者にとって，ひとつの「通過儀礼」ともいえる。通過儀礼の不条理な厳しさに接して，新人は，「仲間とともに乗り越えること」の大切さを学ぶことになる。

　かつて文化人類学者のヴィクター・ターナーは，通過儀礼の前後に存在する「分離期・過渡期・統合期」において，過渡期とよばれる時期を「リミナリティ」という概念で把握した（Turner 1996)[8]。

　リミナリティとは，通過儀礼を挟んだ2つの世界のあいだに存在する，不確実で曖昧な過渡的状況であり，そこは「自己卑下」「隔離」「試練」によ

---

[8]　キャリア移行論の古典にウィリアム・ブリッジスの研究（Bridges 1980）があるが，ここでも同様のプロセス論が展開されている。ブリッジスによれば，キャリア移行の過程においては，①終焉（過去の世界との決別），②中立圏（どっちつかずの不安定な状態），3) 始まり（自己における内的統合）のプロセスが存在するという。

って特徴づけられる。そして，その不確実性・曖昧性ゆえに，そこには擬似的民主制が生起し，すべての成員が社会的結合（コミュニタス）を得る（Turner 1996）。尾形の指摘するタブラ・ラサの状況，そしてヨコへの連帯感とはまさにターナーのいうリミナリティとコミュニタスに相似する。

次に③タテへの信頼感とは，研修において時には不条理な指示・命令を出すトレーナに対して，当初，新人はネガティブな感情を有しているものの，それが次第に，「サポートしてくれているのだ」という感覚に変わり，信頼感が生まれるということである。

最後に④自己効力感の醸成とは，厳しい研修を乗り越えたからこそ，いわゆる自己効力，すなわち自分が行為の主体であるという感覚が生まれることをさす。このように連帯感や信頼感が醸成され，自己効力感が増すと，必然的に⑤組織コミットメント（組織に対する愛着）が醸成されるものと思われる。

次に，新入社員研修の効果のうち第2の効果である「研修内容の不変性による効果」とは，尾形（2009）によれば，1）コミュニケーションツールとして機能すること，2）メンバーシップを獲得できること，にあるという。

これは，この会社において過去25年間，研修の内容が変わっていないこと，すなわちこの会社に新規参入した人間であれば，すべての人間が共通体験を有していることからなる効果である。研修は，いわば共通の話題，共通言語（Lingua franca）として機能し，コミュニケーションを媒介する。これが研修のコミュニケーションツールとしての効果だろう。

以上，組織による組織社会化プロセスのうち，1）研修（新入社員教育）について概観してきた。次に，2）現場でのOJT（上司・先輩からの部下指導）について紹介する。職場配属後のOJT[9]による組織社会化について考察し

---

9)　日本のOJT研究の先駆者は経済学者の小池和男である（中原・荒木 2006）。小池は，能力形成におけるOJTの役割を重視し，OJTの実態について，丹念な「聞き取り調査」を行い，それによって日本の労働者が知的熟練を果たしている様子を描いた（小池 1991a, 1991b, 1997）。小池はOJTを「キャリア」として把握することで，従来，ブラックボックスとされてきた能力形成の動態を社会科学的な方法論を用いて明らかにすることを可能にした。

　小池の理論は，1980年代以降大きく注目され，その後，多くのOJT研究を生み出している（橘木 1992, 日本労働研究機構 1993, 中村 1995, 奥田 1995）。ちなみに，一般的に「OJT」とは，「上司―部下間における発達支援関係」と把握されることが多い（小林 2000）。

よう。

　これまで日本企業において，組織社会化戦術の具体的施策として，最も注目されてきたものが，OJT（On the job training）であろう。とりわけ，最も研究が進んでいるのは育成責任を有する上司，管理職，マネジャーなどに着目した研究である（Graen 1976 など）。上司，管理職，マネジャーなどは，職場の業績管理を行う一方で，育成責任を担う最も有力な社会化エージェントであり（中原 2010），これまでにも様々な研究がなされてきた。

　そのなかでも，本邦で最も早くからそこに注目し，信頼できるデータによって研究を蓄積してきたのは，若林・南・佐野（1980, 1984），若林（1988）の一連の研究であろう。

　若林らによる一連の研究は，入社して配属された職場における「直属上司―本人」との垂直的交換関係に焦点を合わせて，その効果を調べた。垂直的交換関係は，日常業務における助言指導の中核を担うものである。そこでは，上司から本人に対して様々な業務付与とフィードバックがなされる。

　その結果，1）入社 1 年目の「直属上司―本人間の垂直的交換関係」は，入社 3 年目の新規参入者の初期キャリアの発達に強い影響を与えていること（若林・南・佐野 1980），また，2）入社後 3 年間において直属上司から付与された職務経験が，入社 7 年目の新入社員の管理能力の発達にとって大きな影響を与えていること（若林・南・佐野 1984），3）入社後 3 年間の垂直的交換関係が，入社 13 年目の昇進，給与，賞与などに影響を及ぼしていることがわかっている（若林 1988）。

　組織エントリー時には，新規参入者は，上司を自ら選ぶことはできない。しかし，どういう上司，管理者，マネジャーに出会い，どのような垂直交換関係を営めるかで，その後の組織適応やキャリア発達に少なくない影響があることがわかった。

　若林らとは異なる手法で，上司による OJT 行動に接近したのが，榊原（2005）である。榊原（2005）は上司，管理者，マネジャーが，新規参入者に対して OJT を行う際，具体的にどのような OJT 行動を選択すればよいのかを質問紙調査を実施し，実証的に考察した。

　分析の結果，OJT 行動には直接的な教育・指導を行う側面と責任と仕事

の権限を委譲する，という 2 つの側面があることがわかった。これら両者を独立変数とし，OJT を受ける側の能力自己評定値を従属変数とした分析を行うと，後者の「責任と仕事の権限の委譲」こそが能力自己評定値に対して統計的な正の効果を持っていることがわかった。一般に，OJT とは現場では上司による教育指導と解釈され，実施されることが多いが，それは必ずしも，能力形成に結びついていない。むしろ，責任をともなうかたちで，業務付与，権限委譲を行うことが重要であることがわかった（榊原 2005）。

　若林らの研究，榊原の研究はいずれも，それまでブラックボックスとされてきた OJT における上司の役割を明らかにした。

　しかし，一方で，現場での学習や OJT は上司のみによって決定されるのではなく，職場における様々なメンバーによる積極的な働きかけによって可能になるという議論も生まれつつある。例えば，シェリー・オストロフらによれば，新人は上司・同僚から同程度の業務・組織に関する情報を得ているが，上司から得た情報を過大評価する傾向があるという（Ostroff & Kozlowski 1993）。

　本来，新規参入者は上司のみならず，同僚・職場メンバーからも様々な働きかけや支援を受けているのにもかかわらず，それを意識化することはなかなか難しい。このような状況下において，被験者に「誰があなたの組織適応を手助けしましたか」と問うことは分析結果に偏りをもたらす傾向もないわけではない。

　かくして，上司のみならず同僚・職場メンバーなど，職場に遍在する様々な他者を社会化主体とした研究が次第に注目されることになっていく。最も早い段階で直属上司を含む，多種多様な社会的関係におけるキャリア発達を描き始めたのは，キャシー・クラムであろう（Kram 2003）。

　クラムによれば，メンタリングとはメンターと部下や経験の浅い若手（メンティ）との垂直的関係間に結ばれる発達支援的な関係のことをいい，心理・社会的機能とキャリア的機能から構成される（Kram 2003）。メンターという概念は必ずしも直属上司とは限らない。メンティに対して発達支援を行う主体は様々な場合がある。

　まず，前者の心理・社会的機能とは，仕事のプロセスにおけるアイデンテ

ィティ形成，個としての専門性向上を支援することをいう。後者のキャリア
的機能とは，業務のノウハウや組織事情を学び，組織における昇進やキャリ
アの上昇を支援する社会的関係のことをいう。これらの発達支援を受け，メ
ンティは成長する。

　一般に実際のメンタリングプロセスは，1）開始段階，2）養成段階，3）
分離段階，4）再定義段階の４つにおいて段階的に進行する。

　1）の開始段階はメンターとメンティのあいだに関係が始まり，それが両
者にとって重要になるプロセスである。2）養成段階では，組織階層の上昇
移動の支援であるキャリア的機能とアイデンティティ，専門性の確保の支援
を行う心理・社会的機能が本格的に駆動し始める。

　しかし，発達支援関係は決して固定的なものではない。メンティの成長と
ともに，メンターとメンティのあいだには葛藤が生まれるようになる。相互
の役割分担が変化したり，感情面での大きな変化や葛藤を経験するようにな
る。これが，3）分離段階である。場合によってはこの段階で発達支援関係
が解消されることもある。しかし，3）分離段階を経験したメンターやメン
ティが，もし次の段階の，4）再定義段階に進むのだとすれば，新たな役割
分担がなされ，同僚関係に移行する，とされている。

　最近では，クラムの研究をさらに発展させ，1×1の発達支援関係のみな
らず，多種多様な社会的ネットワークのなかでのキャリア発達を描く研究に
力点が移ってきている[10]。

　現代組織においては，雇用の流動化や組織のなかのダイバーシティの向上

10）　最近のポジティブ組織論の台頭によって，メンタリング概念はさらに拡張している。ベ
ル・ラギンスは，従来の研究において追究されていたメンタリングが，①メンターからメン
ティに対する一方向的な情報価値の提供であったこと，②初期キャリアの形成過程における
低次なレベルから平均的レベルへの底上げをめざすメンタリングであったこと，③主に仕事
における問題解決のみを対象としたメンタリングであったことを指摘し，新たな「関係的メ
ンタリング（Relational mentoring）」という概念を主張している（Ragins 2011）。関係的メ
ンタリングとは，「互酬性規範を規範原理とした，メンターとメンティの相互発達支援であ
り，初期キャリアにおける仕事場の成功以外の問題（例えば個人としての成長や幸福）をも
対象にしうるもの」であるという。メンタリングを双方向のネットワークとして捉えるとこ
ろは，ヒギンスとクラムらの「発達的ネットワーク」に着想は近い。しかし，メンタリング
を，①「平均以上の高いレベル」まで能力・キャリアを発達させる手段と位置づけているこ
と，②仕事・業務に関する以上に，個人としての幸福の実現手段としていることに，ポジテ
ィブ組織論の影響が垣間見られる。

により，1×1 の固定的な発達支援関係を取り結ぶことが非常に難しくなっている。モニカ・ヒギンスとクラムは，多種多様で，かつ重層的な複数の主体とのメンタリング関係を「発達的ネットワーク（Developmental network）」と概念化し（Higgins & Kram 2001），この概念を中核とした実証的な探究を進めている（Higgins 2000, Higinns & Thomas 2001）。

　多種多様で重層的な発達支援関係のネットワークにおける能力形成の動態の詳細については第5章の「職場学習」で詳細に述べるが，実際の職場における学習は，上司のみならず，多種多様な他者から様々なタイミングで様々な支援を受けることによって達成されている。

3.3　組織参入時の学習において OJT 指導員が果たす役割：近年の実証的研究

　本章後半部では，組織参入時の学習における近年の実証的研究を紹介する。ここで取り上げる研究は，職場における OJT 指導員の行動と部下の能力向上との関係を探究する研究である。OJT に関する研究は，3.2.3 項で取り上げた若林らの研究，榊原の研究の他にも，数多くの知見が提出されている（Lengerman 1996, Cromwell & Kolb 2004）。しかし，その多くは既述したように「直属上司―本人間の垂直的交換関係・相互作用」に焦点が絞られているものがほとんどであった。

　近年，日本企業においては，第2章で述べた「上司・マネジャーのプレイヤー化・多忙化」などの問題を背景にして，上司・マネジャーの有する育成責任を分担させるべく，OJT を専門に行う指導員（多くは先輩社員）を，新人1人1人に対して公式に付与する仕組みが整えられつつある。しかし，従来の研究では，この OJT 指導員に焦点が絞られている研究は少ない。特に，OJT 指導員のどのような具体的な行動の選択が，新規参入者の能力形成に寄与するのかに関するメカニズムを詳細に分析するものは，管見の限り存在していない。そこで本節では，「組織社会化調査」のデータを分析した関根・中原（2011），関根（2012）を紹介し，この問題について考察してみよう。

OJT において新人指導をまかされた OJT 指導員が，具体的にどのような行動をしているのか，また，彼／彼女らのどのような行動が部下の能力形成に寄与しているのかについて紹介する。

3.3.1 職場における OJT 指導員

既述したように，近年の日本企業では新入社員が配属された際，1 人につき，ブラザー，メンター，OJT リーダーなどと呼称される OJT の実施上の責任者が割り当てられる場合が多い。

第 2 章で見てきたとおり，すでに日本企業においては，新規参入者を職場に配属したとしても，人事制度の「意図せざる整合性」によって，人材育成が「結果として」奏功する可能性は失われていると考えられる。一方，上司・マネジャーの負担も高まっており，彼らの育成責任を分散化させる必要がある。ブラザー，メンター，OJT リーダーなど，新人指導のための人事施策を日本企業が相次いで整備するのはこうした背景があってのことである。

例えば，古くから同制度を運用しているアサヒビール株式会社では 1 年目の新入社員の育成にあたり，指導役の先輩社員を「ブラザー・シスター」と呼称し，職場から広く公募をし，新入社員 1 人 1 人に割り当てている。公募されたブラザー・シスターは人事部の審査を経て，事業部長の特命のもと，事業場全体で計画的に新人を育成することに取り組む[11]。2 年目以降の社員（2 年目・3 年目・中途採用社員）においては，キャリア相談員という経験豊富な社員が，上司―部下の面談を補完するために全国を訪問して，各地でサポートにあたっている。

このアサヒビールの事例は，日本企業の採用する OJT 指導員制度のなかでも最も歴史の古いもので，最もよく知られている事例である。既述したように 2000 年代以降，このような指導員制度を設ける日本企業は多い。

---

11) 2009 年 10 月 30 日，東京大学本郷キャンパスで開催された「ワークプレイスラーニング 2009」におけるアサヒビール株式会社・丸山高見氏の発表内容から引用を行った。なお，アサヒビールのこうしたブラザー・シスター制度は，新人を計画的に育成するという大目的の他にも意図するところがあるという。それは，メンタリングを行う側のブラザー・シスターにとっても，自己の業務を内省する機会を得て，成長の機会を提供できることである。また新入社員の教育という「共通の目的」を組織内に共有し，組織全体の人材育成に対する意識を向上するなど，組織の社会的結合力を高めることもめざしている，という。

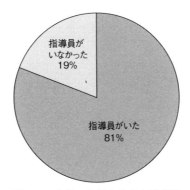

図 3-2　入社 1 年目から 2 年目未満
　　　　の社員（N＝617）のうち，
　　　　OJT 指導員が存在してい
　　　　た割合〈関根 2012〉

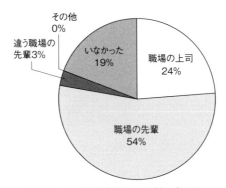

図 3-3　OJT 指導員として割り当てら
　　　　れていた人の割合（N＝617）
　　　　　　　　〈関根 2012〉

　「組織社会化調査」のデータを分析した関根（2012）によれば，入社 1 年
目から 2 年目未満の社員 617 名中，「［自分には組織参入時に］指導員がい
た」と回答した対象者が 502 名であり，全体の 81.4％ であった。それに対
して「指導員がいなかった」と回答した対象者が 115 名であり，全体の
18.6％ であった（図 3-2）。

　また，回答者全体 617 名のうち，指導員が「職場の上司」であったのが
148 名（24.0％），「同じ職場の先輩」が 332 名（53.8％），「違う職場の先輩」

が 19 名（3.1%）,「その他」が 3 名（0.5%）,「指導員がいなかった」が 115 名（18.6%）であった（図 3-3）。OJT 指導員として最も割合が大きいのは,「同じ職場の先輩」（53.8%）であることがわかる。

3.3.2 職場における OJT 指導員の行動

次に,職場における OJT 指導員は新規参入者の能力形成のために,どのような OJT 行動をとるべきなのかについて考察しよう。

3.2.3 項で述べたように,榊原（2005）をはじめとする従来の OJT 研究においては,OJT は「教育指導」と「権限委譲」という 2 つの中核的活動から成立しており,後者の「権限委譲」は前者の「教育指導」に優越する,という議論がなされていた。これは彼らの研究が上司,管理者,マネジャーに焦点を合わせていたがゆえの知見であろう。

しかし,OJT 指導員がなすべき行動を考えるにあたり,長く OJT 指導の現場にかかわり,その様子を観察してきた関根（2012）によると,「OJT がうまくいっている職場では,OJT 指導員が 1 人だけで指導を行っていない」という。むしろ「OJT がうまくいっている職場では,OJT 指導員が自ら指導を行う一方で,周囲の人々に声かけを行い,OJT に協力するよう働きかけ,新人はこれによって様々な他者からフィードバックが得られている」のだという。反対に「組織適応や能力獲得に苦労している新入社員の OJT では,指導員が 1 人で OJT を丸抱えして行っており,OJT 指導員以外の他の組織メンバーの協力が得られていないという状況も少なくない」という（関根 2012）。

そうであるならば,3.2.3 項で紹介したヒギンスらの知見に見るように,OJT 指導員がなすべきことは,OJT に関するリーダーシップ（いわゆる OJT リーダーシップ）を職場で発揮し,職場メンバー全体で新入社員に教育的介入を行う体制づくりをすることである。このことを明らかにするために,「組織社会化調査」のデータを用いて,実証的な探究を行った知見（関根・舘野・木村・中原 2010, 関根 2012）を紹介する。

まず独立変数である。これは OJT 行動に関する尺度に関して適当なものが見当たらなかったので,オリジナルで開発を行った（関根・舘野・木村・中

表 3-1　OJT 指導員の行動に関する探索的因子分析結果（関根 2012 を筆者一部改）

項目	第1因子	第2因子	第3因子	第4因子	第5因子
OJT 指導員は，あなたに他部門と協力して仕事をする機会を与えてくれた	.915	.031	−.033	−.014	−.076
OJT 指導員は，あなたに他工場やグループ会社で仕事をする機会を与えてくれた	.903	−.174	.048	−.116	−.018
OJT 指導員は，あなたと同行した際様々な人（他部門や取引先）を紹介してくれた	.762	.104	−.096	.128	−.096
OJT 指導員は，あなたが他の職場メンバーからも指導を受けられるよう配慮してくれた	.600	.038	.031	.081	.117
OJT 指導員は，あなたの指導状況を，会議や報告書等で職場メンバーと共有していた	.569	−.022	.049	.081	.165
OJT 指導員は，あなたを会議や打ち合わせに同席させてくれた	.567	.094	.001	.005	.09
OJT 指導員は，あなたに仕事を実際にやらせてくれた	−.054	1.055	−.1	−.079	−.002
OJT 指導員は，あなたに仕事を任せてくれた	.079	.746	.121	−.045	−.061
OJT 指導員は，あなたに仕事をやって見せてくれた	−.030	.653	.056	.039	.05
OJT 指導員は，あなたにどうすればできるようになるかを考えさせてくれた	−.045	−.039	1.074	−.049	−.045
OJT 指導員は，あなたのプライベートな相談にのってくれた	.083	−.146	−.039	.848	−.139
OJT 指導員は，あなたの話をよく聞いてくれた	−.066	.109	−.04	.847	.055
OJT 指導員は，あなたの良かった点や成長した点をみつけてほめてくれた	.008	.046	.185	.563	.072
OJT 指導員は，あなたに成功，失敗の原因を考えさせてくれた	.001	.038	.762	.015	.02
OJT 指導員は，あなたにはない新たな視点を与えてくれた	.139	.148	.527	.051	.034
OJT 指導員は，あなたに行き当たりばったりではなく，計画的に OJT（指導）を行ってくれた	.026	.012	−.029	−.16	.914
OJT 指導員は，あなたの立場に立った指導を行ってくれた	−.036	−.023	.022	.139	.812
固有値	8.217	1.640	.732	.699	.454

原 2010）。そこで得られた尺度をもとに行った「組織社会化調査」（関根 2012）の探索的因子分析（最尤法・プロマックス回転）の結果を表3-1に示す。

第1因子は，本仮説に関するものである。「他部門と協力して仕事をする機会を与える」「他工場やグループ会社で仕事をする機会を与える」など，他者との協力を示唆する項目が高い負荷量を示していた。そこで「協力」因子と命名した（α＝.89）。

第2因子は，「仕事を任せてくれた」など，仕事の委任を示唆する項目が高い負荷量を示していた。そこで「委任」因子と命名した（α＝.85）。

第3因子は，「話をよく聞いてくれた」「プライベートな相談にのってくれた」など，日常会話を示す内容の項目が高い負荷量を示していた。そこで「会話」因子とした（α＝.81）。

第4因子は，「成功，失敗の原因を考えさせてくれた」など，本人の内省を示唆する項目が高い負荷量を示していた。そこで「内省」因子と命名した（α＝.87）。

第5因子は，「行き当たりばったりではない指導」など，指導員の取り組み姿勢を示す内容の項目が高い負荷量を示していた。そこで「姿勢」因子と命名した（α＝.82）。

これらの探索的因子分析を踏まえて，確認的因子分析を行い，十分な統計量を得た（GFI＝.909, AGFI＝.873, CFI＝.944, RMSEA＝.075, AIC＝502.423）。

従属変数には，中原（2010）に掲載されている「能力向上」[12]を用い，全17項目を単純加算し，質問項目数で除し，1因子とした。

これら変数間の関係を考察するため，上記のOJT行動5因子を独立変数とし，新入社員の「能力向上」を従属変数として，強制投入法による重回帰分析を行った。結果は表3-2のとおりとなった（関根 2012）。

表3-2からわかるように，「能力向上」に対しては「協力」が1％水準（β＝.163 p<.01），「会話」が5％水準（β＝.133 p<.05）で統計的有意な正の効果が得られた[13]。

12）　中原（2010）に掲載されている能力向上尺度は，松尾睦氏と株式会社ダイヤモンド社の共同研究によって得られたフレームワークをもとに，筆者と松尾睦氏と富士ゼロックス総合教育研究所の共同研究において質問項目の策定などを行って構築した。

表 3-2　OJT 指導員の行動が，新規参入者の能
力向上に与える効果：重回帰分析結果

（関根 2012）

	B	標準誤差	β
性別	.162	.059	.125 **
年齢	−.013	.021	−.027
職種（技術）	.037	.096	.028
職種（事務）	−.047	.1	−.029
職種（営業）	.019	.096	.013
OJT 行動　協力	.016	.006	.163 **
OJT 行動　委任	.02	.014	.084
OJT 行動　内省	.016	.011	.09
OJT 行動　姿勢	−.005	.012	−.026
OJT 行動　会話	.028	.013	.133 *
定数	2.019	.516	

* p＜.05　** p＜.01　*** p＜.001
R^2 ＝.161　p＜.001
調整済み R^2 ＝.144　p＜.001

　結果から，先輩指導員が周囲の協力を得ながら OJT を進めることと，新入社員に対して親しく会話することが，新入社員の「能力向上」につながる効果があることが明らかになった。

　それでは，OJT 指導員がなぜ周囲の協力を得ることが重要なのか。それは関根（2012）によれば，1）OJT 指導員以外に質問できる相手が増えることで，業務における疑問点が解消しやすくなるといったこと，2）OJT 指導員以外の職場メンバーとの接点があることにより，多様な仕事のやり方を目にする機会が増えることなどがあげられるという。

　前者 1）に関して，いうまでもなく，OJT 指導員は OJT のみを業務としているわけではない。むしろ，自らの業務を遂行しつつ，OJT も実行しなければならない。すなわち，OJT 指導員の時間的制約があり，この時間的

---

13)　なお，既述したようにこの分析は入社 1 年目の社員を対象にして行われた。この分析においては，かねてから OJT 研究で指摘されていた「権限委譲」，「内省」などについては効果が得られなかった。これは，1 年目の社員ゆえに，まだ仕事を任せる段階に入っておらず，内省を促す前段階にあるといえるかもしれない。例えば，OJT の効果に関する先行調査の榊原（2005）の場合，対象者が採用後 10 年目以上の職員であった。採用後 10 年目以上たった職員に対する OJT 行動であれば，責任と権限とストレッチを含みうるような仕事を完全に任せ，それを用いた能力開発が見込まれるだろう。

制約を超えて，新規参入者に適切なタイミングで支援を行う環境をつくりだすことがOJT指導員による「協力」要請行動なのかもしれない。

後者2）に関しては，OJT指導員が，すべての業務に精通しているわけではない。OJT指導員の指導には内容面で限界がある場合がある。ゆえに，指導員が自分1人ですべてを教えようとせず，周囲の協力を得ようとすることでOJTの教育効果が向上する可能性がある。これに関して，定性的なアプローチを通じてその実態を明らかにしたものに齊藤（2010）がある。

齊藤（2010）は，ある企業における「OJT指導員」以外の職場メンバーによるOJTプロセスをインタビューや参与観察といった定性的手法で明らかにした。それによると，公式に割り振られたOJT指導員によるOJT以外にも，新人には多種多様な社会的ネットワークが形成されており，様々な他者によってOJTが担われていることがわかった。

ちなみに，ここではOJT指導員による協力要請行動が効果的に機能するのは，様々な他者からの指導や仕事の委任が過剰にならない場合に限られることも指摘しておきたい。

OJT指導の実態についてこれまで筆者が重ねてきたヒアリングの結果によると，新人の離職や不適応につながる原因には過剰負荷の問題がある。つまり，職場の様々な他者から，別々に業務付与が行われ，かつ上司ないしはOJT指導員が全体の仕事量をコントロールしていない場合に，職場のなかにおいて最も権力を持たない新人は，付与された仕事をすべてこなさなければならない状況に置かれるということである。

例えば，ある人材育成担当者は次のように語る。

　「うちの新人は，半年をすぎると，"たすき"の数がどんどんと増えてくる。あっちからも"たすき"をかけられ，こっちからも"たすき"をかけられ。（中略）"たすき"の数が増えても，新人は断れないですよね。"いや，できません"，なんていえるわけないでしょ。でも，新人にだって"器"ってのがあって，それを超えると，いっぽん掛け違い，にほん掛け違い，だんだんとダメになる」

　この語りにおいて，ある人材育成担当者が「たすきがけ」のメタファで説明しているのは，職場の様々な他者から新規参入者に対して付与される業務負荷が過剰になる状況である。ここでは，1 本 1 本の「たすき」が先輩社員から新入社員に付与される業務と考えればよい。

　新規参入者に対して，誰もが関与できる職場というのは支援や助言が得られる可能性があるという意味においてポジティブな可能性を有するが，反面，ネガティブな効果もあらわれる可能性がある。仕事（たすき）を付与することが，分散して行われ，上司・上位者が管理しない状況が生まれると，業務負荷が過剰なものになりがちだからである。

　この数が増えて過剰になってくると，この語りのなかにある「掛け違い」——業務をうまくこなせない状況——が生まれることが指摘されている。これらが積もり積もっていくと，新人の離職などにつながる可能性が高い。こういった場合の OJT 担当者の役割としては，"たすき"，すなわち業務負荷を管理することも含まれるだろう。

3.4　小括

　本章においては，前半で組織参入時の学習に関して，組織社会化研究の知見を紹介してきた。組織社会化とは，「組織への参入者が組織の一員になるために，組織の規範・価値・行動様式を受け入れ，職務遂行に必要な技能を習得し，組織に適応していく過程」（高橋 1993）のことをいう。

　組織社会化が，組織参入前の広報・採用活動の時期から始まり，本格化するのは組織参入後である。組織参入後の組織社会化は主に 2 つの主体によって行われる。第 1 の主体は新規参入者自身である。新規参入者は，組織を理解可能なかたちにするべく，自ら様々な情報探索をし，解釈を行う。第 2 の主体は組織である。組織は研修を行ったり，OJT を実施するなどして，新規参入者の組織適応を促し，組織目標を達成するのに必要な信念，知識，技能を伝達する。

　後半では，「OJT 指導員の行動」に対する近年の研究について紹介した。OJT 指導員は，「OJT に関するリーダーシップを発揮し，職場内のメンバー

に対して，OJT に関与するよう促す行動」をとることが重要であることがわかった。

　なお，本章では詳細について述べられなかったが，近年，組織社会化研究は，さらにダイナミックなプロセスとして描き出されようとしている。例えば，ダニエル・フェルドマンは，新規参入者の組織社会化による影響は新規参入者だけに及ぶのではなく，彼らを迎え入れる職場のメンバーや組織のメンバーにも及ぶという問題提起を行っている（Feldman 1994）。フェルドマンによれば，個人レベルに起こる肯定的変化としては，1）職務態度の向上，2）意欲と努力の増加，3）組織知識の増加，4）専門知識の増加，などがあげられるという。新規参入者が参入してくることで，先輩として，先達としての役割を果たさなければならないので，職務態度がよくなったり，関連する知識を学ぶことが促進されるのである。また，組織レベルに起こる肯定的変化としては，社会的結合の増加によるものが多い。例えば，1）グループの規範や団結力が高まる，2）仕事の割り振りの機会増，3）職場の強みと弱みの体系的分析の実施，4）新人からのフィードバックを経営陣に提供できる，などがあるという。

　しかし，組織社会化はよいことばかりを職場メンバーや組織にもたらすわけではない。個人レベルで起こるネガティブな効果としては負担の増加によるものが多い。例えば，1）時間と労力をとられる，2）ストレス増加とパフォーマンス低下，3）不公平感の助長，4）新人への過度な配慮，などがあるだろう。組織レベルでは，一時的に，1）生産性の低下，2）新人の社会化の失敗——早期離職された場合にメンバーのメンツがつぶされるなどのことが起こる。加えて，3）すでにメンバー間にある摩擦や葛藤に火をつけるといったことや，4）わざと新人に教えないことで現状維持をはかるといったことも起こりかねない。

　今後の組織社会化研究においては組織社会化にまつわる，新規参入者の変化，職場メンバーの変化，組織の変化をダイナミックに記述できる研究が求められている。

　次章では，第2の理論的視座である「経験学習」を扱う。

第4章　経験学習

> 人を襲う「事件」は，人に学ぶことを強いる。これは，説明を求められても，ま
> ず理解できないような過去の現象を考察するときに——すなわち期待も予想もし
> ないのにもかかわらず，出会ってしまったものを消化して同化するときに——こ
> のことは生じる。後から消化して自分の生活の中に受け入れるときにはじめて
> 「事件」は「経験」となる。「人は経験をする」とよく人はいうけれども，彼が出
> 会っているのは，まず意味のない「事実」である。それを持続的に自分に同化し，
> 自分の将来を決めるために，ひとつの「教え」をそこから引き出すときに初めて，
> それは「経験」となる。
>
> (Bollknow, O. F.)

　人文社会科学における，多くの諸概念の定義がそうであるように，「学習」
の定義もまた，学問領域および，それが依拠する理論パラダイムによって異
なっているのが現状である。

　一般的には，学習とは「経験により比較的永続的な行動変化がもたらされ
ること」であるとされている（中島 1999）。この定義において学習の源泉と
されているものは「経験」に他ならない。

　本章では，この「経験」を取り扱う。それは，経営学習論の言説のなかで，
「経験学習」という広大な理論空間を占めている[1]。

　本章の前半においては経験学習について，その学問的定義およびこれまで
の先行研究を概観する。章の後半においては，筆者が参加してきた共同研究
を含め，近年の研究知見を紹介する。

4.1 経験と学習

4.1.1 学習研究における「経験」概念の起源

　学習研究における「経験」概念の利用の歴史は古い。哲学者であり，プラグマティズムの祖とされたジョン・デューイは，20世紀初頭，「真実の教育はすべて経験から生まれる」と喝破し，進歩主義教育とよばれる自身の教育哲学・教育実践を構築した。その教育実践においては，能動的に環境に働きかけ学習する人間像を理想としてかかげ，直接経験を重視した学習機会・学習環境の創造を主張していた。

　デューイの研究・活動の詳細については，すでに多くの研究書が出版されているので，専門的議論はそれらを当たってもらうとして（例えば杉浦 2003，日本デューイ学会 2010），さしずめ，ここでは教育や学習に対するデューイの主張の骨子だけをまとめておこう。

　デューイがめざしたことを端的に述べるのならば，彼はいわゆる「旧教育」が行ってきた学習のあり方に異をとなえ，学習者の生活経験を重視し，かつ学習者が学習の主体性（イニシアチブ）を持ちうるかたちで学習機会をつくりだすことを主張していた。それは端的に以下の言葉にあらわれている。

　　学校はこれまで生活の日常的な条件や動機づけからはなはだしく切り離され，孤立させられているので，子供たちが訓練を受けるために通わせられている当の場所が，経験──その名に値するあらゆる訓練の母である経験を，この世の中で獲得するのがもっとも困難な場所になってしまっているのである。

（Dewey 1957）

---

　1)　学習の定義が「経験によって，比較的永続的な行動変化が起こること」であるならば，本章で取り扱う「経験学習」という言葉はトートロジーである。しかし，経営学習の研究・実践において，これがトートロジーであると認知されない。その理由は，後述するように，「経験」とよばれているものが，実は，「業務遂行・事業運営上の苦難・困難」を意味するからである。自己の能力を超え，独力では今すぐに成し遂げられないような困難な事業・業務のことを「経験」としており，その苦難から学ぶことを経験学習とよぶ。

　ここでデューイは，日常生活における経験と切断された学校教育を「この世の中で獲得するのがもっとも困難な場所」として痛烈に批判している。彼が抵抗しているのは，この「学習の脱文脈性」，すなわち日常生活から切り離された場において，日常経験からは切り離された記号，抽象的概念を注入することが学習であると見なす，旧教育の典型的な学習観に他ならない。

　学習は文脈に位置づけられてこそ生起する。デューイにとって学習の源泉とは個体が環境に積極的に働きかけることで，「経験」を生み出していくことである（相互作用の原理）。さらには，そうして生まれた経験は後続する経験を導く。経験は個別に存在しているのではなく，経験間において相互に影響を与え合いながら存在し，いわば「経験群」を構成する（連続性の原理）。デューイにとって最も重要であったのは，この「個体―環境間の相互作用とそれによる連続性のある経験」に他ならない。

　さらにデューイは議論を進める。経験と学習をつなぐ概念として「反省的思考」を提案し，そこにこそ個体の認知的発達の可能性を求めた。デューイにとって学習とは，「学習者の日常の生活経験の範囲内にある材料から引き出されるもの」であり，「学習者自身の反省的思考によって，学習者の内面で新たな考え方が形成され，獲得された新しい経験や考え方が，その後の経験の基礎としてつながっていくようなあり方」を理想とした。経験を内省・発達させていくなかで，最終的には自ら「経験を創り出すよう発達させていくこと」がデューイにとっての学習のゴールであった。

　以上見てきたように，デューイの教育哲学・人間観は，「経験」を中核的概念として，「主体―環境間の相互作用」「反省的思考」などの理論的道具を含み込みながらこれまで発展してきた。後年，デューイは，シカゴ大学に実験学校，いわゆるデューイスクールを設置しその普及につとめる。こうしたデューイの実践的活動は，学校教育のみならず，成人教育，生涯教育を含め，あらゆる領域の様々な研究者・実務家に影響を与え，のちに，いわゆる進歩主義教育とよばれるまでに至った。その活動は，プラグマティズムの思想を背景に，「学習とは抽象的概念・記号を個体内部に蓄積することである」という支配的な見方に対して，反証を試みるものであった。

　デューイ以降の理論的発展に関しては，様々な哲学者・教育学者が，彼が提案した概念の意味の精緻化や，拡張をはかっている。そのなかでも，「経験」の持つ意味をリアリスティックに考察した研究者にオットー・フリードリヒ・ボルノーがいる。ボルノーの議論は，ビジネス領域における経験学習の概念を読み解くうえで重要なので，ここで紹介する。

　ボルノーによれば，経験の持つ意味とは，デューイのように価値中立的，かつ無色透明に把握するのではなく，より「リアリスティックな概念」として位置づけなければならないという（Bollnow 1980）。ボルノーは，「経験」の概念を，語源学的に探究し，1)「旅」「遍歴」「彷徨」，2)「苦痛」「忍耐」，3)「賭け」という 3 種類の異なる位相の交点に見いだす。

　1)「旅」「遍歴」「彷徨」とは，経験を語るメタファである。ボルノーにとって「経験」とは，学習者自らが主体的に身体を投じ，ゴールにたどり着くという確証のないままに，それでも歩き続けなければならない状況を意味しており，それは「旅」「遍歴」「彷徨」というメタファに近いのだという。

　2) の「苦痛」「忍耐」とは，1) の自らの身体を投企して歩き続けるような状況下においては，「辛いこと」「苦しいこと」「苦痛であること」が必然的に生じ，それに「忍耐すること」が求められることを表現するメタファである。これに関してボルノーは，次のようなハンス・ゲオルク・ガダマーの言葉を引用している。

　　経験が主として苦痛に満ちた，不愉快な経験であることは，何か特別な悲観主義を意味するのではなく，その本質から直接に理解できる。否定的な裁きをへてのみ，人は新しい経験に達する。経験の名に値するものは，みな，期待を裏切っている。

（Bollnow 1980　177 ページ）

　かつて哲学者の中村雄二郎は，「ひとは経験によって学ぶとは世界中のあらゆる場所において見出される格言」だと指摘した（中村 1992）。「ひとは経験によって学ぶ」とは，ギリシア語では「TA PATHEMATA, MATHEMATA（受苦せしものは学びたり）」であり，「行為・受苦・認識」のイメージを

示唆するという。人は「行為」することによって「受苦」を被る。経験によって学ぶということが示唆する内容は，「行為」による「受苦」を通して，高次の認識に到達することに他ならない[2]。

しかし，高次の認識は，先に見たように常に「約束されたもの」ではない。それを示すのが，3) のボルノーの最後のメタファである「賭け」だ。「賭け」のメタファにおいては，身体を投企し，苦痛に耐えることは，決して学習者にとって安全で快適な環境を意味しないばかりか，それを経たとしても，何かを獲得できるかできないかに関して「確定的な保証」がないことを意味する。むしろ経験を通した学びは「賭け」に近い性格を持ち，一定のリスクが存在していることを含意している。

以上に見るように，ボルノーによる「経験」の議論は，デューイがあまり論じることのなかった「経験の内実」「経験という概念の背後に隠れた実態」について考察している。後述するが，ビジネスの現場における経験学習の意味は，デューイの想定した「経験」の意味とボルノーの想定したそれとが複雑に絡み合いながら言説空間を構成している。が，しかし，後者のニュアンスにおいて解釈されることが多いことに留意されたい。

4.1.2 経営のコンテキストにおける「経験」概念の導入：経験学習モデル

さて，それでは人材育成・人材開発の言説空間には，どのように「経験」の概念が導入されたのだろうか。既述したデューイの発想を踏まえ，しかもビジネスパーソンに了解可能なかたちで，その理論骨子の「受容」と「普及」につとめたのがデービット・コルブである。

コルブの提示した「経験学習モデル（Experiential learning model）」は，同時期に注目されたドナルド・ショーンによる「省察的実践家」の概念と共振しながら3)，1990年代以降の同領域の言説空間において，最も支配的なポジションを維持し続けている（Yamazaki & Kayes 2004)[4]。

それではいったいコルブが提示した「経験学習モデル」とはどのようなモ

---

2) 中村によれば「行為がその人の真の経験になるためには，否応なしに，それが自分の身につくような痛みを感じなければならないし，痛みを感じれば，忘れようと思っても，忘れられるものではない」という。そのうえで，「もしある行為が記憶にないとすれば，人は真剣に行為もしなかったし，生きもしなかったことになる」と結論づけている（中村 1999)。

デルであったのだろうか。以下，それを詳細に見ていこう。

　コルブは，独自の学習スタイル理論を展開するなかで，クルト・レヴィンやデューイ，ジャン・ピアジェの経験概念を整理した。そのうえでデューイの経験と学習に関する理論を，「活動―内省」「経験―抽象」という2次元において把握し，これら諸関係のあいだに循環的モデルを仮定し，経験学習サイクルという概念を構築した（Kolb 1984）。コルブの示した循環モデルとは，図4-1のとおりである[5]。

---

3)　ショーンが探究の矛先を向けたのは専門職である（Schön 1983）。従来，専門職とは技術的合理性に基づき，膨大な知識ベースを現場に適用する主体として描かれる傾向があった。それに対して，ショーンは，様々な専門職の観察を通して，不確定な現実・状況という「ぬかるみ」の中で，行為・意志決定を行いつつ，常にそのつど省察を行う主体「省察的実践家」として，新たな専門職を描いた。意外に知られていないことだが，ショーンの描いた専門職には，マネジャーも含まれている。これ以降の専門職論，マネジャー発達論に関しては「内省」がコアコンピタンスとして位置づけられ，普及していった。ちなみに，ショーンによれば，内省には「行為についての内省（Reflection on action）」と「行為の中の内省（Reflection in action）」がある。これら2つに排他性は存在しない。
　　　前者の内省，すなわち，行為の後で行われる内省は，コルブの経験学習モデルでいう「内省」に近い。ショーンは，専門職の特徴は，行為の中でアドホックに繰り返される後者の内省「行為の中の内省」であるとしているが，それを繰り返してばかりいると，直近の問題解決のエキスパートとなってしまう。後者と同時に，前者の時間を確保することが求められる。
4)　「経験」という専門用語は，いまや，人材開発の実践・研究の中心的な概念となりつつある。ビジネスパーソンとしての成人能力開発の70%は，「経験」によって説明可能であるという指摘が，頻繁に引用されている（McCall 1988a, Morrison & Brantner 1992）。
5)　行為・内省・経験などの概念を含むこの種の循環的学習論においては，Kolb（1984）以外においても，様々な研究者によって概念化が試みられており，枚挙に暇がない。例えば，専門性発達の著名な研究者であるリー・シャルマンは「従事―理解―行為―省察―判断―コミットメント」からなる6段階の循環的発達論（Table of learning）を提唱している（Shulman 2002）。シャルマンによれば，人はある業務に「従事」してはじめて，学習のためには，その「行為」を対象として，省察が深められなければならない。「省察」のプロセスでは，行為を構成していた複合的かつ多様な要因・状況に対して思索を深めることが重要であり，そのうえで，次の行為を決定する「判断」をくだす必要が生れる。そして「判断」の蓄積によって，倫理的かつ全人格的な発達が遂げられる。
　　　一方，教師教育学の研究者であるフレット・コルトハーヘンらが専門性発達のモデルは，「行為（Action）―行為の振り返り（Looking back on the action）―本質的な諸相への気づき（Awareness of essential aspects）―行為の選択肢の拡大（Creating alternative methods of action）―試行（Trial）」の循環から構成されているとしている。彼らは，この専門性発達のモデルを「ALACTモデル」とよんだ（Korthagen, Kessels, Koster, Lagerwerf & Wubbels 2001）。
　　　いずれにしても，押さえておくべきことは，この種のサイクル論を構成する要素には，行為と内省という2軸が含まれ，それらを基軸として学習が進められることである。この意味で，行為と内省は経験学習にとってのロバストな2軸といってよい。

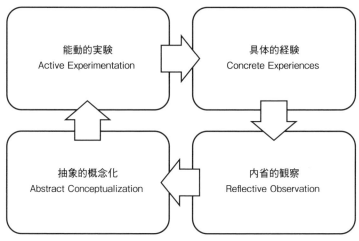

図4-1　経験学習サイクル（Kolb 1984）

1）具体的経験

　図4-1の「具体的経験」でコルブが含意しているのは，学習者が環境（他者・人工物など）に働きかけることで起こる相互作用のことである。既述したようにデューイによれば，個体が環境に能動的に働きかける接面において起こる「個体—環境間の相互作用」こそが「経験」に他ならない。

　具体的経験は始点であり，終点でもある。学習とは，経験から駆動するものであり，経験の内省を通じて抽象的ルールやスキーマが個体に形成される。しかし，この構成物が適用可能な場所も，また経験である。かくして，経験は後続する経験を導くのである。

　なお，既述したように，「具体的経験」という概念には，一定の留意が必要である。多くの場合，その言説にはもうひとつの隠された意味が付与される，ということである。一般に，「経験」という言葉の背後には，「個体が現有能力を超えてこなさなければならない挑戦的な業務経験・職務」という意味——既述したように「受苦」——が隠されていることに留意されたい。そこでは，個体が現有能力を超えてこなすハードでストレッチのある経験を通して，成長することが求められている。先ほどの言葉を借りるならば，それ

は「受苦」のイメージに近い。

　人材育成・人材開発の言説空間，とりわけ管理職開発論・リーダーシップ開発論において，このようなかたちでの経験概念の把握が顕著である。例えば，管理職の学習を探究していたシンシア・マッコーレイらの経験に関する理解は，「現有能力を超えるような挑戦的で新規の業務経験」に「近似」している（McCauley et al. 1994）。マッコーレイらによれば，個体が現有能力を超えてこなさなければならない挑戦的で新規の業務経験においては，人は創意工夫が求められ，試行錯誤をするため，能力の伸長が起こりやすい。また，そうした場面では，付与された業務経験をこなすために必要な能力と現有能力に心理的距離が存在するため，それを拮抗させるべく個体はいやおうなしに促される。同様の理解は，経験による人材開発論で最も著名なモーガン・マッコールらの一連の著作（McCall 1988a, 1988b, 2010）などにも共通する。

2）内省的観察

　次に「内省的観察」とは，「ある個人がいったん実践・事業・仕事現場を離れ，自らの行為・経験・出来事の意味を，俯瞰的な観点，多様な観点から振り返ること，意味づけること」をさす用語である。場合によっては，それは「内省」「省察」「リフレクション」「反省的思考」とよばれることも多い。いずれも，私たちが日々行動・活動するレベルより，上位（メタ）のレベルから，私たちの行動・活動・経験に対してモニタリングを行い，内的な意味的探究を行う認知的機構を総称して，そのようによばれる[6]。

　既述したデューイの反省的思考の概念に見るように，学習は「経験」だけに起因するわけではない。経験という「活動レベル」を超越し，その活動を対象としたメタレベルの「内省」をともなうことこそが，学習につながると

6）　学習研究における内省とは一般に「学習者が自らの学習に意図的に吟味するプロセス」と定義されている（三宅・白水 2002）。一方，これに類する研究分野に，アン・ブラウンらによって推進されたメタ認知研究がある（Brown 1978）。
　　メタ認知に関しては，様々な定義があるが，その概念を構成するロバストな2軸はモニタリングとコントロールである。すなわち，自己の認知に対する認知と，それに基づく評価が存在し，それを踏まえて，自らの認知過程に新たな目標設定をし，統制を行う。両者は，概念こそ異なるものの非常に近似している。いわゆる実験室研究においてはメタ認知，一方，実践研究においては内省と呼称される傾向がある。

されている。この意味で経験学習にとって，内省は欠くべからざる認知的機構である（Moon 2004）。

　一般に，内省的観察とは，1）未来志向性，2）相互作用性という2つの特徴を持つ認知的機構であると考えられている。

　第1の「未来志向性」とは，内省的観察は「未来志向の行動」に開かれているということである。マリアンヌ・ヴァン・ワーコムによれば，内省とは「ある状況における自己の行為を探究することを目的とし，実践の意味をふりかえり，因果関係を分析し，将来の行動に対する結論を抽出する内的行為」と定義づけられる（Woerkom 2003）。それは，あくまで未来に向かうアクションをめざした活動であり，「経験—内省プロセス—行動の循環」を内包している（Jasper 2003）。

　内省されるべき内容にも，様々なものがある。例えば，マイケル・レイノルズによれば，内省には「ある状況下・出来事のもとにおける，個人の行動・ふるまい」を対象とした内省と，「ある個人が存在している前提・状況，あるいは，ある個人が存在している前提・状況・文脈に作動している権力や社会的関係を対象とした内省」の2つのレベルがあるという（Reynolds 1998）。前者に対して後者は「批判的内省（Critical reflection）」とよばれ，より深い内省として位置づけられている。

　ともかく，内省は日々の行動や振る舞い，ないしは自己が存立しうる状況・前提を対象として，未来に向かって進行する。比喩的に述べるのであれば，「アクションなきリフレクション」や「リフレクションなきアクション」といった事態は，理論的には想定されていない。アクションとリフレクションの循環こそが内省的観察のめざすべきものである。

　第2の「相互作用性」とは，近年，内省的観察は，他者との相互作用のなかに埋め込まれ，実現するものだと考えられていることである（Woerkom 2003）。かつての経験学習モデルにおいては，図4-1で示した経験学習サイクルを駆動させる主体として，経験を蓄積し内省を全うする超越的自我が想定されていることが多かった。ゆえに，学問としては経験学習を左右する個人の資質，行動，認知的特性などを探究する傾向が強く，今なお，それが趨勢である。

　しかし，近年の研究においては，経験学習の理論的欠点として社会的要因の考慮の欠如が数多く指摘されており（Kayes 2002, Holman, Pavlica & Thorpe 1997），コルブ自身もそれを自認している（Kolb & Kolb 2009）。この理論的欠点の指摘は，1990年代に経験学習サイクル論が支配的であった経営学習論の言説空間のなかに，80年代以降の学習研究や学習科学の潮流，すなわちロシアの心理学者レフ・ヴィゴツキーの再評価や社会文化的アプローチ，協調学習研究などの影響を受けた言説が急激に流入してきたことと無縁ではないだろう（中原 2012a）。ヴィゴツキー，社会文化的アプローチ，協調学習研究が経験学習理論のなかに組み込んだのは，「個人の学習の可能性を支援する"他者"の存在」である（中原 2010, 2012a）。ゆえに，経験学習モデルの内省においても，「他者」の役割が重視される。

　具体的には，ある個人が経験や出来事の意味づけを行うとき，他者との双方向の会話，他者との出来事の意味づけの交換，他者との様々なフィードバックやコーチングによって，それが可能になるということであろう（Harrison, Lawson & Wortley 2005, Basile, Olson & Nathenson-Mejía 2003 など）。つまり，自己だけで完結しない内省のあり方が見直されてきている，ということである。中原・金井（2009）においては，「他者に開かれた内省」「他者との対話の中に埋め込まれた内省」の重要性が指摘されている。

　近年では，他者の概念はさらに高度に発展する。従来の研究では，「個人が内省を行う際の他者の役割」が注目されていたが，あくまで内省を行う「主体」は個人であった。近年は，むしろ内省を担う単位を個人レベルで考えるのではなく，それを複数の人々によって担われるものとして位置づけ，内省は組織レベルで行うことが主張されている。つまり「個人による内省（Indivisual reflection）」ではなく「組織による内省（Organizational reflection）」が注目されつつあるということである。組織レベルの内省は，組織学習と組織変容の機会を創出・維持し，組織内民主主義を創造することにつながるという（Vince 2002, Høyrup 2004）。

　それでは，次に「内省的観察」はどのようなプロセスを経て駆動するのだろうか。経験学習サイクル論が循環論であったのと同じように，内省においても数多くの循環モデルがフレームワークとしてかかげられ，分析がなされ

ている（例えば東 2009, Burns & Bulman 2005, 木原 1998 など）[7]。しかし，学問的にコンセンサスが得られている内省的観察のモデルはいまだ存在していない。ただ，いくつかのリフレクション研究に関する文献を概括すると，その駆動プロセスには，いくつかの共通点が見いだせる。

　最も典型的なのは，Jay & Johnson（2002）のように，内省プロセスを「描写」「比較」「批判」という 3 つ程度の下位プロセスの要素に分解して考える手法である。

　まず，第 1 に「描写」である。リフレクションを行うものは，自分が内省しようとする物事・出来事について，事実を「描写」することができなくてはならない。次に「描写」が終わった際には，その出来事に対して自己が意味づけを行う必要があり，そのうえでそれとは異なる視点から，その出来事をさらに意味づけることができなくてはならない。これが「比較」のフェイズである。最終フェイズの「批判」では両者を弁証法的に昇華させ，新たな視点を有することが求められる。

　ちなみに，筆者自身も内省・対話をともなう研修・ワークショップなどをこれまで数多く経験してきた。その実践的経験からすると，最も難しいのは最初のプロセスの「描写」である。

　自己の経験・出来事であっても，それを詳細に想起し，外化することが最も難しい。個人にとって多くの出来事はすでに忘却されてしまっている場合が多く，一連の出来事を詳細に思い出すことはできない[8]。こうした諸課題に対して，思考のプロセスを外化することを支援するツールなどが，これまで多く開発されてきている（Lin, Hmelo, Kinzer & Secules 2003, 出口・稲垣・山口・舟生 2007）[9]。

---

7)　リフレクション概念の受容は，看護教育，教師教育などが先鞭をつけた。それらにおいては 1990 年代からリフレクション概念が，専門性発達の中心的概念として位置づけられている。

8)　内省的観察という概念に含まれる，後者の「観察（Observation）」という言葉こそが，内省の浮沈を握る鍵であるということである。

9)　一般にリフレクションの支援には，① Process display（思考・出来事の可視化），② Process prompting（リフレクションを促すような問いかけ・刺激），③ Process modeling（リフレクションのモデリング），④ Reflective social discourse（リフレクションを促すような社会的な相互作用の実現）などがあるといわれている。

図4-2　ブロック教材を用いたワークショップの様子

　筆者の場合，マネジャーや若手就業者向けのワークショップなどを実施する際には，子ども用のブロック教材を外化のための手段として，自己の経験した出来事などを表現してもらうことがある。

　ブロック教材という誰にでも容易に使えて，かつ巧拙の差がでない学習材を「1次的外化」として用いる。今度はブロックでできたオブジェクトを使って，ワークショップ参加者に自己説明を求める。これが「2次的外化」である。さらに最後には，学習者同士をグループにして相互に問いかけをすることで，「3次的外化」を可能にする 10)。

　外化は，通常，言語を通じたやりとりによってなされるが，ことさらそれにこだわる必要はない。むしろ，近年では，造形，作品づくりから始まり，即興劇といったパフォーマンスなど，様々な表現活動が探究されている（高尾・中原 2012）。

---

10)　近年注目されている手法の中には，他者の視点を利用して再帰的に外化を深めるものがある。リフレクティングプロセスとよばれる手法では，あるグループＡが集団で外化した内容を，黙って聞いている別のグループＢを設ける。一定時間の後に，グループＢがグループＡの話し合いの内容に感想やコメントを付与し，その外部からの感想を踏まえてグループＡがさらに外化を続けるこの手法は，もともと家族療法の領域において創始されたもので，近年，それが様々な領域においても実践されている（Andersen 1995）。企業・組織の研修などで応用されている事例もある（加藤 2009）。

図4-3 仕事のなかで自分が最も成長した経験をブロック教材で表現した様子

3）抽象的概念化

第3フェイズの「抽象的概念化」とは，経験を一般化，概念化，抽象化し，他の状況でも応用可能な知識，ルール，スキーマ，ルーチンを自らつくりあげることをさす。コルブの経験学習モデルにおいて，学習とは，「経験—内省のプロセスを通じて，経験そのものを変換し，こうしたルール・スキーマ・知識をつくりだすプロセス」とされている（Kolb & Kolb 2009）。

ここではこの抽象的概念化のプロセスをより微視的に把握するためのモデルとして，フレット・コルトハーヘンによって提案された「ゲシュタルト—スキーマ化—理論化」の3段階モデルを例にとり（Korthagen 2010），これを経営学習論の枠組みにあてはめつつ，再解釈してみよう。

コルトハーヘンによれば，第1の段階の「ゲシュタルト」とは，私たちが個別具体的な状況である特定の経験をしたとき，それと「過去の類似する経験」とが混合されて構成される「認知的構成物」であるという。それは，感情，ニーズ，考え，価値観，意味づけなど，多種多様なものから構成され，その後の活動を「過去の経験」に基づいて方向づける特質を持つという。

しかし，ゲシュタルトにはアイロニーが存在する。それは，ゲシュタルトが個人の行動を強力に統制してしまう可能性を有しているにもかかわらず，必ずしも，その存在そのものを当人が説明可能であるとは限らないことであ

る。それゆえ，当然のことながら当人がそれを利用して新たな概念やルールを形成することはできない。

　ゲシュタルトは，後続する経験を強く支配しているにもかかわらず，当の本人が認知・説明すらできない「混成体」である。仮にゲシュタルトが後続する経験にポジティブな影響を及ぼすのならばよいが，事態はかならずよい方向に進むとは限らない。むしろ，ゲシュタルトが後続する経験を強く呪縛してしまい，視野狭窄に陥る事態も考えられる。

　このように経験をゲシュタルト状況のまま放置しておくことは，当人に必ずしもよい結果をもたらさない可能性がある。よって，経験のなかにひそむ過誤を繰り返さないためにも，人は自分が保有するゲシュタルトの特徴を認識し，体系化して説明する必要が出てくる。

　このようなとき，私たちはゲシュタルトの「混成体」の構成物に今一度焦点を合わせて，それを構成している多種多様な概念間の関係性をまとめ，それらを整合的に語ることをめざさなければならない。そのプロセスにおいて構成される認知的枠組みが「スキーマ」である。

　スキーマはゲシュタルトとは異なり，より構造化された認知的構成物である。そこでは，概念や経験同士の関係性が意識され，それらの関係が明示されている。そして，スキーマが構成され始めると，はじめて出くわす出来事においても，意識的な活動ができるようになる。人は，ようやく概念や出来事の意味を認知し，説明することが可能になる。

　抽象的概念化の最終段階としては，複数のスキーマが結合して構成される「理論」がある。

　ここでの理論とは，様々なスキーマ同士が結合して構成される個人の「持論」や「ノウハウ」のようなものと考えられる。

　人は業務において様々な状況に出会う。状況に応じて，適切な意志決定と行動をできるようになるためには，あらかじめ，準拠の枠組みとなる持論やノウハウをまとめておくことが望ましい。そのようなとき，人はさらに高次の仕事に向かうことができる。

　このように「抽象的概念化」は，経験の知覚，感情，価値観，意味づけといった具体的かつ文脈や状況に埋め込まれた知覚――「ゲシュタルト」から，

「スキーマ」，さらにはより抽象的な「理論」に向かって進行するものとも考えられる。

4）能動的実験

　最終プロセスとは「能動的実験」である。既述したように，経験学習プロセスとは，経験を通して構築されたスキーマや理論が，アクション（実践）されてこそ意味がある。そのアクションから，後続する経験や内省が生まれうるからである。能動的実験のフェイズでは，新しい状況下でつくりだした知識，ルール，スキーマ，ルーチンを実践することが試みられる。

　以上，経験学習モデルを説明した。経験学習モデルにおいては「内省的観察・抽象的概念化」と「能動的実験・具体的経験」という 2 つのモードが循環しながら，知識が創造され，学習が生起すると考えられている（Jarvis 1995）。「能動的実験や具体的経験をともなわない内省的観察・抽象的概念化」は，「抽象的な概念形成」に終わり，実世界において実効を持たない。また「内省的観察・抽象的概念化なしの能動的実験や具体的経験」は，這い回る経験主義に堕する傾向がある。「行動や経験をともなった内省」を起こしつつ，「内省をともなった行動」を実践すること——つまりは，「行動・経験と内省の弁証法的な関係」をいかに模索するか，が重要だとされている（Høyrup 2004, Marsick & Watkins 1990）。

4.2　経験学習研究の展開

4.2.1　経験学習を中核概念とした人材育成研究

　学習における経験の役割を概念化したデューイの言説，そしてそれを循環論として定式化したコルブらの経験学習モデルの提案以降，人材育成研究の領域においては，経験学習を中核概念とした研究や実践が増えていった。

　最も盛んになったのは，「経験から学習する個人の資質・能力・信念」や「特定の職種の経験学習のプロセス」を明らかにする調査研究である[11]。

　前者に関して，その先鞭をつけたのはグレッチェン・スプレイツァーらの

認知心理学的研究である（Spreitzer, McCall & Mahoney 1997）。本邦において
は，楠見（1999），松尾（2006），Matsuo（2011）などが，これに続く。

　例えば，楠見（1999）は，先にかかげたスプレイツァーらの知見（Spre-
itzer, McCall & Mahoney 1997）を参考に質問紙調査を実施し，挑戦性や柔軟性
が高い個人であればあるほど，経験から学習する能力が高いと論じている。
「経験から学ぶ個人の資質や能力」（Moon 2004）として，挑戦性や柔軟性と
いった要因の果たすべき役割が探究されている。

　挑戦性や柔軟性といった個人の資質ではなく，「個人の有する信念」と経
験学習の関係に注目したのが，Matsuo（2011）である。松尾は自己実現・自
己学習を重視する「目標達成志向の信念」や，ビジネスにおいて顧客満足や
信頼を高めることをねらう「顧客志向の信念」といった「個人の有する信念
体系」が「経験から学ぶプロセス」に対して影響を与えるという指摘をして
いる。

　後者の「特定の職種の経験学習のプロセスの解明」に関して先鞭をつけた
のは松尾（2006）である。

　松尾は IT コンサルタントと IT プロジェクトマネジャーらが，発達段階
に応じてどのような経験を積んでいたのかを定性的に分析した。その結果，
1）初期キャリアの段階および中期においては，職務関連スキルや顧客管理
スキルについて共通して学んでいたが，中期以降にそれぞれの職種において
領域固有の知識獲得（コンサルタントは概念化スキル，プロジェクトマネジャーは
集団管理スキル）が進むこと，さらにはその獲得プロセスにおいては，コン
サルタントは中期において非常に難易度の高いプロジェクトを独力でやり切

11）　行為と内省の循環を主張する経験学習モデルが，現代における中核的な人材育成理論と
して受容される背景には，社会学者ウルリヒ・ベックが論じたような「リスク社会化」の出
現が横たわっている。リスク社会とは，産業社会・工業社会において自明視されていた合理
性・確実性が機能不全に陥り，人々が，それらを「前提（Assumption）」として確定的な意
志決定ができなくなる社会をいう。不確実さが支配するリスク社会においては，自らの行為
の背後には常に「リスク」が現出する。それゆえに，自らの行為・意志決定の合理性・根拠
を常に問い続けなければならないという「再帰性（Reflexivity）」が生まれることになる。
経験学習モデルにおける行為と内省は，この「再帰性」に共振し，リスク社会を生き延びる
術として受容されることになる。人々は，確実性が存在しないことをわかっていつつも，そ
のつど，そのときごとの「確実性」を追い求めざるをえない。それは精神的タフネスを要求
する作業でもある。

ることによる「非段階的な学習」，プロジェクトマネジャーは徐々に難易度があがる「段階的な学習」を可能にする業務経験を積んでいることを明らかにした（松尾 2006）。

　ここで松尾が研究対象にしたのは IT 関連人材であったが，この研究志向性を対人サービス職に広げた研究に笠井（2007）がある。笠井は，小学校教諭・看護師・客室乗務員・保険営業を「対人サービス職」と定義し，各職域 8 名ずつ合計 32 名の経験 10 年以上の熟達者に，半構造化インタビューを行い，その結果を M-GTA を用いて分析した。

　インタビューは，主に仕事の内容とその仕事を実践できるようになるには，どのような経験が役立つのかについて行われた。その結果，経験としては 33 個を抽出することができ，そのうち 13 個が，4 職域の全体経験の 39.4% を占めていた。これを対人サービス職の熟達における領域固有性と定義している。その内容は，「顧客への働きかけと反応を意識すること」と組織と顧客，サービス内容と顧客，顧客と顧客などを「方向性をもって"つなぐ"」ことであったという。

　近年の研究では，松浦（2011）が営業管理職を対象とした質問紙調査をもとに，営業職がどのような業務経験を担い，どのような手法で 1 人前に育成されているのか，などを調べている。

　分析の結果，新人の業務については「見込み客の開拓」「顧客ニーズのヒアリング」「顧客訪問に向けた情報収集」，1 人前の担当領域としては「顧客ニーズのヒアリング」「顧客に対する企画提案のプレゼンテーション」「見込み客の開拓」，ベテランについては「営業職・営業事務職等の指導・育成」「営業教育の企画」「営業活動予算の申請・管理」「営業戦略の検討」「ターゲット市場の選定や割り当て」「商品・サービスの流通販売ルートの検討」「契約内容の審査・確認」などが多かった。

　育成のための仕事経験としては「先輩営業職の顧客訪問等に同行させる」「担当顧客等を持たせる」「企画書や提案書の作成などを手伝わせる」などが多く，一般的な営業職への育成においては，営業の職能のなかでひとつないしは複数の仕事経験を積むこと，ベテラン育成のための望ましいキャリアとしては，営業の職能以外の仕事も経験することがなされていることを明らか

にしている。

　一方，このような調査研究だけでなく，実践的研究も数は少ないながらも海外においては存在している。

　例えば Specht（1991）らの研究は，会計の学習コースをフィールドとした比較対照実験である。彼らは学習者を２群に分け，一方のクラスは経験学習モデルを重視した群とし，他方のクラスを伝統的な一斉講義スタイルによる講義を実施した群とした。その学習効果の測定結果によると，短期的には両群には効果に有意な差は見られなかった。が，中長期の観点からすると，経験学習を中心とした群では知識を６週間維持することができていたという。経験を中核概念にした学習機会の方が記憶の保持という観点から優れていたということになる。

4.2.2　経験からの跳躍：マネジャーの学習課題と職能開発

　経験を重視した人材育成研究において，最も大きな注目を浴び，かつ現場で実践されてきたものは，実は，4.2.1 項に見たような非管理職に対する人材開発研究ではない。むしろ，より高度なポジション，つまりはマネジャーあるいはエグゼクティブのリーダーシップの開発に関する研究である。

　従来までのマネジャーに対する人材育成は，第２章で既述したように，教室における「教育アプローチ」か，あるいはマネジメントは天賦の才能であると位置づけられる場合が中心であった（Yukl 2010, Daft 2005）。

　しかし，近年，マネジャーになることやリーダーシップの開発とは天賦の才能によるものではなく，ましてや公式の研修・教育だけで実現できるものでもなく，「現場の経験を通して開発可能である」という認識が広まりつつある。

　例えば，ハーバード大学の組織行動論の研究者リンダ・ヒルは従来から行ってきた調査研究結果を概観し，「マネジャーになること」とは「営業のスターから管理のノービス（初心者）」への役割移行・アイデンティティ転換であることを明らかにし，改めて管理職として「課題設定」と「ネットワーク構築」というリーダーシップの基本原理や，独自のリーダーシップのスタイルを現場の業務経験を通じて学習しなければならないとしている（Hill 2003）。

ヒルの言葉を借りるならば，マネジャーは最初からマネジャーとして存在しているのではない。マネジャーは学習を通して「マネジャーになる」のだ 12)。

　このような認識が広まる端緒になったのは，1980 年代にカリフォルニアの「Center for Creative Leadership」（CCL：創造的リーダーシップ研究所）で行われたマッコールらの調査研究の影響が少なくないだろう。マッコールらが，一連の研究にかけた信念は「成果をあげるリーダーは，自分で実行し，他人が挑戦することを観察し，失敗することによって学ぶ」ということであり，かつ「リーダーシップは天賦の才能ではなく，後天的に学習・開発可能なものである」とする。マッコールらの調査研究は，リーダーシップ開発論に大きな影響を与え，1990 年代以降，「経験」をレバレッジとして，マネジャーを対象とした学習機会と職能開発の実践が本格化した（McCall 2010）。

　ちなみに，1980 年代に，マッコールらが行った調査のフレームワークはこうである（McCall 1988a, 1988b, 1989）。彼らは上級役員を対象に，自らが量子的な跳躍（Quantum leap experience：仕事のうえで飛躍的に成長した出来事）を遂げた経験が何かを回顧してもらい，その共通項を明らかにすることを試みた。この調査フレームワークにおいて採用されたのは定性的手法である。具体的には，米国の 6 つの主要企業の経営幹部 191 名を対象として，各人からマネジメントに影響を与えた項目を抽出，分析した。この分析によって616 個の経験と 1547 個の教訓を抽出している。

　続く著作の『ハイ・フライヤー』（McCall 1988b）においては，前著の Mc-Call（1988a）では議論を展開できなかった「リーダーシップを学習するための統合的なフレームワーク」について議論をしている。それによると，リーダーシップ開発のための主要要素は「経験」「戦略」「触媒（カタリスト）」であるという。すなわち，リーダーシップの開発のためには，「プロジェクトチームへの参画」「悲惨な部門・業務の事態改善・再構築」「新規事業・新市

---

12)　一般社員から管理職への移行に着目し，管理職が直面する心理的葛藤（学習課題）に関して，明らかにした研究に元山（2008）がある。元山によると，このキャリア移行にあたり，管理職社員は，様々な心理的葛藤を抱えながらも，①日常のタスク管理，②戦略やビジョンの設定，③部下の活用や育成，④ネットワークの構築（他部門や上層部の巻き込み）などを新たに学ぶ必要がある，という。

場開発などのゼロからの立ち上げ」などの業務に主導的役割を発揮しなければならない「経験」が，企業組織の「戦略」に同期して計画的に付与され，かつ，その「経験」を行うことを支援する他者からのフィードバックやメンタリングの機会，評価フレームなどが必要である，ということである。

　加えて 2000 年代初頭，マッコールは，同様の研究フレームワークでグローバルに活躍するエグゼクティブのリーダーシップと成長経験についての研究を重ねた。この一連の研究においては，過去の研究で明らかになった「経験」「戦略」「触媒」のみならず，異なる文化におけるカルチャーショックの経験が，リーダーシップの発達に寄与することを明らかにする一方，その失敗である「脱線」を防ぐためには様々な触媒が必要であることを明らかにしている（McCall & Hollenbeck 2002）。

　マッコールらの研究潮流はほどなく日本国内でも発展した。その先鞭をつけたのが組織行動研究者の金井壽宏である。

　金井（2002）は，日本企業に勤める 20 名の経営幹部にインタビュー調査を実施し，成長につながった「一皮むけた経験」を 3 つあげてもらっている。金井の調査によると，「入社初期段階の配属・異動」「初めての管理職」「新規事業・新市場のゼロからの立ち上げ」「海外勤務」「悲惨な部門・業務の改善と再構築」「ラインからスタッフ部門・業務への配属」「プロジェクトチームへの参画」「降格・左遷を含む困難な環境」「昇進・昇格による権限の拡大」「ほかのひとからの影響」「その他の配属・異動，あるいは業務」といったような典型的な経験が抽出された。現在では，経験と内省の機会を含み込む様々なマネジャー向けのリーダーシップ開発技法がさらに体系化され，それらをもとに本格的な実践に活かされている（McCauley, Moxley & Velsor 2011）。

4.3　経験学習の実態に迫る：近年の実証的研究

　本章後半では，筆者の関係している研究のうち，経験学習に関係するものの知見を紹介する。それは「上司による業務経験付与行動と部下の能力形成」「経験学習行動に関する多母集団分析」に関するものである。

　前者は，部下の経験学習行動を促進するために，上司がいかに業務経験を
部下に付与すればよいのか，についてアプローチした筆者の単独の研究であ
る。

　後者は，木村・舘野・関根・中原（2011），木村（2012）によって作成され
た経験学習尺度をもとに，社会人経験と経験学習行動の関係，職種と経験学
習の関係を分析したものである。

　経験学習行動に関する定量的把握は，一部に研究が見られるが，まだまだ
十分なものとはいえない。これらの研究がその端緒を開くことが期待される。

4.3.1　上司による業務経験付与行動と部下の能力形成

　一般企業の仕事現場において経験学習を成立させるポイントは，1）上司
が計画的に業務経験（現有能力を超える適切な負荷のある仕事）を部下に付与す
ること，2）上司が部下の業務遂行プロセスを管理し，場合によっては，フ
ィードバックをかえして内省を促すことの2点であると考えられる。

　例えば，佐藤（2010）が指摘するように，ラインマネジャーの仕事管理，
部下への仕事の配分のあり方が部下の能力開発機会を規定する程度は極めて
大きい。もちろん，企業は学校ではないので，部下本人が自ら経験学習のサ
イクルを駆動させることが求められるが，多くの場合，部下本人には仕事が
選べない以上，後続する経験学習の成果は上司によって決定される可能性が
高くなる。また，本章前半において見てきたように，仕事をこなすだけでな
く，その仕事のあり方を内省することも学習にとっては重要である。内省も
自己主導で行われることが望ましいが，一般的に内省が起こるのは，上司—
部下間において業務について話し合うときや上司からフィードバックを受け
るときであることは想像に難くない。

　しかし，これまでこういったラインマネジャーの行動と部下の能力形成に
関して，定量的接近を試みた事例は必ずしも多くはない。こうした問題を背
景に，筆者は，「上司が，部下に対して，どのように業務経験を付与すれば，
部下の能力形成に正の影響を及ぼしうるのか」について考察しようと試みた。
これが筆者のリサーチクエスチョンである。

　具体的には，「上司による業務経験付与行動」を独立変数，「部下の能力向

上」を従属変数として設定し，その変数間の因果関係を重回帰分析した。分析対象となったデータは「組織社会化調査」で得られた組織参入後2年目の若手社員によるデータである。

　実際の分析に至る前に独立変数・従属変数の質問項目などについて詳細を述べる。

　独立変数の「上司による業務経験付与行動」であるが，これは先行研究の知見には適当な質問項目が見あたらないので，本研究においてオリジナルに作成することにした。

　質問項目を作成するにあたっては，数名のマネジャーに聞き取り調査を行い，部下に仕事を付与する際に，どのような行動をしているのかを聞き出した。ここで得られた行動をKJ法的手法で分類し，39項目の質問項目を作成し，「組織社会化調査」において回答を求めた。回答は5段階のリッカートスケールにて行い，「よくあてはまる」に5点，「あてはまる」に4点，「どちらともいえない」に3点，「あてはまらない」に2点，「まったくあてはまらない」に1点を付与した。

　この39項目に対して探索的因子分析（主因子法・プロマックス回転）を行い，質問項目を削除しつつ，固有値1以上の基準において3因子が特定された。

　第1因子は9項目から構成されており，「上司は，あなたの仕事の成果を褒めてくれる」「上司は，あなたにトラブルが起きたときに助けてくれる」などの質問項目が高い因子負荷量を示していた。他には「上司は，あなたが自分の仕事内容を振りかえる機会を与えてくれる」「上司は，あなたの仕事について新たな視点を与えてくれる」などの項目があった。これら一連の結果から，これらの項目は，上司が部下の仕事の進捗管理を行い，また同時に部下に内省を促していると解釈して，「モニタリングリフレクション」因子と命名した（$\alpha = .93$）。

　第2因子は4項目の質問項目から構成されている。「上司は，あなたに職場の仕事の全体像と任せる仕事の関係について説明してくれる」「上司は，あなたに職場で抱えている仕事の全体像について説明してくれる」などの項目の因子負荷量が高かった。この項目は，上司から部下への仕事の説明に関する因子だと解釈して，「仕事説明因子」と命名した（$\alpha = .90$）。

表 4-1　上司の業務経験付与行動に関する因子分析結果

	第 1 因子	第 2 因子	第 3 因子
	モニタリングリフレクション	仕事説明	ストレッチ
上司は，あなたの仕事の成果を褒めてくれる	.883	−.086	.005
上司は，あなたにトラブルが起きたときに助けてくれる	.858	−.073	−.089
上司は，仕事の最中に励ましてくれる	.824	−.011	−.017
上司は，あなたが仕事でつまずいたときの相談役になってくれる	.747	.083	.004
上司は，仕事でおかしたミスが致命的な失敗につながらないように策を講じてくれる	.71	.041	−.088
上司は，あなたが自分の仕事内容を振りかえる機会を与えてくれる	.696	.086	.051
上司は，あなたの仕事について客観的な意見をくれる	.678	.094	.099
上司は，あなたの仕事について新たな視点を与えてくれる	.647	.132	.099
上司は，あなたに仕事でミスをすることを恐れないようにと言ってくれる	.619	.105	−.002
上司は，あなたに職場の仕事の全体像と任せる仕事の関係について説明してくれる	−.052	.915	.052
上司は，あなたに職場で抱えている仕事の全体像について説明してくれる	.065	.799	−.007
上司は，あなたに任せる仕事の前工程と後工程について説明してくれる	.058	.791	−.057
上司は，あなたに任せる仕事の意義について説明してくれる	.119	.717	−.03
上司は，あなたに背伸びが必要な仕事を任せてくれる	−.031	−.028	.914
上司は，あなたに易しくはない仕事を任せてくれる	−.06	.006	.826
上司は，あなたの能力より若干高めの仕事を担当させてくれる	.069	−.003	.815
固有値	8.187	2.032	1.175

因子間相関係数	第 1 因子	第 2 因子	第 3 因子
第 1 因子	1	.726	.402
第 2 因子	.726	1	.348
第 3 因子	.402	.348	1

表 4-2　上司による業務経験付与と部下の「能力向上」に関する階層的重回帰分析

従属変数：業務能力向上

	model 2	model 3	model 4
性別			
年齢			
仕事説明	.324 ***	.260 ***	.055
ストレッチ		.221 ***	.17 ***
モニタリングリフレクション			.309 ***
R^2	.128 ***	.173 ***	.217 ***
調整済み R^2	.124 ***	.167 ***	.211 ***
R^2 値変化量	.104 ***	.064 ***	.025 ***

† p＜.1　＊p＜.05　＊＊p＜.01　＊＊＊p＜.001

　第3因子は3項目から構成されている。「上司は，あなたに背伸びが必要な仕事を任せてくれる」の質問が高かった。よって，この因子を「ストレッチ」と命名した（α＝.88）。信頼性分析の結果，各因子において十分な統計量が得られたので，各因子に含まれる質問項目の得点を単純加算し，質問項目数にて除し，分析に用いることにした。

　従属変数の部下の「能力向上」を測定する質問項目に関しては，中原（2010）に掲載されている「能力向上」尺度の17項目をそのまま用い，それを単純加算し，質問項目数で除した値を分析に用いた（α＝.93）。

　分析は階層的重回帰分析を用いた（N＝611）。「モニタリングリフレクション」「仕事説明」「ストレッチ」を独立変数，「能力向上」を従属変数として，年齢，性別などの統制変数を設定した。Model 1 は統制変数を投入，Model 2 は「仕事説明」を単独で独立変数に投入，Model 3 は「仕事説明」と「ストレッチ」の2つの項目を独立変数に投入，Model 4 は「仕事説明」「ストレッチ」「モニタリングリフレクション」の全項目を独立変数に投入し，重回帰分析を行った。分析結果は表 4-2 のとおりである（Model 1 は省略）。

　まず R^2 値の変化量は，Model 1 以外においてすべて有意であった。R^2 値，調整済み R^2 値においても有意な結果が得られた。

　「仕事説明」に関しては，Model 2 と Model 3 において統計的有意な結果が得られたが，すべて投入を行った Model 4 においては有意な結果が得られ

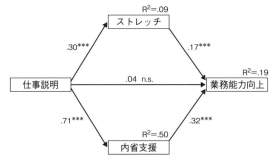

図 4-4 仕事説明の間接効果, 直接効果を推定するためのパス解析 (N = 611)
†p<.1 ＊p<.05 ＊＊p<.01 ＊＊＊p<.001

なかった ($\beta = .05$ n.s.)。

ストレッチとモニタリングリフレクションにおいては，Model 4 において統計的有意な正の効果が得られた（ストレッチ $\beta = .17$ p<.001, モニタリングリフレクション $\beta = .309$, p<.001）。この結果からは，ストレッチとモニタリングリフレクションが，部下の「能力向上」に資するという結果が示唆される。本項冒頭で述べたように，1）上司による育成を念頭に置いた業務経験付与，2）上司による進捗報告と内省の促進は，やはり部下の能力形成にとって，統計的有意な正の影響を与えることが，定量的にも示された。

しかし，ここで「仕事説明」の効果は本当に存在していないのだろうか，という疑問が残る。一般的に考えれば業務経験を付与するうえで，仕事の前工程・後工程や仕事の全体像を部下に理解させることは能力形成に直接的に効果をもたらさないにせよ，間接的には能力形成を支える諸要因に対して何らかの正の影響を与えるものとも考えられる。仕事の背景情報が理解できない限りにおいて，部下にとってストレッチとは「過剰な負荷」に意味づけられる可能性があるだろう。また，既述したように内省の駆動のためには「出来事を描写すること」が欠かせない。部下がそれをなすためには，出来事の周辺的情報を理解することが重要になると考えられる。

このような問題意識から「仕事説明」が，何らかの媒介関係を経て，「能力向上」に資するとも考えられるため，共分散構造分析によるパス解析を行い，仕事説明の直接効果および間接効果を分析することにした。分析の結果

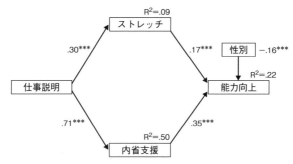

**図4-5　上司の業務経験付与と部下の「能力向上」に関するパス解析の
最終分析結果（N＝611）**

†p＜.1　＊p＜.05　＊＊p＜.01　＊＊＊p＜.001

は図4-4である。

　図4-4に見るように，仕事説明から「能力向上」に対するパスは統計的
有意な結果が得られなかった（β＝.04 n.s.）。一方，仕事説明からストレッ
チに対するパス（β＝.30 p＜.001）および仕事説明からモニタリングリフレ
クションに対するパス（β＝.71 p＜.001）が得られた。仕事説明の標準化総
合効果は.314，直接効果は.037，間接効果は.277であった。このことか
ら，仕事説明はストレッチおよびモニタリングリフレクションを媒介して，
「能力向上」に影響を与えていることがわかった。

　なお，統計的有意な結果が得られなかったパスを除去し，また，性別・年
齢の調整変数を投入し得られた最終的なモデルは図4-5となる。

　図4-5のモデル適合度はGFI＝.996，AGFI＝.986，CFI＝.998，RM-
SEA＝.026，AIC＝27.615であった。上司の仕事説明がなされることで，ス
トレッチやモニタリングリフレクションの効果が向上し，それらを媒介して
部下の「能力向上」につながっている様子がわかる。

　一連の分析において，部下の経験学習を促すために上司がなすべきことは，
まず「仕事説明」を行うことである。仕事の前工程・後工程，また付与する
仕事とプロジェクト全体の目的との関係などをしっかりと説明することが部
下にストレッチの経験を与える。またそれは，部下の進捗管理を行ったり，
内省を促す際にも重要なコンテキストを提供する。そのうえで，現有能力を
超えるストレッチの経験と定期的なモニタリングリフレクションが，部下の

「能力向上」に資する可能性が高いことがわかった。

4.3.2 経験学習行動に関する多母集団分析

　次に，経験学習行動に関する多母集団分析を見てみよう。

　既述したように経験学習に関する実証的な調査研究は，「経験から学ぶ個人の資質・個人の有する信念」に焦点を合わせて進展してきた経緯がある（Spreitzer, McCall & Mahoney 1997，楠見 1999，松尾 2006）。しかし，一方でコルブの経験学習サイクル論で概念化されているのは，個人の「行動」である（木村 2012）。同理論においては，ある個人が個別具体的な経験を乗り越え（具体的経験），内省を経て（内省的観察），そこで起こった出来事や行動に対して一般化・抽象化・概念化を行い，新たな状況にそれらをあてはめて能動的に実践を積み重ねる。しかし，従来の研究はこうした個人の行動にはあまり着目してこなかった。

　こうした背景を踏まえ，近年，筆者も企画・関与する共同研究グループで着手してきたのは経験学習サイクルに表現されている経験学習行動を定量的に検証しようとする研究である。

　木村・舘野・関根・中原（2011）では，22歳から45歳までの10名の会社員を対象に，経験学習に関する面接調査（非構造化インタビュー）を実施した。面接調査では「過去の仕事経験において，自分が飛躍的に成長したと思う経験について教えてください」「その経験を通して，何をどのように学んだかについて教えてください」という質問を被験者に投げかけ，回答を得た。これらの質的な調査をもとに，Kolb（1984）のフレームワークを援用し，経験学習行動に関する29個の質問項目を策定したうえで，インターネット調査会社のモニター会員を対象とするWebによる質問紙調査を実施した。質問紙調査は5段階のリッカートスケールで各質問項目に回答するかたちで行われた。対象年齢は22歳以上35歳以下であり，回答依頼者数は516名，最終的な有効回答者数は316名であった。これらの回答を図4-6のように探索的因子分析を行い，質問項目を16項目に絞り込んだ。またその後，確認的因子分析を行い，十分なモデル適合度を得た（CFI=.983, GFI=.943, AGFI=.921, RMSEA=.042）（木村・舘野・関根・中原 2011）。

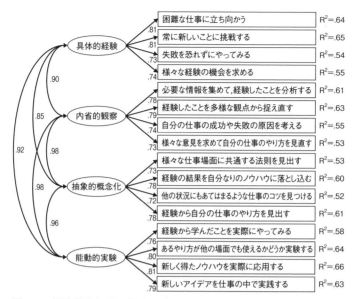

図4-6　経験学習行動に関する確認的因子分析の結果（木村・舘野・関根・中原 2011）

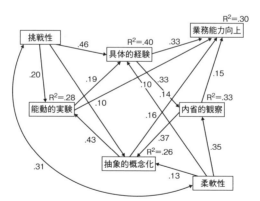

図4-7　経験学習行動が業務能力向上に与える影響のパス解析図（木村 2012）

　木村（2012）においては，この尺度を用いて，コルブの経験学習モデルと能力の関係を統計的に検証している（モデル適合度は GFI＝.984，AGFI＝.925，CFI＝.975，RMSEA＝.091，AIC＝81.226)[13]）。

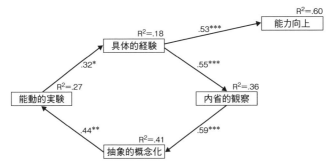

**図 4-8　1 年目から 2 年目社員の母集団：経験学習行動が「能力向上」
に資する影響（N＝37）**
†p＜.1　*p＜.05　**p＜.01　***p＜.001

　木村のモデルでは「具体的経験→内省的観察」「内省的観察→抽象的概念
化」「抽象的概念化→能動的実験」「能動的実験→具体的経験」のあいだに循
環的なパスが存在しているのと，また「具体的経験」「内省的観察」「抽象的
概念化」「能動的実験」の各要素から「能力向上」に対してパスが描かれて
いることが特徴である（図 4-7）。

　本項では，これらの経験学習行動尺度および経験学習モデルを用いて，さ
らに 2 つの追加分析を行う。ここで筆者が分析するのは，1)「社会人経験
の多寡によって，経験学習モデルに表現されている経験学習行動が，いかに
能力向上に影響しうるのか」，2)「職種によって，経験学習モデルに表現さ
れている経験学習行動がいかに能力向上に影響しうるのか」という 2 つの
リサーチクエスチョンである。データは「職場学習調査」のデータを用い，
分析手法には多母集団分析を用いることにした。

　まず第 1 に，1)「社会人経験の多寡によって，経験学習モデルに表現さ
れている経験学習行動が，いかに能力向上に影響しうるのか」というリサー
チクエスチョンから分析する。

　母集団としては，1) 社会人歴 1 年目から 2 年目までの，いわゆる「駆け
出し」の社員と，2) 3 年目から 9 年目までの社員の経験学習モデルを比較
することにした。

---

13)　木村のモデルでは，柔軟性や挑戦性といった個人資質を含み込み，経験学習モデルと能
　　力の関係を統計的に検証している。

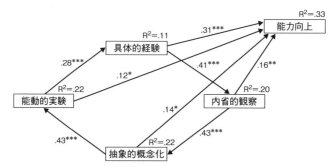

図4-9　3年目から9年目社員の母集団：経験学習行動が「能力向上」に資する影響（N＝258）

†p＜.1　＊p＜.05　＊＊p＜.01　＊＊＊p＜.001

　図4-8，図4-9が得られたモデルである。モデル適合度はGFI＝.983，AGFI＝.942，CFI＝.989，RMSEA＝.027，AIC＝114.96であった。誤差，統計的有意でないパス，統制変数に関しては省略してある。

　1年目から2年目の社員のモデルに関しては，「能動的実験→具体的経験」「具体的経験→内省的観察」「内省的観察→抽象的概念化」「抽象的概念化→能動的実験」の各要素間の循環に関するパスは有意であった。一方，各要素それぞれが「能力向上」に統計的有意な正の影響を及ぼしているのは「具体的経験」のパスのみであった。3年目から9年目の社員に関しては，「能動的実験→具体的経験」「具体的経験→内省的観察」「内省的観察→抽象的概念化」「抽象的概念化→能動的実験」の各要素間の循環に関するパスは有意であった。また「能動的実験」「具体的経験」「内省的観察」「抽象的概念化」の各要素から「能力向上」に対するパスも，統計的有意な結果が得られている。一方，1年目から2年目の社員に関する経験学習モデルと，3年目から9年目の社員のモデルのあいだのパスには統計的有意な結果は得られなかった。

　これらの結果からいくつかの示唆が得られる。

　第1に，経験学習の諸行動要素「能動的実験」「具体的経験」「内省的観察」「抽象的概念化」は，他の行動要素に循環的に正の影響を与えていることである。これは，1年目から2年目のモデルにおいても，3年目から9年目のモデルにおいても，統計的有意な結果が得られた。

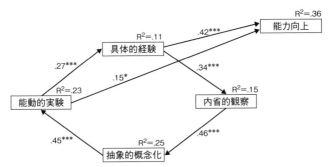

**図4-10　研究開発職の母集団：経験学習行動が「能力向上」に資する
影響（N＝138）**

†p＜.1　＊p＜.05　＊＊p＜.01　＊＊＊p＜.001

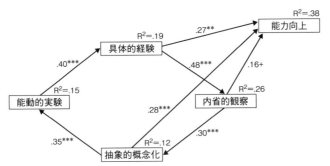

**図4-11　営業職の母集団：経験学習行動が「能力向上」に資する影響
（N＝121）**

†p＜.1　＊p＜.05　＊＊p＜.01　＊＊＊p＜.001

　第2に，1年目から2年目の社員は，とにかく「具体的経験」を積むこと
が「能力向上」にとって重要であることがわかる。対して，業務経験を蓄積
した3年目から9年目以上の社員になってくると，それぞれの要素が「能
力向上」に資することがわかる。「具体的経験」「能動的実験」「内省的観察」
「抽象的概念化」のそれぞれが，「能力向上」に正の影響を与えていた。

　このことから，社会人経験が浅い頃は具体的経験を積むことがまず重要で
ある。しかし，社会人経験がある程度の段階に入ってくると，今度は経験学
習行動の諸要素をバランスよく担っていくことが，重要であることがわかっ
た。

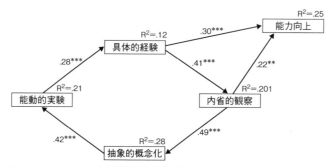

図 4-12 スタッフ職の母集団：経験学習行動が「能力向上」に資する
影響（N＝223）
†p<.1 ＊p<.05 ＊＊p<.01 ＊＊＊p<.001

　次に，2)「職種によって，経験学習モデルに表現されている経験学習行動がいかに能力向上に影響しうるのか」というリサーチクエスチョンを考察する。

　具体的には「職場学習調査」のデータにおいて「研究開発職」「営業職」「スタッフ職（総務・人事・広報・経営企画などの間接部門）」の３つの母集団を設け，それぞれの母集団において，経験学習行動が「能力向上」にどのように影響しているかを共分散構造分析によって明らかにした。構築したモデルの適合度指標は，GFI＝.981，AGFI＝.935，CFI＝.982，RMSEA＝.034，AIC＝118.253 であった。結果は図 4-10，図 4-11，図 4-12 のとおりである。

　まず，どの職種においても「能動的実験→具体的経験」「具体的経験→内省的観察」「内省的観察→抽象的概念化」「抽象的概念化→能動的実験」の各要素間の循環に関するパスは有意であった。経験学習の諸要素が他の要素に循環的な正の影響を与えていることがわかった。

　一方，各経験学習行動から「能力向上」に対するパスに関しては母集団によって違いが見られた。

　研究開発職の母集団では「能動的実験」「具体的経験」，営業職の母集団では「具体的経験」「内省的観察」「抽象的概念化」，スタッフ職の母集団では「具体的経験」「内省的観察」から「能力向上」に対して引かれた各パスが，統計的有意な正の影響を与えていた。

　最後に３つのモデルのパス間に統計的有意な差があるかどうかを検証し

たところ，営業職とスタッフ職の「抽象的概念化→能力向上」のパスに統計的有意な差が得られた。この結果を受けて「抽象的概念化」の総合効果，直接効果，間接効果を分析した。「抽象的概念化」の標準化総合効果は営業職が .370，スタッフ職が .073，標準化直接効果は営業職が .288，スタッフ職が .009，標準化間接効果は営業職が .082，スタッフ職が .064であった。間接効果に関しては特に差がないものの，営業職とスタッフ職では「能力向上」に対する直接効果には大きな差があることがわかった。

　これらの結果からいくつかの示唆が得られる。

　まず，経験学習行動のそれぞれの要素は，他の要素に影響を与えているので，どれも欠くことはできないということである。いずれの職種においても，「能動的実験→具体的経験」「具体的経験→内省的観察」「内省的観察→抽象的概念化」「抽象的概念化→能動的実験」の各要素間の循環に関するパスは有意な結果が得られている。

　次に経験学習行動のうち，「能力向上」に直接効果をもたらしているのが，どの要素かという観点から結果を判定すると，研究開発職の「能力向上」については「能動的実験」「具体的経験」が重要であることがわかった。この結果は，試行錯誤しながらとにかく環境に対して行為し，結果を出すという研究開発職の職種の特性を反映したものと思われる。

　また，営業職では「具体的経験」に加えて，「内省的観察」「抽象的概念化」という経験則を自らまとめる行為が重要であることがわかった。営業職は一般的に日常的な営業活動に追われ，なかなか内省の機会を得ることが難しい。一定の期間を経たのちに，定期的に内省を行うことが「能力向上」にとって重要な影響を持ちうることが示された。特にスタッフ職と営業職の比較においては，「抽象的概念化」の果たす役割が営業職においては特に高いことが示唆的である。

　なお，スタッフ職の能力形成においては，「具体的経験」「内省的観察」の2点が特に重要であることがわかった。スタッフ職においても，日常の経験をそのままにせず，折りにふれ内省をともなうことが求められる。

　以上，本項4.3.2では，1）社会人経験の多寡，2）職種の違いによって，経験学習行動がどのように「能力向上」に影響するかを，多母集団分析を用

いて明らかにした。社会人経験や職種によって，経験学習行動のうち「能力
向上」に対してどの要素が直接効果をもたらしているかは，コンティンジェ
ント（状況依存）であることがわかった。しかし，いずれの場合においても
経験学習行動の諸要素は他の要素に対して間接効果をもたらしている。経験
を蓄積し，折りにふれ，その出来事・経験の意味を内省し，抽象的原則に自
らまとめることが能力形成にとっては重要であるという原則が改めて認識さ
れる。

4.4 小括

第4章では，1990年代以降，人材育成・人材開発の理論的支柱のひとつ
として注目されている経験学習を取り上げ，その理論的出自を述べた。環境
―主体間の相互作用の界面に生じる「経験」と，それを対象にした「反省的
思考」こそが学習の源泉であるというデューイを祖とする「経験と学習の理
論群」は，コルブらによって「経営」のコンテキストに導入され，経験学習
モデルとして流通することになった。経験学習を中核概念とした人材育成研
究は，その後，急速に発展し，特にマネジャーやリーダーのリーダーシップ
開発論と，時に共振しながら発展している。

本章後半では，近年の実証的研究を紹介した。

第1に紹介した研究では，部下の経験学習に影響を与える上司の業務経
験の付与行動に着目した。上司がどのような業務付与行動をとれば，部下の
能力形成につながるかを分析した。

第2に紹介した研究は，具体的にどのような経験学習行動を行えば，能
力形成につながるかを探究した研究である。社会人歴・職種などから異なる
母集団を形成し調べた。これらの研究は経験学習に対する実証的アプローチ
に属する研究として，まだ端緒を開いたばかりである。今後のさらなる研究
が期待される。

今後の経験学習に対する研究課題は，2点であると思われる。

第1には，経験学習行動―「能力向上」の関係に加えて，さらに「個人の
業績」の結果要因を分析モデルに含み，さらに詳細な実証研究を積み重ねる

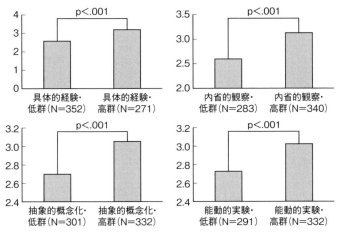

図 4-13　経験学習行動と個人業績の関係

ことである。

　例えば，今回の「職場学習調査」のデータをもとにして考察すると，経験学習の諸要素「具体的経験」「内省的観察」「抽象的概念化」「能動的実験」を各平均値で高低 2 群にわけて独立変数とし，「個人の業績（自己評価）[14]」を従属変数に設定して分散分析を行うと，各要素の高群の方が低群に比べて，個人の業績が高いことがわかる（図 4-13）（具体的経験：$f(1, 621)=72.48$ $p<.001$，内省的観察：$f(1, 621)=46.90$ $p<.001$，抽象的概念化：$f(1, 621)=21.72$ $p<.001$，能動的実験：$f(1, 621)=15.21$ $p<.001$）。また，木村（2012）の分析では，高い業績をあげている人は，業績をあげていない人と比べて，「具体的経験」をするだけでなく，その「具体的経験」を「内省的観察」につなげていることが示されている。

　これらの分析はまだ緒についたばかりであるが，経験学習と個人の業績の関係に関する詳細な媒介関係は明らかになっていない。これに関する実証的アプローチが増えていくことが求められる。

　第 2 の研究課題としては，学習を支える社会的要因を明らかにすることである。既述したように，経験学習の理論的欠点としては，社会的要因の考

---

14)　個人の業績は，個人が「私は職場で高い業績をあげている」という質問項目に対して，「あてはまる」から「あてはまらない」までの 5 段階のリッカートスケールで測定した。

慮の欠如であるとの指摘は枚挙に暇がない。最近では経験学習に影響を与える職場要因の研究も徐々に生まれつつある。北村・中原・荒木・坂本（2009）は，個人の資質が高くても，当人の所属する組織的風土にそれが適合するか否かが，現場における経験学習に影響を与えることを，階層線形モデルを用いて分析した。北村らが業務能力向上にとって少なくない影響を与えているとしたものは，職場の社会関係資本，換言するならば，他者との関係，他者とのつながりである（北村・中原・荒木・坂本 2009）。

　続く第5章「職場学習」においては，これら他者との関係性や他者からの支援という社会的要因に特に注目し，それと能力形成との関係を探究する。

第5章　職場学習

対話，説明，語りといった社会的相互作用は，社会的に構築された知識を学習すること，意味を個人的に構築すること，そして，社会的に知識を再構築することを促すのです。

(Bell, B. & Gilbert, J.)

　職場とは「玉虫色の空間」である。そこは，そこで働く個人が業務を通して能力を形成し，昨日まで独力では不可能であったことを可能にする場である。

　しかし，一方で，それと同等かそれ以上のネガティブサイドにも，職場は開かれている。業績に対するプレッシャー，ねたみ，叱責，羨望，無気力，無関心……想定しうる職場のネガティブサイドをあらわす言葉は限りない。

　企業の目標が利潤追求である以上，業績・成果に対する社会的プレッシャーは望むと望まないとにかかわらず生じる。独力ではなしえないことをなしうることが，元来の「組織」の定義であるならば，社会的背景，知識，技能，キャリアの異なる複数人が仕事をともにする以上，感情面での葛藤や矛盾が生じる可能性はゼロにはならない。

　かくして，人は，多くの場合，職場のポジティブサイドとネガティブサイドを交互に垣間見ながら業務にあたる。「働く個人の目に映る職場」とはそういう場所である。

　一方，マネジメントの観点から職場に目を向けるならば，そこは「競争力の源泉」である。組織が長期的に業績・成果を出すことを希求する場合，職場にネガティブサイドだけが生じていては心許ない。職場のメンバーが高い内発的動機や達成動機を持ち，未知の業務に挑戦し，能力を高めていけるよう，マネジメントすることが求められる。ネガティブサイドを抑えつつ，そ

こをいかにポジティブな場に変えていくことができるのか。それこそが職場のマネジメントの妙である。

　本章では，職場における人々の成長や能力形成，いわゆる「職場学習」の問題を扱う。前半では，職場学習の定義と理論的系譜を論じる。後半では，筆者の関与する職場学習研究の知見を概観する。

5.1 職場学習の定義

　「学習」という用語は，いまや経営学の文献の主要な概念のひとつになりつつある（Clarke 2004, 2006）。第2章冒頭で既述したように，「学習」という概念が経営学に導入されたのは1970年代である。当時，企業が外部環境に長期適応することの必要性とそれを支える内部メカニズムを描写する組織学習論とよばれる理論分野が形成され，現在に至るまで様々な研究が生み出されてきた。

　一方，「学習」という言葉が本章で論じる「職場」という言葉と結びつき「職場学習」という専門用語が生まれ，英語文献においては「Workplace learning」「Work-based learning」「Learning in the workplace」などの用語として論文などに頻出するようになるのは2000年代のことである。

　職場学習は組織学習論の理論的発展の流れを受けつつも，それだけにとどまらず，後述する様々な研究領域の脈流が結合して形成されつつある，極めて歴史の浅い研究領域である。ゆえに，その言説空間は今も発展途上の状況にあるので，いまだ十分な定説や明確な定義は存在していない（Clarke 2005, Fenwick 2000, 2008, 荒木 2008）[1]。

　職場学習の最も広範な定義としては，「仕事の活動と文脈において生じる人間の変化と成長」（Fenwick 2000）というものが存在しているが，この定義

---

1)　人文社会科学において研究者間で合意できる定義がないことは，必ずしも悲観すべきことではない。学問としていままさに発展途上の段階にあるという意味で，さらなる研究の蓄積が求められる，ということである。
　もちろん，これらの理論的系譜は完全にそれぞれ独立しているというよりも，相互に依存したり，補完しあったりしながら，語られる。ここでは，あえて3つに大別し，それぞれを説明したい。

ではあまりに広範であることを否めない。

　よって，本章ではまず，「Workplace learning」「Work-based learning」「Learning in the workplace」という用語が，いったい，どのようなアカデミックコンテキストにおいて語られるようになっているのかを把握することから始めよう。管見の限りでは，職場学習という用語は3つの理論的系譜において語られるようになっていると思われる。これらの理論的系譜をたどる作業を通して，本書における職場学習の定義を見いだそうと思う。

　次に，職場学習に関する先行研究を概観する。ここで紹介するのは，「職場において他者の支援を受けて学ぶ個人」に関する筆者の研究である。

　本章後半では，近年，筆者が実施・関与してきた職場学習に関する実証研究の知見を紹介する。

5.1.1　職場学習の第1の系譜：パフォーマンス向上と統合的学習環境

　職場学習の用語が頻出する第1の系譜は，「人材育成のパフォーマンス向上」というニーズから発展してきた実務家主導の言説空間である（Rothwell & Sredl 2000）。この立場における職場学習とは，「個人や組織のパフォーマンスを改善する目的で実施される学習その他の介入の統合的な方法」（Rothwell & Sredl 2000）である。

　従来の人材育成手法が，研修や教育訓練といったフォーマルな学習機会を重視していたのに対して，1）職場での学習機会も重視すること（Hager 2011），さらには，2）職場での学習機会を単独で活用するのではなく，職場での学習と研修などを連動・連携させ，より効果の高い統合的な学習環境を構築することをめざすべきだという議論が広まった。第1の系譜においてはこうした学習のあり方をさして，「職場学習（Workplace learning）」という言葉が用いられている。

　いうまでもないことだが，企業の人材育成にとって学習とは最終目的ではない。学習した内容が現場でも役立てられ，パフォーマンス向上に資することがめざすべきところである（Noe 1986, Noe & Tews 2009, Holton III, Bates & Ruona 2000）。しかし，学習が起これば，必ずしもパフォーマンスが向上するわけではない。むしろ学習とパフォーマンスのあいだには，「死の谷」とも

いうべき「断絶」が存在する。

　近年は，この「断絶」を乗り越えるヒントとして，「職場での学習」に注目が集まっている。具体的には，パフォーマンス向上のためには研修のみならず，職場での諸要因を考慮に入れるべきである，という議論がなされ始めるようになった（Holton Ⅲ 1996, Cromwell & Kolb 2004, Noe & Ford 1992, Yamnill & McLean 2001, Brinkerhoff 2008, Revans 1980, 1998）。

　かくして，このような観点から「研修による学習」と「職場での学習」を連動させ，統合的な学習環境を構築しようとする実践動向も生まれつつある（Cho & Egan 2009）。

　例えば，Raelin & Raelin（2006）は，高級管理職を対象とし DAL（Developmetal Action Learning）とよばれる学習機会を提供した。この手法は３つのセッションから成立している。

　第１セッションは，研修参加者が自分とは異なる視点を有する他者と積極的に対話を行う。第２セッションで，参加者は第１セッションで得られた視点を消化し，職場において実施できる試みを準備し実践することが求められる。第３セッションでは，現場でプロジェクトチームが組織され，実践に移る。この段階においても，さらに高いレベルの実践と内省を集合的に行う。

　一見してわかるように，彼らのカリキュラムでは，「研修における内省や対話」と「現場における実践」は分かれていない。それらが不可分に結びつき，学習機会を構成している[2]。

　このような研修スタイルはすでに，実務の世界にも広まっている。

　例えば某大手銀行ではリテール業務を担当する新入社員に対し，「リテールバンキンクカレッジ」とよばれる研修システムを構築している。この研修

[2]　こうした学習はアクションラーニングともよばれるが，その定義は混沌としている（Weisbord 2004, Marsick & O'Neil 1999）。一般的なアクションラーニングとは，①自分の身近な課題を取り上げ，②それに対する行動のなかで学習を生起させる，③知識創造と知識利用は不可分のものであると捉え，学習にチームで取り組む，④メンバーは「学ぶことを学ぶ」姿勢を示し，各自の実践の暗黙の前提に対して問いを投げかけ，そこから相互に学習することをめざす学習形態をいう（Raelin 2000）。実際には，研修場面における問いかけ・内省，そして職場における実践の循環として実施されることが多い。Raelin（2006）ではこの学習手法を協働的なリーダーシップ開発，Leaderful organization の確立のために用いている。

においては，基本的に毎月 1 回，3 日間から 4 日間程度，東京と大阪にある研修所に新人行員を集めて研修を実施する。残りの日は，現場で仕事をしながら学ぶ。研修と職場の連携のために「チェックシート」が設けられており，研修で学んだことは現場のライン長にメールでも報告し，研修で習ったことを実践してもらう。研修においては，受講生同士が実践した内容を共有・内省する時間を持ち，この循環を 1 年半のあいだ繰り返す（リクルートワークス研究所 2011）。

　ひるがえってみるに，これまで人材開発は一般的に「仕事を離れて行われる教育訓練」である「OFF-JT（Off the job training）」と，仕事の現場において「上司が部下に対して仕事を通じて計画的に必要な知識，技能，問題解決能力，および態度について教育訓練を行うこと」（青木 1965），「職場で仕事を遂行する過程で，上司が部下の育成必要点を見出し，それに対するいっさいの指導・援助行動を行うこと」（寺澤 1988），「職制の長が部下の「能力向上」を意図して行う行動」（土井 1986）である「OJT（On the job training）」に大別され，それぞれ独立した人材育成施策として一般に理解されてきた。

　しかし，これらの OFF-JT と OJT に関する一般的理解には，学習の観点から見た場合，2 つの陥穽が存在していたと考えられる（中原 2012a）。

　第 1 の陥穽は，「上司が部下に対して仕事を通じて計画的に必要な知識，技能，問題解決能力，および態度について教育訓練を行うこと」という OJT の定義が，ともすれば「同僚―同期間」や「上位者―部下間」などの職場に遍在する，より広い社会的関係において生起する学習を見逃すことになってしまった，という問題である。要するに，職場における学習機会の豊かさをそれは見落とすことになった。

　後述するように，人は決して職場において上司だけから学ぶわけではない。上位者，同僚，場合によっては部下の様子や語りのなかから学ぶことも少なくない。しかし，OJT に関する一般的理解は概してこのようなダイナミックで制度化されていない社会関係における学習を見落としてしまいがちである。

　第 2 の陥穽は，人材開発施策の伝統的概念が「OJT」と「OFF-JT」の 2 つに分かれていたがゆえに，それらが別々の独立の施策として語られたこと

から生まれる。既述したように，この一般的理解からは，OJT と OFF-JT の連動・連携による統合的な学習機会創造の可能性は生まれてこない。しかし，学習の観点からあるべき理想を描くとすると，OJT，OFF-JT と個別の学習機会を散発的に設けるのではなく，必要に応じて効果的に配列・連携させ，「統合的な学習環境」を組織内において構築し，パフォーマンス向上につなげるべきである，と考えられる（中原 2012a）。

このように第 1 の系譜において職場学習が主張される背景には，従来の OJT・OFF-JT という伝統的カテゴリーでは見落としてしまいがちなものに着眼し，高い学習効果の獲得やパフォーマンス向上を果たそうという意志が存在する[3]。このような動きは 2000 年代になって加速し，実務の立場から「企業における人々の学習」に注目し（Rainbird & Munro 2003 など），さらなる効果を得ようとする動きが強まった。

5.1.2 職場学習の第 2 の系譜：職場に埋め込まれた学習

第 2 の系譜は，パフォーマンス向上と実務からの関心という背景を有する第 1 の理論的系譜とは全く異なる観点から生じる。

第 2 の系譜は，正統的周辺参加（Lave & Wenger 1991, Rogoff 1990）をはじめとする状況的学習論（Situated learning theory）を理論的支柱とし，実際の仕事場，すなわち職場において人間の学習が業務のやり方・構造・流れ（Matsuo & Nakahara in press），仕事場における人的リソースなどに埋め込まれていること（Embeddedness / Situatedness）を強調することに特徴を持っている（Billet 2010, Fenwick 2010, Cairns 2011）。

このような「職場に埋め込まれた学習」は，インフォーマルに生起するという特質を持ち（Garrick 1998, Marsick & Watkins 2001, Ellinger 2005）かつ不良定義問題との格闘や職場の社会的コンテキストに特化した学習となりうる（Kirby et al. 2003）。

この系譜に属する研究で，最も有名なのは，ジーン・レイヴとエティエン

---

3) この意味において，第 1 の系譜における「職場学習」とは概念的に十分洗練されているわけではない。むしろ，それは従来の OJT，OFF-JT という用語——人材育成施策立案の観点から人材育成を捉えようとする動向——に対するアンチテーゼであり，象徴であるとも理解できる。

ヌ・ウェンガーらによる研究である（Lave & Wenger 1991）。レイヴらは特定の職業集団の「職場に埋め込まれた学習」を参与観察し，その構造を明らかにした。レイヴらの観察した西アフリカ・リベリアの仕立屋では，徒弟は衣服製造の仕上げ，つまりボタンをつけたりする工程から仕事を覚え，それが問題なくこなせるようになると，生地を縫うこと，さらに生地の裁断というふうに，製造ステップとはちょうど逆の順番で学習を行っていたという。つまり，新人はプロダクトや工程の全体像を見渡せる仕事に最初に従事させられ，なおかつ新人がエラーを起こしても，全体の活動をブレークダウンさせてしまわないように業務経験が配列・付与され，仕事の配列自体にすでに学習が埋め込まれているのである。

　このように第 2 の系譜において，学習とは職場に様々なかたちで埋め込まれている機会（リソース）と個人が業務を通じて接点を持ち，生起するものである（Billet 2001）。仕事をすることと学習とは「不可分」のものであり，それらを分けて考えることはできない（Ellström 2011）。職場は労働環境でありつつ，同時に学習環境（Learning environment）でもある（Billet 2004, Raelin 1997）。人は職場という学習環境において，仕事の配列，構成員との相互作用，人工物との相互作用の複雑なプロセスを通じて業務を学ぶのだとされている（Engeström 2001, Collin 2004）。

5.1.3　職場学習の第 3 の系譜：ミクロレベルの組織学習

　第 3 の理論的系譜は組織学習研究による系譜である。この場合，職場学習とは組織学習研究のサブセット（下位概念）として位置づけられる。

　第 2 章で既述してきたように，組織学習研究は，組織行動論のなかの一分野であり，一般にこれまで「組織が中長期的に環境適応するため，組織内における学習・変化のプロセス」を探究してきた。

　組織学習の学問的定義は様々に存在するが（松尾 2011, Huber 1991, Crossan, Lane & White 1999），一般的には，1）知識の獲得・創造，2）知識の共有，3）知識の体制化（ルーチン化），4）不必要になった知識の棄却を組織レベルにおいて実現するプロセスであると考えられる [4]。

　しかし，1970 年代から学問的探究がなされてきた組織学習研究において

2000年前後から，ある問題が提起されるようになった。それは「分析単位」の問題である。

つまり，従来の一般的な組織学習研究は，その分析単位が「組織」であったが，それをよりミクロな「職場」に注視する必要がある，という指摘がなされた（Ashforth, Sluss & Harrison 2007, Anderson & Thomas 1996, Slaughter & Zickar 2006）。

例えば，安藤（2001）は組織学習の研究が組織全体を分析単位とし，その組織の全体的傾向のみに焦点を合わせているとし，個人の学習や個々人の組織メンバーの学習，彼らが相互作用しあって成立している学習プロセスに焦点を合わせるべきであるという指摘をしている。

また，マーク・イースタバイスミスらは組織学習研究は組織を単位とするのではなく，よりミクロな単位である職場において学習が生じるプロセスを明らかにするべきだという指摘を行っている（Easterby-Smith et al. 2000）。

かくして，第3の系譜においては，組織学習論のサブセットとして，職場学習の用語が登場するに至っているものと考えられる。

以上，5.1節では，職場学習の3つの理論的系譜を概観してきた。

第1の系譜で職場学習の専門用語が登場するコンテキストを構成していたのは「パフォーマンスの向上」であった。そこで述べられる職場学習は，従来のフォーマルな教育に対するアンチテーゼとして職場で生起する学習に焦点化し，それを活用しようとする意志ともいえる。

第2の系譜のコンテキストは「職場に埋め込まれた学習」である。そこには，職場に遍在する様々なリソースへの接点を通じて学ぶ個人のダイナミズムが想定されていた。

続く第3の系譜では，職場学習は組織学習論のサブセット——いわゆるミクロ組織学習論——と位置づけられていた。そこにはこれまであまり注目

---

4) 組織学習理論には，組織学習を個人レベルにおいて生起するものと見なす立場，組織レベルにおいて生起するものと見なす立場，両者の混成体と見なす立場など，様々なものがある。ただし，筆者としては，一般的には個人的営為と考えられている「学習」を，あえて「組織学習」とよび，概念化している以上，組織学習論のオリジナリティは，組織レベルにおいて生じる学習を把握することにある，と考える。

されてこなかった職場に焦点を合わせようとする意志が見て取れた。

　こうした動向を踏まえ，本書では，職場学習を「組織の目標達成・生産性向上に資する，職場に埋め込まれた様々なリソースによって生起する学習」と位置づける[5]。職場に埋め込まれた様々なリソースのなかには，例えば職場に遍在する他者，人工物との相互作用，様々な業務も含まれるだろう。

5.2　職場学習の先行研究

5.2.1　職場における学習と他者からの支援

　5.2節では，「職場学習」の先行研究の具体例として，拙著『職場学習論』をもとに，「職場における他者からの支援を媒介とした学習」に接近する（中原 2010）[6]。

　『職場学習論』で分析対象としたのは，日本企業 43 社に勤める 2304 名の 28 歳から 35 歳までの若手・中堅社員の質問紙調査から得られたデータである。筆者はこのデータを対象として，「職場において若手社員はどのような他者からどのような支援を受けて，能力向上を果たしているのか」というリサーチクエスチョンをかかげ，データ分析およびモデル構築を行った。

　筆者がこのリサーチクエスチョンにおいて探究したいと願ったのは，いわゆる「学習の他者性」の問題である。1990 年代以降，数多くの学習研究において探究されてきた「学習における他者の役割」を一般的な企業組織における学習場面においても探究したいと考えた。

　よく知られているように，学習に対して他者が果たす役割を理論の中心に据えたのはヴィゴツキーである。ヴィゴツキーは高次精神機能の根源を社会的なものであるとし，その発達を個人の周囲にある社会関係，すなわち人と人との相互作用の内化に求め（Vygotsky 1927），そのうえで個人を取り巻く

---

5)　職場学習を，① Formal learning（計画化された公式の教育），② Informal learning（非構造化された活動と自発的な教示によってもたらされる教育），③ Incidental learning（試行錯誤や対人相互作用などの，ある活動に付随して得られる，非意図的な学習）の 3 つから構成されるものと見なす立場もある（Rowden 2002）。

6)　『職場学習論』で分析に用いたデータは，①株式会社 富士ゼロックス総合教育研究所，松尾睦氏，筆者で行った共同研究から取得されたものと，②株式会社ダイヤモンド社，松尾睦氏，筆者で行った共同研究によって取得されたものである。

他者からの様々な働きかけやかかわり，支援によって実現される精神機能の発達を探究した。その探究の果てに生み出されたものが「個人が独力で達成できる水準と，他者の支援があれば達成可能な水準との差・発達の可能性」をさす最近接発達領域（Zone of proximal development）という概念である（Vygotsky 1970）。

ヴィゴツキーによれば，最近接発達領域とは個人はより有能な他者が提供してくれる支援や助言を（精神間），自分自身で段階的に自らに課すようになることで（精神内），当初は他者の助けなしでは実現できなかったことを独力で実行できるようになるプロセスである（内化）。

ヴィゴツキーのこのアイデアは，人間の精神機能の発達を個体に還元（個体能力主義）してきた学習研究に多大な影響を与えた（佐伯・佐藤・宮崎・石黒 1998）。その後，ヴィゴツキーの理論は，ジェローム・ブルーナーによる再評価を経て，1990年代以降，幼児教育や初等・中等教育の学習研究・実践研究に波及する。筆者は，この潮流に示唆を受けつつ，「職場において他者に媒介される学習」を分析した。

まず第1に行ったことは，職場において若手・中堅社員たちが能力形成時に，どのような支援を職場のメンバーから受けているかについての分析である。

2300名を超える回答者からのデータを探索的因子分析（主因子法・プロマックス回転）した結果，1）業務に関する助言指導を行う「業務支援」，2）仕事のあり方を客観的に折りにふれて振り返らせることを可能にする「内省支援」，3）精神的な安息を提供する「精神支援」の3つの支援が存在していた[7]。

そのうえで，「能力向上（自己評定による能力向上実感）[8]」を従属変数に設定し，独立変数を先の3つの異なる支援，すなわち「業務支援」「内省支援」「精神支援」に置き，各種の統制変数を投入したうえでロバスト標準誤差つきの重回帰分析を行った。結果は表5-2から表5-4のとおりである。

これら一連の分析結果からは，1）上司による「精神支援」と「内省支

---

7) これらの質問項目は，筆者，松尾睦氏，富士ゼロックス株式会社との共同研究において作成された。

表5-1　他者から受けている支援の因子分析の結果

（第1因子が「精神支援」，第2因子が「業務支援」，第3因子が「内省支援」）

（中原 2010 より一部修正）

項目	第1因子	第2因子	第3因子
仕事の息抜きになる	.924	−.157	−.044
精神的な安らぎを与えてくれる	.877	−.069	.015
プライベートな相談にのってくれる	.769	−.018	.016
心の支えになってくれる	.754	.107	.049
楽しく仕事ができる雰囲気を与えてくれる	.612	.141	.010
仕事上必要な他部門との調整をしてくれる	.003	.752	−.160
自分にはない専門的知識・スキルを提供してくれる	−.153	.735	.086
自律的に働けるよう，まかせてくれる	.004	.721	−.042
自分の目標，手本となっている	.079	.707	.082
仕事の相談にのってくれる	.269	.672	−.072
仕事に必要な情報を提供してくれる	−.138	.662	.100
自分自身を振り返る機会を与えてくれる	.057	−.175	.842
自分にない新たな視点を与えてくれる	−.087	.117	.641
自分について客観的な意見を言ってくれる	.130	.155	.582
固有値	5.760	2.292	1.246

因子間相関係数		第1因子	第2因子	第3因子
	第1因子	—	.419	.524
	第2因子	.419	—	.511
	第3因子	.524	.511	—

援」，2）上位者・先輩によって担われる「内省支援」，3）同僚・同期によって担われる「業務支援」「内省支援」が，本人の「能力向上」に正の影響を与えていることがわかった。図5-1はその概念図である。

---

8)　能力向上に関する具体的な質問項目は「業務を工夫してより効果的に進められるようになった」「仕事の進め方のコツをつかんだ」「苦手だった業務を円滑に進められるようになった」「より専門性の高い仕事ができるようになった」「自分の判断で業務を遂行できるようになった」「他者や他部門の立場を考えるようになった」「他者や他部門の業務内容を尊重するようになった」「他者や他部門の意見を受け入れるようになった」「複数の部門と調整しながら仕事を進められるようになった」「初めて組む相手ともうまく仕事を進められるようになった」「より大きな視点から状況を捉えるようになった」「多様な観点から考えるようになった」「自分のマイナス面を素直に受け入れることができるようになった」「以前の自分を冷静に振り返られるようになった」「精神的なストレスに強くなった」「精神的に打たれ強くなった」「我慢することを覚えた」の17項目であった。能力向上尺度はこれら17項目に対する5件法のリッカートスケールの得点を単純加算し，それを質問項目数で除した数値である。これらの質問項目は株式会社ダイヤモンド社と松尾睦氏の共同研究によって生成された概念枠組みに従って，筆者・松尾睦氏・富士ゼロックス総合教育研究所の共同研究で質問項目などを作成したものである。

表5-2 上司からの支援と「能力向上」に関するロバスト標準誤差を用いた重回帰分析の結果

	Coefficiency	ロバスト標準誤差
年齢	.0161	.0228
性別	.0369	945
現在の会社での勤務年数	−.0108	.0157
職種ダミー（事務職）	−.2196	.2354
職種ダミー（企画職）	−.0979	.2662
職種ダミー（研究開発職）	−.1841	.2504
職種ダミー（技術SE職）	−.284	.2435
職種ダミー（営業職）	.0486	.2452
職種ダミー（サービス職）	.1753	.2752
上司からの業務支援	.0268	.0195
上司からの内省支援	.1154	.0271 ***
上司からの精神支援	.0272	.0137 **
定数	−2.59	.8663 **

***p＜.001 **p＜.01 *p＜.05
F(12, 441)=6.81, R²=.1927

表5-3 上位者からの支援と「能力向上」に関するロバスト標準誤差を用いた重回帰分析の結果

	Coefficiency	ロバスト標準誤差
年齢	.0106	.0246
性別	.0615	.1032
現在の会社での勤務年数	−.008	.0131
職種ダミー（事務職）	.1001	.1787
職種ダミー（企画職）	.2769	.2469
職種ダミー（研究開発職）	−.2223	.195
職種ダミー（技術SE職）	−.1508	.1747
職種ダミー（営業職）	−.0188	.2013
職種ダミー（サービス職）	−.1318	.2862
上位者・先輩からの業務支援	.025	.0159
上位者・先輩からの内省支援	.1032	.0271 ***
上位者・先輩からの精神支援	.0139	.1425
定数	−2.327	.7638 **

***p＜.001 **p＜.01 *p＜.05
F(12, 440)=5.42, R²=.1316

表 5-4　同僚・同期からの支援と「能力向上」に関する
　　　　ロバスト標準誤差を用いた重回帰分析の結果

	Coefficiency	ロバスト標準誤差
年齢	. 0094	. 0241
性別	. 3202	. 1029 **
現在の会社での勤務年数	− . 0089	. 0143
職種ダミー（事務職）	− . 1716	. 1568
職種ダミー（企画職）	. 0336	. 1785
職種ダミー（研究開発職）	− . 3265	. 1879
職種ダミー（技術 SE 職）	− . 1271	. 1601
職種ダミー（営業職）	− . 0536	. 1667
職種ダミー（サービス職）	− . 2607	. 249
同僚・同期からの業務支援	. 0419	. 0183 **
同僚・同期からの内省支援	. 0958	. 0376 **
同僚・同期からの精神支援	. 0208	. 022
定数	−2. 91	. 8461 **

***p＜.001　**p＜.01　*p＜.05
$F_{(12, 528)} = 6.03$, $R^2 = .1373$

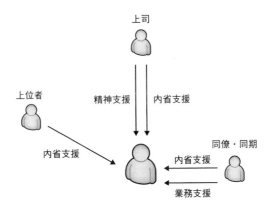

図 5-1　職場における他者からの支援と「能力向上」に関する
　　　　概念図

　概念図を見ると，個人は，様々な他者から異なる支援を受けていることがわかる。また，それぞれの支援のなかで最も強い影響力を持っているものは「内省支援」であることがわかる。「内省支援」をいかに職場の他者から得るかということが本人の「能力向上」にとって非常に大きな要因となる。

　既述したように，かつて OJT 研究においては OJT を構成する要素として，権限を委譲しつつ業務につかせる「権限委譲」，そして直接業務のやり方を教える「部下指導」が重要な要素とされていた。また，従来の研究においては上司—部下間の発達支援関係だけが想定されていた。これに対して，筆者のデータ分析結果の独自性は，1）必ずしも「権限委譲」や「部下指導」（筆者の概念でいえば「業務支援」）だけが部下の成長に奏功するのではなく，むしろ業務経験を内省することを，いかに支援するかも重要であることを示唆したこと，2）また，部下は必ずしも上司から学ぶだけでなく，職場のメンバーの様々な支援を受けて能力形成をしている，ということにある。

　次に，これら一連の分析に加えて上位者・同僚が個人に対して各種の支援を提供するには，どのような職場風土が職場メンバーに共有されていればいいのかについても考察した。

　一般に上司は部下の育成責任を有しているので部下に様々な支援を提供するのは業務の範囲である。しかし，上位者・同僚には個人の直接の育成責任は存在していない。上位者・同僚の育成支援とは，直接には育成責任を有しない人々が自発的に人材育成を担うという，いわゆる組織市民行動（Organ 1988）のひとつとして考えられる。先行研究によって，組織市民行動は様々な職場風土・組織風土の影響を受けることがわかっており（Organ 1988），上位者・同僚の育成支援においても職場の風土が大きく関係するものと思われた。

　分析では，職場風土として「組織レベルの社会関係資本」——とりわけ「互酬性規範の共有」に注目した。

　社会関係資本とは，人文社会科学においては経済資本，文化資本に加えた「第3の資本」として定義づけられており（Bourdieu 1986, Bourdieu & Passeron 1991），一般的には，「社会関係資本とは，信頼感や規範意識，ネットワークなど，社会組織のうち集合行為を可能にし，社会全体の効率を高めるもの」

とされている（Putnam 2006）。

　社会関係資本のうち，最も研究が進んでいるのは信頼と互酬性規範である。これら信頼や互酬性規範は人々の協力行動や協調行動の成立に大きな影響を持つものとされており（Ahn & Ostrom 2008），社会全体の効率的な運用のためには必要な資源であるとされ，これまで様々な研究者によって探究がされてきた（山岸 1998, Putnam 2006）[9]。

　今回の筆者の分析で注目した互酬性規範とは，一般に「もし，［職場メンバーの］A が B を助けたとしたら，A は B に限らず，［職場の］他の人から返報されるだろう」という社会的期待である（小林・池田 2006）。

　一般に「互酬性」には，様々な実現のパターンがあるとされている。例えば，複数人が異なる時点で資源交換を行う形態には，1）A と B という 2 者間の資源交換を意味する「直接互恵」，2）A と B と C という 3 者間の資源交換で，A が B に資源を転送し，そのことで B が肯定的な感情を持ち，C に資源転送するという「間接互恵」が存在する（Baker 2011）。

　職場において互酬性規範が有効である場合，直接的な資源交換のみならず，複数人のメンバーが様々にお互いの行動をモニタリングして他者に対して何かをなす，ダイナミックな互恵ネットワークが形成される可能性がある。そして，このようなダイナミックな互恵ネットワーク下においては，育成責任を必ずしも有しない個人（上位者・同僚）が，育成支援を自発的に提供する可能性が高くなると考えられる。

　表 5-5 と図 5-2 は，前著における筆者の定量的分析（相関分析）[10] および事例研究から示唆された，職場における他者からの支援および，それに関係する職場の互酬性規範の関係図である。

　表 5-5 からは，上位者による「内省支援」，同僚らによる「業務支援」「内省支援」と互酬性規範とのあいだには統計的有意な正の関係があることが示唆される。

　また，ヒアリングなどの定性的分析からは，図 5-2 に見るように，上司

---

9)　経営学においては，主に企業内部における社会ネットワーク，例えば信頼や互恵性が企業の競争優位の「見えない資産」として機能することが，すでに多くの研究者によって明らかにされている（Baker 2001, Cohen & Prusak 2001）。

10)　ともに組織レベルを集計して相関分析を行った。

表 5-5　上位者・同僚らによ
る各支援と互酬性規
範の相関係数

	互酬性規範
上位者—内省支援	.43***
同僚—業務支援	.49***
同僚—内省支援	.39***

.05＜p＜.1*　.01＜p＜.05**
p＜.001***

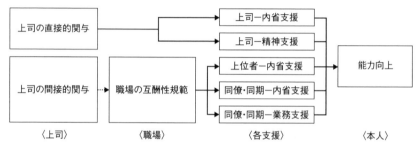

〈上司〉　　　　　　〈職場〉　　　　　　　〈各支援〉　　　　　〈本人〉

図 5-2　職場における他者からの支援および，それに関係する職場の互酬性規範の関係図

が直接的に部下に支援を行うのではなく，まずは職場の互酬性規範を高める
ような各種のマネジメントを行い，職場の上位者の「内省支援」，同僚・同
期からの「内省支援」「業務支援」を引き出している様子が見て取れた。

　職場のマネジャーは，直接部下育成に関わるだけでなく，職場の互酬性規
範を高め，様々な人々の部下育成支援を引き出すマネジメントを行う必要が
ある（中原 2010）。

5.2.2　職場における学習とコミュニケーション

　5.2.1 項では，ある特定の個人から提供される支援と学習の関係について
の分析結果を概説した。ここで探究されたのは，「上司から本人に対する支
援」「上位者・先輩から本人に対する支援」「同僚・同期から本人に対する支
援」といった，「本人と支援を提供する人」とのあいだの 1×1 の関係にお
いて立ち現れる支援と「能力向上」の関係である。

　これらに加えて，前著『職場学習論』における主要な分析には，n×n の

あいだで営まれる職場内コミュニケーションと能力形成の関係を探究した分析も掲載した。

　「能力向上」に際して他者から受ける影響は，決して「業務支援」「内省支援」「精神支援」といった 1×1 を分析単位としたものとは限らない。むしろ，職場における n×n のコミュニケーション全体が，能力向上に与える影響は大きい[11]。5.2.2 項では，この n×n のコミュニケーションが「能力向上」に与える影響，より具体的には職場における業務経験談が個人の「能力向上」に与える影響についての分析を紹介したい（中原 2010）。

　分析は，前述の「能力向上」尺度を従属変数におき，「成功経験談や失敗経験談をどの程度職場メンバー間で共有しているか」を測定する質問項目を独立変数に設定して行われた。また，分析は階層線形モデルで行い組織レベルの社会関係資本の有無がどの程度，学習に影響を与えているかを考察した。

　モデルに投入する社会関係資本には，前項 5.2.1 で述べた「互酬性規範」の他に，「信頼」もモデルに投入した。一般に，信頼とは「相手が利己的にふるまえ自分が損を被る可能性のある状況，すなわち社会的不確実性が存在する状況において，相手か自分に対して協力的にふるまうであろうという期待」のことをいう（山岸 1998）。

　分析には以下のモデルを設定し，全体平均による中心化を行って変数を投入した。

レベル 1（個人レベル）
（業務能力向上）＝B_0＋B_1＊（性別ダミー）＋B_2＊（年齢）＋B_3＊（業務経験談：成功経験談 / 失敗経験談）＋B_5＊（社会関係資本：信頼 / 互酬性規範）＋R

レベル 2（組織レベル）
B_0＝G_{00}＋G_{01}＊（社会関係資本：信頼 / 互酬性規範）＋U_0
B_1＝G_{10}＋U_1

11）　いうまでもなく，私たちの働く現場はコミュニケーションに満ちている。現状では，労働時間の約 70% をコミュニケーションに費やしているという報告もあるほどである（Robbins 2009）。

表5-6　成功経験談の階層線形モデル

従属変数：業務能力向上		信頼モデル	互酬性規範モデル
Fixed effect for slope of:			Coefficient
切片	切片	11.55 ***	11.58 ***
	信頼	−.30	
	互酬性規範		−.24 *
性別（男性＝1，女性＝2）	切片	−.61	−.56
年齢	切片	−.17 ***	−.16 **
成功経験談	切片	.93 ***	.78 ***
	信頼	.43 **	
	互酬性規範		.14
信頼	切片	.04	
互酬性規範	切片		.17 *

Random effect	Variance Component	
切片	.19 **	.23 **
性別	.99	1.13 **
年齢	0	0
成功経験談	.06	.11
信頼	.04 **	
互酬性規範		.05
Level-1	3.05	9.28

p＜.01 ***　.01＜p＜.05 **　.05＜p＜.1 *

$B_2 = G_{20} + U_2$

$B_3 = G_{40} + G_{41} *$ （社会関係資本：信頼 / 互酬性規範）$+ U_4$

$B_4 = G_{50} + U_5$

この分析結果の主要な解釈は次のとおりである。

1）成功経験談は業務遂行能力の向上に資するが（1% 有意水準），組織レベルの職場の信頼はその効果を正の方向に押し上げる効果を持つ（5% 有意水準）

2）失敗経験談は業務遂行能力の向上に資するが（1% 有意水準），その効果は組織レベルの職場の信頼によって正の方向に押し上げられる傾向がある（10% 有意水準）

表5-7　失敗経験談の階層線形モデル

従属変数：業務能力向上		信頼モデル	互酬性規範モデル
Fixed effect for slope of:			Coefficient
切片	切片	11.66***	11.67***
	信頼	−.25	
	互酬性規範		−.14
性別（男性＝1，女性＝2）	切片	−.20	−.30
年齢	切片	−.18***	−.17
失敗経験談	切片	.76***	.59***
	信頼	.27*	
	互酬性規範		−.02
信頼	切片	.06	
互酬性規範	切片		.22**
Random effect		Variance Component	
切片		.23	.23**
性別		.89*	.86**
年齢		.08	0
失敗経験談		.30	.10
信頼		.21	
互酬性規範			.37**
Level-1		3.1	9.48

p<.01***　.01<p<.05**　.05<p<.1*

　つまり，職場のなかで何気なく人々によってかわされている業務で成功した経験の語りも，失敗した経験の語りも，いずれも本人の学習にとってはポジティブな影響を持っており，さらには，「信頼感」が相互に感じられる組織であればあるほど，その効果は高くなる，ということである。

　学習研究において，業務経験談・失敗経験談の語りの学習効果は1990年代後半から指摘されていた。例えば，文化人類学者のジュリアン・オールはコピー機修理工の職場を参与観察の手法を用いて観察し，修理工たちが会社からオフィシャルに支給されるマニュアルや研修ではなく，職場のカフェテリアにおける同僚などとの業務経験談を通して熟達していくことを明らかにした（Orr 1996）。

　実務の現場では個人，ひいては集団の能力を高めるため，業務経験談の交換は頻繁に行われる。近年，日本企業では部・課全体を巻き込んだ「ワーク

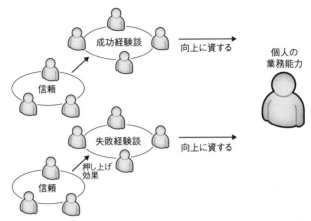

**図 5-3　職場メンバー間で共有される成功経験談・失敗経験談
と個人の能力向上の関係の概念図**

ショップ」として実施されることがある。

　例えば坂本・中原・松尾（2009）らの事例研究では，パナソニック株式会社のデバイス営業本部内の知識伝承について事業本部の構成員を対象にインタビュー調査を実施している。

　同社営業本部においては「若手中堅社員が成長しない」という課題に対して，統括部長が中心になってベテラン社員から若手社員への知識の継承を積極的に推し進める機会を持つことにした。それが「語らないともったいないワークショップ」である。

　「語らないともったいないワークショップ」では成功経験だけでなく，失敗経験をベテランが素材として提供した。ベテランには経験を語るだけでなく，そこから自分が学んだ教訓を論じてもらった。失敗経験と教訓を分けて語ることができるように，あらかじめワークシートに書いて整理をしてもらっていた。ベテランに語ってもらった後は，ディスカッションの時間になる。ベテランの語りをもとに，部として共有するべきことは何かを考えている。

　いずれにしても，人は職場におけるn×nのコミュニケーションのなかから様々なことを学ぶ。そして，そうしたコミュニケーションを通じた学習の「基盤」をなすのは，組織レベルの信頼である。第2章で見たように高度に

情報環境が発達し，多忙化した現在の職場では，ともすればコミュニケーションの機会が失われやすい。また，仕事が「私事化」し，相互の信頼感が失われる組織においては，たとえ，コミュニケーションの機会を増やしても，その効果は限定的なものにならざるをえない。そのような機会や風土をどのように意図的かつ戦略的に維持しうるかが，今，職場で求められていることである。

5.3　職場学習への実証的アプローチ：近年の実証的研究

　第 5 章後半では，近年，筆者が関係してきた共同研究および筆者自身の単独研究のなかから，職場学習に関する実証的研究に属するものを 2 つ紹介する。

　第 1 に紹介するのは「職場における"他者からの支援"が社会人歴によっていかに異なるのか」というリサーチクエスチョンに基づく研究であり，これを 5.3.1 項において探究する。この研究からは職場における他者からの支援は，いかなる時に必要で，いかに支援解除（フェイディング）されるのが適当なのか，という実務的課題に関する示唆が得られる。

　続く 5.3.2 項では，職場における他者からの支援と職場風土の関係を探究する。ここで取り上げる職場風土とは，「変化に対応していくことや，新たな工夫や物事の創出に対して，どの程度，職場で奨励されているか」という，いわゆる職場イノベーション風土尺度である。

　5.2.1 項と 5.2.2 項で論じたように，職場における他者からの支援や，職場におけるコミュニケーションを通した学習は，社会関係資本をはじめとして，職場の風土・文化の影響を受ける。5.3.2 項においては，職場で革新を求める風土がどのように人材育成に影響を与えるかを考察する。

5.3.1　社会人歴による「職場における他者からの支援」の差異

　5.3.1 項では，「職場学習調査」のデータを使用し，社会人歴によって「職場における他者からの支援」を受ける量にどのような違いがあるのかを考察する。

表5-8　社会人歴による業務支援・内省支援・精
神支援の平均値と標準偏差

	業務支援	内省支援	精神支援
1年目から2年目	4.04	4.13	3.45
	(.85)	(.78)	(.99)
3年目から9年目	4.05	3.95	3.22
	(.72)	(.77)	(1.05)
10年目から20年目	3.88	3.73	3.15
	(.74)	(.79)	(1.0)

上段は平均値，下段は（標準偏差）

　具体的には，1）社会人1年目から2年目の社員（N=37），2）3年目から9年目の社員（N=258），3）10年目から20年目の社員（N=231）という3つの群を設け，「職場の他者からの支援」の量を考察する。具体的には，社会人歴による3つのカテゴリー「1年目から2年目の社員」「3年目から9年目の社員」「10年目から20年目の社員」を独立変数（カテゴリー変数），「他者からの支援量」を従属変数として一元配置分散分析を行った。

　分析の結果，「精神支援」をのぞく群間の平均値に統計的有意な差が見られた（「精神支援」$f(2, 523)=1.978$ n.s.，「業務支援」$f(2, 523)=3.28$ $p<.05$，「内省支援」$f(2, 523)=6.734$ $p<.001$）。

　Bonferroni法による多重比較を試みたところ，「3年目から9年目の人が受ける業務支援」＞「10年目から20年目の人が受ける業務支援」（$p<.05$），「1年目から2年目の人が受ける内省支援」＞「10年目から20年目の人が受ける内省支援」（$p<.05$）に統計的有意な差があった。平均値，標準偏差に関する表およびグラフは表5-8，図5-4のとおりとなる。

　この結果から次の3点が読み取れる。

1）職場における他者からの支援は，社会人歴が長くなり，業務に精通していくにつれ，徐々に低下していく可能性があること
2）特に「業務支援」を受ける量は10年目までは差異はないものの，10年目を境にして大きく低下すること
3）「内省支援」を受ける量に関しては，10年目までは統計的有意な差はないが，10年目以降と比較すると，1年目・2年目という初期キャリアの

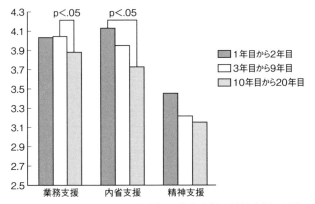

図 5-4 社会人歴による業務支援・内省支援・精神支援の平均値のグラフ

業務支援：「3 年目から 9 年目の人」＞「10 年目から 20 年目の人」（p＜.05）
内省支援：「1 年目から 2 年目の人」＞「10 年目から 20 年目の人」（p＜.05）

　形成時期が多いこと

　これら一連の結果からは，学習研究における支援解除（フェイディング）のタイミングに関する示唆を読み解くことができる。

　既述したように，ヴィゴツキーによれば最近接発達領域とは個人はより有能な他者が提供してくれる支援や助言を（精神間），自分自身で段階的に自らに課すようになることで（精神内），当初は他者の助けなしでは実現できなかったことを独力で実行できるようになるプロセスである（内化），という。このように，他者が行う教育的な方向づけや働きかけのことを学習研究ではスキャフォルディング（Scaffolding：足場かけ，支援と訳されることも多い）（Wood, Bruner & Ross 1976）というが，一方で，このスキャフォルディングとセットで同時に問われなければならないのは，フェイディング（Fading：支援解除）である（Collins, Brown & Newman 1989）。

　現在は，独力ではできないことで他者の支援があれば可能なことの心理的距離が短縮されたのだとしたら，自律を促すためにも，支援は積極的に解除されるべきである。そうでなければ，過剰な支援が今度は「依存」を生み出す可能性があるからである。

例えば，あるマネジャーは語る。

> 「今の，若い人，当社なんて，壁つくって，壁つくって，そのなかで，
> 仕事してねって，あの，過保護なくらいに予防線はってます。（中略）
> ついでにゲタもはかせて。（中略）必要だ［か］っていったら，今の時
> 代には，うーん，そういうのが必要なんですよ。外の世界は，厳しいか
> ら。クライアントのリクエストも，無茶［が］多いし。でも，問題は，
> その後なのかな。（中略）［若手を守るためにつくられた］壁をどうやっ
> て壊し，ゲタを脱がせるか。（中略）独り立ちしないとね」

　この語りにおいてマネジャーは「壁」や「ゲタ」というメタファを用い，
若年労働者の育成環境を振り返っている。ここで「壁」「ゲタ」というメタ
ファは，若手の育成を可能にするセーフティネットであり，支援である。マ
ネジャーは，現在，自社が若年労働者の育成のために実施している各種支援
を「必要」なものとして認識する一方，それを，いかに「壊すか」「脱がす
か」，つまりは解除していくかについて煩悶している。
　いずれにしても学習支援の観点からは支援と支援解除はセットで語られる
べき問題である。上記の分析結果において，他者からの支援は社会人歴が長
くなるにつれて解除されている様子が見て取れた。また「業務支援」・「内省
支援」ともに，10年という境界が一定の支援解除の目安になりうる可能性
を示唆した。
　なお，このことに関しては松尾（2006）が，Ericsson（1996）に代表される
熟達の10年ルール（各領域における熟達者になるには，10年の経験が必要である
という説），ないしは，Dreyfus（1983）に代表される熟達モデルを参照しつ
つ，10年をひとつの区切りにして各種の経験学習に関する分析を行ってい
る。松尾らの分析によれば，特に営業担当者の熟達においては10年という
区切りが，その境界として適当であることを示している（Matsuo & Kusumi
2002）。本節において筆者は，「職場における他者からの支援」という異なっ
た視点から分析を行っているが，松尾らの一連の内容とも符合する可能性が
高く，今後の各種の詳細な分析が待たれる。

5.3.2　職場イノベーション風土と他者からの支援

　職場における風土と学習の関係はこれまでにも様々なかたちで探究されてきた。例えば松尾・中原（2009）は職場における目標共有と事後検討の風土，オープンコミュニケーションの風土などが，職場での学習と成果にどのような影響を与えているかを探索的に分析している。また，5.2節で既述したように中原（2010）では「職場における他者からの支援」に影響を与えるのは互酬性規範であること，「職場におけるコミュニケーションを通じた学習」を促進するものは組織レベルの信頼であることを明らかにしている。

　本項において，筆者が改めて取り扱うのは「職場のイノベーション風土」である（中原 2012b）。すなわち，職場において，変化・革新がどの程度許容・促進・奨励されたりしているか——職場のイノベーション風土がどの程度あるか——によって，「他者からの支援」がどのように能力向上に奏功しているのかを考察してみたい。

　筆者がこうしたリサーチクエスチョンを持ったことには理由がある。筆者は研究の都合上，日本企業で働く様々な現場マネジャーにヒアリングを行っている。その途上で時折耳にするのが，次のようなマネジャーの語り方である（中原 2012c）。

> 「人を育てるために，いろいろ工夫をしなくちゃならんのはわかる。マネジャーとして，良好な職場の雰囲気づくりをしなくてはならないこともわかる。でも，少しでも，今のご時世は，少しでも新しいものを，世の中に出していかなければ，競争に負ける。そんな厳しいご時世だ。そんななかで，マネジャーは，何をすればいいんだ？　業績をあげようとすれば，人が育たない。人を育てようとすれば，業績がさがる。マネジャーには何ができるんだ？」
> （中原 2012c 194 ページ）

　この典型的なマネジャーの語り方には，3種類の認識が含まれている。

　まず第1に「人を育てるためには工夫が必要であり，良好な職場づくりをしなくてはならないこと」を彼／彼女自身が認識していることである。これは，インタビュアーが企業人材育成の研究を行っている筆者であるからこ

そ，発せられている建前としての言葉でもある。

　第2に「少しでも今のご時世は新しいものを世の中に出していかなければ，競争に負ける」という本音に近い認識である。マネジャーの仕事とは，経済的コスト，マーケットの状況，組織状況などを分析しつつ，組織メンバーが共有可能な課題設定をし，様々な「人的ネットワーク構築」をしつつ，課題を成し遂げ，成果をあげることである（Hill 2003）。その仕事の本質には「競争」があり，競争を勝ち抜くためには，他のコンペティターがなしえないことをなすことが有利なポジションを築くために重要である。求められているのは「新しさ」であり，「革新」である。

　第3の認識には「業績をあげようとすれば，人が育たない。人を育てようとすれば，業績がさがる」がある。ここでは「業績をあげること」と「人を育てること」は二律背反の関係にあると認識されている。第2の認識と重ね合わせるのならば，「少しでも新しいものを，世の中に出していこうとすればするほど，人が育たない」ということになる。かくしてマネジャーは心理的葛藤を抱える。

　筆者は，ヒアリングの途上において何度かこうしたマネジャーの葛藤に出会い，これを検証したいと思ってきた。問いの中核は，「新しいことをなすこと」と「人を育てること」は二律背反の関係にあるのではなく，むしろ相互に関連しあうことなのではないだろうか，ということである。

　すなわち，業績を出すために新しいことをなすことが奨励される職場においてこそ，人を育てるための工夫が奏功し，個人の能力が向上するのではないか，という仮説である。以下，これについて考えてみよう。

　分析は，「職場学習調査」のデータを用いた。モデルに投入する変数には，中原（2010）に掲載されている能力向上尺度（$\alpha = .88$），他者支援尺度を用いた（精神支援：$\alpha = .83$，業務支援：$\alpha = .79$，内省支援：$\alpha = .74$）。

　職場イノベーション風土を測定する尺度としては，Scott & Bruce（1994）を援用し松尾（2002）が用いた，1）新規性許容，2）革新奨励，3）現状打破，の3次元を用いた。取得できたデータに対して確認的因子分析を行った結果，松尾（2002）においては3因子構造であったが，2因子構造となった。因子負荷量の低い項目を削除し，最終的に9項目2因子構造となり，

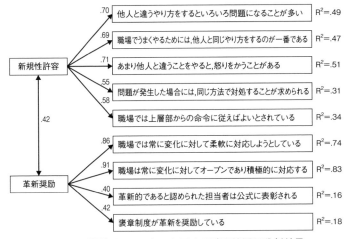

図5-5 職場イノベーション風土の確認的因子分析結果

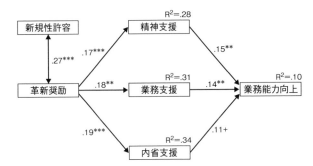

図5-6 職場イノベーション風土・他者からの内省・業務向上の媒介関係
　　　（N＝474）

†p＜.1　＊p＜.05　＊＊p＜.01　＊＊＊p＜.001

GFI＝.942，AGFI＝.90，CFI＝.913，RMSEA＝.09，AIC＝221.986というモデル適合度が得られた。第1因子は「新規性許容」（5項目），第2因子を「革新奨励」とした。信頼性分析の結果は「新規性許容」が α ＝.73，「革新奨励」が α ＝.75であった。

　共分散構造分析の結果，図5-6のパス図が得られた。適合度指標はGFI＝.991，AGFI＝.964，CFI＝.980，RMSEA＝.055，AIC＝43.997となった。
　このパス図から次の事柄が読み取れる。

表5-9　革新奨励の風土×上位者からの支援モデル
（Model 3 において交互作用を検討）

【上位者からの支援モデル】従属変数：能力向上

	Model 2	Model 3
	β	β
上位者・精神支援	.264 ***	.287 ***
上位者・業務支援	.168 **	.139 *
上位者・内省支援	.017	.075
革新奨励	.120 *	.096
上位者・精神支援×革新奨励		− .036
上位者・業務支援×革新奨励		− .005
上位者・内省支援×革新奨励		.227 **
R^2 値	.281 ***	.323 ***
調整済み R^2 値	.179 ***	.214 ***
R^2 値変化量	.149 ***	.042 **

$p<.001$ ***　$.001<p<.05$ **　$.05<p<.1$ *

1）「新規性許容」の風土は直接，「精神支援」「業務支援」「内省支援」などの他者への支援には結びついていない

2）「革新奨励」は「精神支援」「業務支援」「内省支援」を媒介しつつ，業務能力向上に結びついている

　「新規性許容」は職場において生まれ出てきた新しいものをいかに許容できるのかという，どちらかといえば受動的な態度を測定する尺度である。一方，「革新奨励」とはそうした新しいものを創出する革新をまさに導き出そうと積極的に働きかけることにある。本分析によって，革新を支える積極的な働きかけと各支援との影響関係が分析できた。

　これらの結果を受け，さらに詳細に分析を進めたのが中原（2012b）である。こちらでは革新奨励の風土のなか，誰のどのような支援が能力向上に奏功しているのかをより詳細に分析した。

　具体的には，革新奨励の風土×様々な主体からの各種支援の交互作用を投入した階層的重回帰分析を行った。分析の結果，特に上位者による「内省支援」が，革新奨励の風土と交互作用を持ち，能力向上に結びついていること

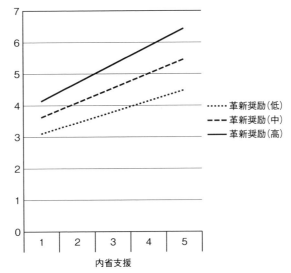

図 5-7　能力向上に対する革新奨励と上位者・内省支援の交互
作用 12)

がわかった（Model 3：上位者による内省支援と革新奨励の風土の交互作用
$\beta = .227$ $p < .05$）（表 5-9）。

　第 4 章の「経験学習」で見てきたように，個人が，挑戦的で新規の出来
事に相対した場合には，現有能力とその出来事をこなすために必要とする能
力とのあいだにギャップが起こりやすい（McCauley et al. 1994）。本項で論じ
た「変化に対して柔軟にかつオープンに対応し，革新が公式に奨励・承認さ
れるような場所［革新奨励の風土のある場所］」では，そうでない場所より
も，個人は新規の物事に挑戦し，挑戦を行うがゆえに現有能力との差が生じ
るものと考えられ，他者から様々な支援を受けるニーズが生まれやすい。そ
してニーズに従って支援が提供されるとき，そうでない場所で支援を受ける
よりも，能力向上につながりやすいものと考えられる。

---

12)　このグラフは，Model 3 の交互作用項に有意な結果が得られたことから「上位者・内省
支援×革新奨励」が「能力向上」にどのような影響を及ぼしているかを確認するため，Co-
hen et al.（1983）の方法に基づき，「革新奨励」が平均値，および，平均値±SD の 3 つの
値をとったときの「能力向上」に対する「上位者・内省支援」の単回帰直線を求めたもので
ある。

　以上の一連の分析より「新しいことをなすこと」と「人を育てること」は二律背反のものではなく，前者が後者の社会的コンテキストを提供している，とも考えられる。マネジャーは，職場において革新を奨励しつつ，そのコンテキストのなかで部下の人材育成を考えるべきであると思われる。

5.4　小括

　職場学習という概念は，1) パフォーマンス向上をめざしたい実務家の言説空間において，また2) 職場に埋め込まれた学習を探究する状況的認知研究のコンテキストにおいて，3) 人々が日々仕事をする職場に研究のフォーカスを合わせるべきだという組織学習論内部において，様々に発展し，多種多様な「混成体」を形成しつつ，2000年代以降，様々に人口に膾炙して，発展してきた。

　本章前半では，特に「職場における他者からの支援」に注目し，その先行研究を振り返った。特に「職場における他者からの支援」と「職場におけるコミュニケーション」が能力向上に与える影響に関する研究を紹介した。

　本章後半では，1)「職場における他者からの支援」の解除の実態に関する研究，2) 職場イノベーションと他者からの支援の関係について考察した研究を概観した。

　第2章でも紹介してきたように，かつての人的資源管理研究は人材施策と成果変数の関係を探究したがゆえに，その中間・媒介をなす「職場」は，研究の枠外に長く置かれていた。今後は，職場という概念を中核にしながら，従来の人的資源管理研究・経営学的研究と学習研究が学際的な研究領域を形成し，研究が進展することが求められる（中原 2012c）。

　最後に，職場学習の今後の研究課題を述べる。

　職場学習の研究における最大の課題は経験学習との理論的接合を果たすことである。職場における各種の支援が，どの経験学習行動と結びつき能力向上に資するのかに関しては統一的なモデルが得られていない。

　例えば，今，仮に「職場学習調査」のデータを用い，「職場における他者からの各種支援」を独立変数に置き（平均値で高群・低群に分ける），「経験学

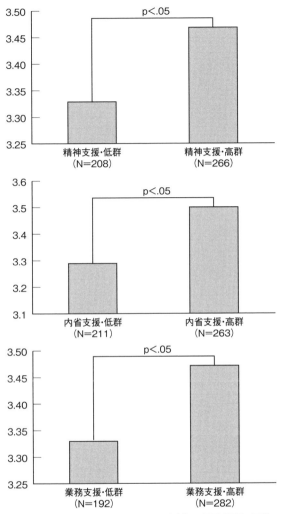

図5-8 各種支援（高群・低群の比較）×経験学習の平均
値（N＝474）

習尺度」（木村 2012)[13] を従属変数として一元配置分散分析を行うと，群間
には統計的有意な差が見られる（精神支援：f(1, 474)＝6.195 p＜.05，内省支
援：f(1, 474)＝14.712 p＜.001，業務支援：f(1, 474)＝5.734 p＜.05。図5-8は平均
値のグラフである）。

　この分析からは，いずれの場合においても職場における各種支援を高く受けている人の方が経験学習行動をとっていることがわかる。しかし，この簡易的分析は職場学習論と経験学習の理論的接合を果たす意味においては十分なものとはいえない。支援を多く受けている人が経験学習をより多く行っていることはわかるものの，それがどのように能力向上に結びついているのかがわからないからである。

　今後は，職場における他者からの各種支援が，いかに個人の経験学習行動と交互作用を持ち，能力向上につながっているかについて，より詳細に分析していくことが求められる。

---

13)　「具体的経験」「内省的観察」「抽象的概念化」「能動的実験」のすべての質問項目を単純
　　加算して質問項目数で除した値を用いた。

第6章　組織再社会化

> 有機体は根本的に変化に抵抗する。一度ある秩序を獲得すると，それを変えよう
> としなくなる傾向にある。有機体は均衡を保とうと，つとめる。私たちは，新し
> い経験を過去の習慣や経験と同化させようとする。私たちは，現在の完全性を邪
> 魔しようとするものに対して抵抗を試みる。
>
> (Cantor, N.)

　第3章で，私たちは組織目標の実現のため，組織に新規参入するメンバーに対して組織で必要となる知識，技能，規範，役割などを受け入れさせ，組織のメンバーとして順応させるプロセス——組織社会化のプロセスを概観してきた。

　組織社会化を効率的かつ着実に行うことは，雇用流動性と職場のダイバーシティが高まるなか，現代の組織にとっては非常に重要である（Fang, Duffy & Shaw 2011）。組織が多種多様な構成員からなる人材ポートフォリオを必要とすればするほど，その多様性を活かしつつも，彼／彼女らを組織化・構造化するための機制が組織内に実装されていることが必要になる。近年，組織社会化研究には我が国のみならずグローバルな規模で改めて注目が集まっているが，この背後にはとめどなく広がる多様化への対応の社会的ニーズがあるものと思われる。

　ところで組織社会化に関する研究の展開を概観するとき，「我が国の組織社会化研究」と「我が国以外の組織社会化研究」には明確な違いがあるように筆者は感じる。それは「我が国の組織社会化研究」の背後には，「初期キャリア形成時に，教育機関を終え職業領域に移行した新入社員をどのようにして社会化するのか」ということが暗黙の前提とされている場合が多いからである。この背景には，我が国独自の雇用慣行である「新卒一括採用」「終

身雇用」が存在しているためだと考えられる[1]。

　しかし，一方でこれらの雇用慣行が段階的に緩和されることになったとしたら，事態はどのように変容するだろうか。通年採用・中途採用が増加することとあいまって，雇用の流動化がさらに高まるだろう。そうなれば，組織社会化研究の方向性自体に変化が生まれてくる可能性もある。

　特に，「組織社会化される主体」に変化はおとずれるだろう。これまで主な研究の焦点が「教育期間を終え，職業領域に移行する新入社員」であったことに加えて「すでに，ある組織において仕事を行ってきたが，別の組織に転職した中途採用社員をいかに社会化するか」ということも研究の射程に入ってくるのではないかと思われる。

　近年，離転職にまつわる個人の組織間キャリアの形成，知識・技能の再学習の問題は深刻になりつつある。個人が新たな活躍の場を求めて退職し，また新たな組織に参入することも少なくないなか，その組織で問題を抱えてしまう人々があとをたたない。そのような場面では，人は様々な物事を再び学習するプロセスのまっただなかに参入する。離転職にまつわる諸課題の多くは，このプロセスにおける「再学習の失敗」によってもたらされることが少なくない。

　既述したように，今，私たちはグローバル化・情報化の濁流のなかを生きている。私たちは高度経済成長期の時点まで「時計の針」を戻すことはできない。このような変動の時代においては，ある特定の場所・状況において社会化された内容を場合によっては部分的に学習棄却し，これから参入する場所で支配的な知識，技能，規範，役割を再学習するといった「学びなおし」の局面が増えるはずである。本章では，そうした組織再社会化のプロセスにアプローチしてみたい。

　本章では前半において組織再社会化について概観する。

　組織再社会化をめぐる既存の議論は，主に「組織内組織再社会化」と「組織間組織再社会化」に大別されている。本章においては特に後述する「組織間組織再社会化」に焦点を合わせて，その先行知見を概観する。具体的には，

---

1)　もちろん，海外の組織社会化研究においても，その研究のメインストリームは，新規参入者の社会化過程に対するものである（Ashforth, Sluss & Harrison 2007）。

「中途採用者の再学習」に焦点化する。

　後半では中途採用者の組織間組織再社会化時における問題，再社会化を促進する社会的要因に関して筆者の実証研究をもとに報告する。

6.1 2つの組織再社会化

　組織再社会化研究には，これまで2つのアプローチが存在している。以下，「組織内組織再社会化」「組織間組織再社会化」という2つの研究群に分けて解説しよう。

　第1の研究群「組織内組織再社会化」とは，「組織内の変革，イノベーションによる事業の創造・再構築によって，組織内において個人に求められる特性が変化しうる場合におこる再社会化プロセス」と考えられている。

　個人は組織から新しく要求される欲求――例えば，これまでとは全く異なる知識，技能，役割，文化などを新たに習得することの要請――に基づき，再学習を積み重ね，組織の変化や環境の変化に適応しなくてはならない。このプロセスにおける学習を，今，仮に「組織内組織再社会化」とよぼう。

　例えば，この立場に立つ李（2010）は，「組織が従来とは異なる新しい文化を形成したときに，個人は，組織の新しい変化に適応するために，新たな組織社会化を経なければならない。この新たな組織社会化を，ここでは再社会化とよぶ」と定義している [2]。

　変化の激しい昨今にあって，事業・市場の再構築という事態に直面することのない企業というのは想定しにくい。よって「組織内組織再社会化」は人が企業組織で働く限りにおいて常につきまとうことであり，それから逃れることはできない。しかし，組織の外から新入社員として新規参入してくる初期キャリア形成時における組織社会化よりも，そこで起こるリアリティショックは少ないと予想されるし，学習の難易度もそれほど高くないと思われる。なぜなら，その再社会化が「自組織内」に完結しているからだ。よって，組織内組織再社会化とは「組織社会化後に人々が経験するミクロな再社会化」

　2）　李（2010）は，ここでは組織内におけるものだけを取り上げたが，組織間キャリアの形成についても，再社会化の範疇に入れた議論を行っている。

と見なすこともできる。

　例えば山村（2007）は，「個人が新しい組織の要求する課題の達成・態度の獲得をめざしていくこと」を「組織再社会化」であると位置づけ，組織再社会化促進施策が民営化企業の従業員の組織適応に与える影響について質問紙調査を用いた実証的研究を行った。この研究において，山村は様々な組織の採用する様々な組織再社会化戦術が上司からのコミュニケーションや同僚とのコミュニケーションを媒介しつつ，個人―組織の目標価値の一致や新たな役割形成につながっていることを示すモデルを構築している。

　一方，第2の研究群「組織間組織再社会化」のアプローチから見た組織再社会化とは，いったいどのようなものだろうか。

　このアプローチに立った場合，組織再社会化とは「前所属組織を去った個人が，新組織の一員となるために，新組織の規範・価値・行動様式を受け入れ，職務遂行に必要な技能を獲得し，新組織に適応していく過程」であるとされている（長谷川 2003）。すなわち組織社会化プロセスに組織からの離脱・新規参入，いわゆる離転職が絡む場合を組織再社会化と形容している。

　こうした動きに関連して，「離職研究と社会化研究の統合」という観点から新たな組織論の研究パラダイムを提唱しているのが西村（2007）である。

　西村は従来の組織論においては，1）組織において個人が離職を決断するまでのプロセスを研究する「離職研究」と，2）次の仕事をどのような手段でどのように探すかを研究する「転職研究」と，3）個人が新しい集団・組織にどのように適応していくかを研究する「社会化研究」が，それぞれプロセスとしては連続的であるにもかかわらず，それらが研究領域として分断されていたことを指摘している[3]。このような観点に立ち，西村自身はこれらのプロセスを統合し，前職の転職理由と離職方法が転職後の組織適応にどのように影響を与えているかを定性的に分析している。

　これら組織間組織再社会化の後景をなしているのは，新たな活躍の場を求めて個人が離職・転職を行う，いわゆる「雇用の流動化」が進んできたことだろう。長谷川（2003）は，外部環境の激変によって個人がひとつの組織においてキャリア形成を行う前提はすでに崩れ始めていると指摘している。確かに離職・転職は，私たちにとって以前よりは身近なものになりつつある。

そして，その場合，「前の組織において達成した社会的課題や，獲得した組織人としての態度をいったんゼロベースに戻し，新たな組織が要求する課題の達成・態度の獲得をめざしていかなければならない」事態が多々生まれ始めるということである。こうした外部環境・雇用慣行の変化に対応した組織再社会化が求められることになるだろう。

　『平成 19 年就業構造基本調査』によれば，過去 5 年間の転職就業者は1265 万 1 千人であり，就業者に占める割合は 19.2% である。その割合は年々増加傾向にあり，平成 9 年と平成 14 年の『就業構造基本調査』を比較すると 31 万 2 千人（2.5%）増，平成 19 年調査と平成 14 年調査を比べると，8 万 7 千人（0.7%）増となる。

　もちろん，すべての業種において転職者が増えているわけではない。特に建設業など減少傾向にある業種がある一方で，「サービス業」，「医療・福祉」，「運輸業」，「情報通信業」の転職就業者の増加が著しい。しかし，今後，我が国の産業構造がますます急速に高齢化・IT 化することを考えると，その割合は増えることはあっても減少に転じる事態を想定することは困難であると思われる。

　このような社会背景のもと，組織間組織再社会化の課題はさらに大きな経

　3）　組織社会化研究においては，今後，高等教育研究との接続を志す研究も求められるようになるだろう。この 2 つの領域の接続も，「組織社会化研究—転職研究—離職研究が切断されている現状」と同様に，従来の研究が見過ごしてきた点であると思われる。それは高等教育機関における学習行動と組織に参入した後の組織適応・革新行動の関連を探究する研究領域である。具体的には，高等教育機関でどのような経験・学習を行ったものが，就職し組織に参入した後でどのような組織適応を果たすのか，ないしは革新行動に向かうのか，などを探究していく必要があるということである。筆者は，現在，京都大学・東京大学の共同研究グループでの共同研究に参画し，この問いを探究している。従来の高等教育研究においては，高等教育機関の属性と就職後の年収・昇進などの比較的指標になりやすい分野にしぼり，教育機関から職業領域への移行を研究する傾向があった。一方，組織適応や革新行動を主に扱う組織行動論の研究分野においては，高等教育機関における学習経験が研究上配慮しなくてはならない変数に組み入れられることは比較的まれであった。これらの諸領域を結び，新たな研究領域を創造することが求められる。新たな研究領域が立ち上がった際には，大学時代にどのような経験や行動をしていた者が，企業・組織に入ってどのような行動を行っているかが明らかになることが期待されるだろう。グローバル化をはじめとして，様々な変化にさらされている企業・組織にとって，大学と連携して人材を育成する，という新たな可能性が生まれる。一方，大学においてもどのようなカリキュラムや学習環境を構成すればよいのかについての指針が得られる可能性がある。人材育成は，もはや企業内だけで行われるものではない。企業内外において，様々なステークホルダーの利害が調整され，連合（Association）として実施されることが望まれる。

営課題になることが予想される。ある組織においてすでに社会化され，仕事をこなしてきた個人を新たな組織がいかに再社会化し，組織適応させるのか。このことに対する組織再社会化戦術の蓄積は，組織社会化戦術に比べて，あまりに少ない。

　よって，本章では以上概説してきた2つの組織再社会化アプローチのうち，後者に焦点をあてて分析を行うこととし，以下の記述においては「組織間組織再社会化」を「組織再社会化」と略記する。

　具体的には，営業職の中途採用者を対象とした質問紙調査をもとにして，組織再社会化のプロセスをいくつかの角度から研究するものとする。

6.2　中途採用者の組織再社会化

6.2.1　中途採用者の新規参入時の社会的コンテキスト

　中途採用者の組織再社会化（組織間組織再社会化）に関する実証的な研究およびその実態に関する考察は近年に至るまで非常に少ない。

　近年の実証研究としては6.1節で紹介したものの他に，例えば鴻巣・小泉・西村（2011）がある。

　鴻巣・小泉・西村（2011）は，ある建設会社 X 社を対象とした調査分析を行っている。その結果によると，中途採用者の社会化が高く実施されていればいるほど，彼／彼女らが組織内において革新行動を担う傾向があること，中途採用者の学習にあたってはその学習内容が「業務に関連の深い内容」である場合に関しては短時間で学習することができるが，それを超えた「組織全体に関する内容」についての学習には，長期間かかることなどを明らかにしている。いずれにしても，2000年代以降，中途採用者の研究は増える傾向にあるが，わかっていることはそう多くない。

　本章後半では，中途採用者の再社会化に対して実証的な研究を試みるが，その前にここでは，一般的な中途採用者が組織参入時にどのような「現実」を経験するのか，「中途採用者の組織再参入時の実態（社会的コンテキスト）」を筆者の有するヒアリングデータをもとに考察してみよう。ここで中途採用者が置かれる「社会的コンテキスト」を把握しておくことが，後続する実証

的研究の理解につながるものと推察される。

　中途採用者の組織参入時の社会的コンテキストには，次の2つの特徴がある。

　第1の特徴は，「即戦力というラベルに起因する周囲からのサポートの低さと社会的プレッシャーの高さ」である。

　中途採用者の組織再社会化といわゆる教育領域から職業領域への移行を果たしたばかりの新入社員の組織社会化とを比較して，大きな差異としてあげられるのは，第1に「中途採用者は，入職したその時点から"使えること"を求められており，周囲からは"即戦力"としての社会的ラベルを付与されていること」にある。

　社会的に付与された"即戦力"というラベルは，「[中途採用者は] 新入社員のように，とりたてて周囲が面倒を見なくても，数字を出してくれる人」という意味であり，「周囲からの支援やケアをそれほど必要としない」という意味づけを持つことが多い。

　例えば，中途採用を経験した営業職の社員はこう語る。

　　「採用された瞬間から，ものすごい［ものすごく］緊張しますよ。<u>お手並み拝見てとこありますでしょ</u>。もちろん，表面的には，誰もいいませんよ。心の中では，みんなそう思って［い］る。（中略）いわゆる"<u>即戦力</u>"です［でしょ］。（中略）周りはやすやすと頼れないですね。［わからないことがあっても］なかなか，気軽に，周りには，聞けないですね」

　この語りにおいて，ある営業職の社員が語っている内容は，中途採用時の周囲の視線である。「即戦力」と見なされ，「お手並み拝見」という周囲からのまなざしを感じている。もちろん，それが真実であるかどうかはわからない。「表面的には，誰もいっていない」からである。しかし，この営業職の社員はそのような視線を確実に意識して仕事をしている。そのうえで，彼／彼女に貼られた"即戦力"というラベルが災いして，業務の中で理解できないことがあったとしてもなかなか他の職場メンバーに聞くことのできない状

況があったことを述べている。「周りはやすやすと頼れないですね」「なかな
か，気軽に，周りには，聞けないですね」という発話は，新入社員のように
周囲が中途採用者に対して積極的な支援を提供してくれることは期待できな
いことを物語っている。

　中途採用経験者はこの事態を別の観点から次のように語る。

　　　「周り［周囲の人］も中途にはいいづらいんじゃないですかね。［中途に
　　　アドバイスをしても］，やっぱり，［すでに］，知ってるんじゃないか，
　　　と思っちゃうし，年が，そんなに下じゃないですからね。(中略) そも
　　　そも，［中途には］同期がいないので，親しく話せる人って，なかなか，
　　　つくりにくいと思うんですよ。僕にしたら，［中途ではいれば］，皆，先
　　　輩ですから，悩んでたら，同じ職場でいうことはできない。やっぱ，い
　　　いづらいですよね」

　ここで中途採用経験者が語っているのは，中途採用者を迎える周囲の人々
にとっても中途採用者に対してはなかなか助言をしくい点についてである。
せっかく助言をしたとしても，その助言がすでに中途採用者が「知っている
こと」であったら気分を害するかもしれない。また，新人のように年齢が若
いわけではないので，助言しにくいといった心理も生まれていることがわか
る。また，同期とよべる人が職場にはいないことが多いので，親しく話せる
人をつくりにくいことについても指摘されている。

　これらに関連して，職場のメンバー同士での競争が特に激しい職場では，
次のような状態も生まれる。これはある人事責任者の言葉である。

　　　「ありがちなのは，中途［採用］の人とか，入って［入社して］きたと
　　　きに，成果で［組織メンバーが］遮二無二なっている［競争しているよ
　　　うな］ような場所だと，みんな考える，と思うんですよ。自分の「唯一
　　　の特殊性」って何か。特殊性というより，有利なもの？　自分を守るた
　　　めには，どうするか。既得権益です。既得権益。だから，自分の既得権
　　　益を守るために"中途には教えない"ってことが起こるんです」

　ここで人事責任者が述べているのは，中途採用者が競争の厳しい職場に配属になった場合にたどるケースである。そうした職場では，皆が自分の「既得権益」を守るため，中途採用者に対して支援を与えないということが起こりうる。例えば中途採用者が何らかの事柄で困っていても，その解決策は「知っていても，教えない」という状況が生まれる，ということである。

　ちなみに，先ほどの鴻巣・小泉・西村（2011）では，中途採用者が組織に新規参入する際には長期間かけて学ばざるを得ない知識も存在することを指摘していた。例えば，組織自体に関する知識が，まさにそれである。上記の人事責任者が語ったような「成果で［組織メンバーが］遮二無二なっている職場」においては，中途採用者の組織適応は阻害されることが予想できる。

　これに加えて，中途採用者の置かれている社会的コンテキストには成果に対する社会的プレッシャーも存在する。ある教育企業で営業経験を得たビジネスパーソンはそれについて次のように語る。

　　「中途は1年が勝負でしょ。1年たって数字でなけりゃ，即戦力とはいえないし。新人さん［みたいに］，3年はない，3年は。1年たって数字でなかったら，そこには居づらくなりますよね」

　このビジネスパーソンの語りからは，成果を出すまでの期限として「1年」が語られる。彼によるとこの「1年」が「即戦力」というラベルにおいて許容できる年限なのだという。この期間は，営業のスタイルによって多少の変化があるだろうが[4]，いずれにしても，中途採用者が，ある一定の社会的プレッシャーのなかで仕事をしていることには変わりはない。

　以上，中途採用者を呪縛する「即戦力」というラベルについて概観してきた。組織参入時，彼らは「使えること」「即戦力」であることが前提であり，周囲からの期待や社会的プレッシャーは高い。しかし，反面「即戦力」であ

---

[4]　訪問販売などの営業サイクルが短い営業だと，成果が可視化されるまでの時間は短い。一方，BtoBの大型案件に関する営業だと，成果が出るまでの期間が年単位になる可能性がある。

るがゆえに「周囲からのサポート」は低い。中途採用者が組織参入時に置かれている社会的コンテキストの特徴として第1にあげられるのは，こうした「職場の光景」である。

　次に，中途採用者の置かれている社会的コンテキストの第2の特徴を紹介しよう。それは「学習棄却（Unlearn）」の存在である。

　すなわち，中途採用者は新たな組織への参入時にそこで必要になる知識・技能を新規に学習する一方で，かつて自分が勤務していた組織においてすでに獲得した業務のやり方，知識，技能，信念のうち，現在の組織においては通用しないものを学習棄却する必要があるということである[5]。

　学習棄却とはもともと組織学習論で Hedberg（1981）において使われた用語であり，組織が組織学習のすえ蓄積したルーチンを棄却することをさす言葉である。例えばマニュアルや業務手続きなど，すでに組織のなかに蓄積されている制度化された人工物を棄却することが具体的なイメージとして想起可能である。

　一方，個人レベルの学習棄却に関しては，体系的かつ理論的な考察が十分なされているわけではなく，一部の研究に言及があるくらいである。例えば，Kramer（2007, 2008）によれば，私たちは日々生きていれば，ある特定の価値，前提，信念，バイアスにとらわれて（Enslave）しまうことを指摘し，自明化し，当然のものになってしまったそれらを適宜，相対化する学習機会（学習棄却：Unlearn）を持つ必要があるという。この意味で学習棄却とは，学習者がすでに慣れ親しんでしまった「内的精神構造」に対する「分離プロセス」に他ならない。

　本章において学習棄却は，組織レベルのそれとしては用いない。むしろ，個人が今は通用しなくなってしまった知識・技能を棄却することをさして，この用語を用いるものとする。

　中途採用者の学習棄却の必要性について，「B to C 向けの営業職」から「B to B 向けの営業職」に転職したビジネスパーソンは次のように語ってい

5）　組織社会化論の研究者である Louis（1980）は，組織参入時の役割剥奪において2種類のやり方が存在しうるという。第1の役割剥奪は，古い役割を一気に捨て去るプロセス（Tabula rasa process）であり，第2の剥奪は，徐々に古い役割を脱ぎ捨てるプロセス（Event-anniversary process）である。

る。

　「それまで B to C で“個人向け［匿名処理のため筆者一部改］”の営業
をやってたんで，B to B［の営業］はやったことないんですよ（中略）
それで，10 月から 12 月までの 3 ヶ月間は試用期間というかたちで，そ
こ［その期間］で適性を見る，という感じだったんですね。
　で，始まったんですけど。［B to B の営業場面で自分は］初回アポが
とれても，2 回目以降のアポがとれないんですよ，ビジネスの人たち相
手だと。最初は，担当変わりましたんでー，という感じで，挨拶訪問の
アポはとれるんですけれども，2 回目［は］会ってくれないんですよ。
（中略）やっぱ，それは会う価値がないと思われているからですね。自
分は［B to B の担当者が欲しがるような］「情報」は持っていないです
し，［個人向けの営業をしていたので］“元気のよさ”だけはあるんです
けど，その“元気のよさ”で，引かれていたところがあるんですよ。
　個人相手［B to C の営業］だったら，“元気のよさ”は，いいんです
よ。（中略）ビジネスの世界［B to B の営業］だと“どん引き”［全く受
け入れられないの意］なんですよ。最初，そういうの，自分では気づか
なくって。指導員も最初見ていてくれたんですけど，12 月ごろにプレ
ゼンがあって，試用期間を延長するかっていう話で，あのこれまでの 3
ヶ月の活動を振り返って，プレゼンしなさいってことで，それを役員も
聞いててですね。まぁ，けちょんけちょんにいわれるわけです（中略）
で，役員が出てって，指導員と最後，部屋で 2 人になったときに，恥
ずかしながら，泣いてしまったんですね。もう 27 歳くらいだったんで
すから，うわーって涙が出て。そこからすっきりしたっていうか。指導
員からは，1 月から 3 月まで試用期間を延ばすから，あと 3 ヶ月頑張り
なさい，ということで，で，年末年始で，気持ちの整理をして，やりま
すって感じだったですね」

　この語りにおいてビジネスパーソンは，転職前の会社では「B to C 向け
の営業」をしていたが，転職後に「B to B 向けの営業」を行うことになっ

た。しかし，新しい職場であまり仕事がうまくいかず，アポがとれない。それは「B to C 向けの営業」で必須条件であった「元気のよさ」が，「B to B 向けの営業」においては必ずしも必要なものとはいえず，むしろ「B to C 向けの営業」では必要でなかった「情報」が，「B to B 向けの営業」では必須になっていることに，本人が気づかなかったことがその一因になっているものと推察される。

　彼は試用期間を終える頃に，役員の前で試用期間を振り返るプレゼンをすることになったが，そこでは厳しい学習棄却が求められる。「けちょんけちょんにいわれる」という発話からは以前の職場では通用していたけれど，今の職場では通用しない業務のやり方について学習棄却を強制されている様子が推測される。

　このように，中途採用者は組織移行にあたって，これまで培ってきた業務のやり方や経験を学習棄却する必要性にかられることが少なくない。そして，そこには「痛み」がつきまとう可能性が高い。

　以上，中途採用者の組織参入時における社会的コンテキストについて述べてきた。そこには，1）中途採用者は“即戦力”としての社会的ラベルを付与され，周囲からの支援は受けにくいこと，2）中途採用者はかつていた組織において獲得したものの，現在の組織においては通用しない業務のやり方，知識，信念といったものを，同時に学習棄却する必要があること，などの特徴があげられることがわかった。

　このような状況下において，中途採用者はどのように組織再社会化のプロセスをたどるのだろうか。また，再社会化プロセスを促進するためには上司はいかにあるべきか。また職場には何が求められるのだろうか。

　続く 6.2.2 項においては「中途採用者が組織参入時に抱える困難・葛藤とは何か」をまず把握し，6.2.3 項において「中途採用者に対する職場の学習支援」を把握する。

6.2.2　中途採用者が抱える困難と学習課題

　まず第 1 に，中途採用者は組織参入時にどのような困難あるいは学習課題を抱えるものなのだろうか。その実態を明らかにするため，「組織再社会

化調査」のデータを対象として分析を行った。調査に回答したのは24歳以上の中途採用後2年目の営業職の社員186名である。

　中途採用者が組織参入時に感じる困難・学習課題に関しては該当する先行研究が見あたらなかったため，質問項目をオリジナルで作成した。オリジナルの質問項目策定に関しては，人材開発の専門家と筆者の2名で行い，54項目の質問項目を作成した。各質問項目には5段階のリッカートスケール（あてはまる―ややあてはまる―どちらともいえない―あまりあてはまらない―あてはまらない）にて回答を求めた。

　この質問項目群に対して，探索的因子分析（主因子法・プロマックス回転）を試み，スクリープロットの変化および固有値1以上の経験的基準から分析を繰り返した。この分析の過程においては不適当な質問項目を排除した。その結果，表6-1のような4因子構造が妥当であると判断した。

　第1因子は7項目で構成された。「誰が情報をもっているのかわからなかった」「誰に相談すると物事がうまく進むのかがわからなかった」という質問項目の因子負荷量が高く，「会社のキーマンが誰かわからなかった」などの項目も含まれている。よって，この因子を「人脈学習課題」と命名した。

　第2因子は4項目からなる。「現在の職場では通用しない「以前の職場での知識・スキル」を捨て去ることができなかった」「現在の職場では通用しない「過去の経験」を捨て去ることができなかった」などの質問項目の因子負荷量が高い。このことは既述した中途採用者の組織参入時のコンテキストのうち，最後にかかげた「学習棄却」に関係する項目と考えられる。よって，これらの因子を「学習棄却課題」と名づけることにした。

　第3因子は3項目から構成され，「職場では自分が何を期待されているのかがわからなかった」「この職場では何をすれば評価されるのかがわからなかった」という質問項目の因子負荷量が高い。評価基準およびそれに基づく役割期待は多くの場合，状況依存的であり，組織再社会化時には新人は自らそれを探索することが求められる。第3因子は「評価基準・役割学習課題」と名づけることにした。

　第4因子は2項目から構成される。「今の仕事で求められる知識が不足していた」「今の仕事で求められるスキルが不足していた」という課題である。

表6-1 中途採用者が組織参入時に抱える困難・学習課題に関する探索的因子分析の結果

	第1因子	第2因子	第3因子	第4因子
	人脈学習課題	学習棄却課題	評価基準・役割学習課題	スキル課題
誰が情報をもっているのかわからなかった	.89	−.25	−.137	.113
誰に相談すると物事がうまく進むのかがわからなかった	.825	−.007	−.068	.142
役職名からキーマンを判断できなかった	.768	.008	.046	−.13
会社のキーマンが誰かわからなかった	.747	−.2	.101	−.129
職場のキーマンが誰かわからなかった	.727	.084	.066	−.145
社内人脈がないため，仕事が円滑に進まなかった	.656	.027	.088	.068
他部署に連絡できる相手がいなかった	.622	−.041	−.024	.056
現在の職場では通用しない「以前の職場での知識・スキル」を捨て去ることができなかった	−.026	1.006	−.032	−.017
現在の職場では通用しない「過去の経験」を捨て去ることができなかった	.012	.964	−.101	.005
現在の職場では通用しない「以前の職場での仕事のやり方」を捨て去ることができなかった	.016	.942	−.021	−.19
過去の職場でつちかった仕事の信念が現在の職場で通用せず困惑した	−.009	.644	.246	.069
職場では自分が何を期待されているのかがわからなかった	−.068	−.049	.975	.023
この職場では何をすれば評価されるのかがわからなかった	.067	.01	.814	−.042
会社において現在の職場に期待されている役割がわからなかった	.198	.038	.561	.082
今の仕事で求められる知識が不足していた	.057	−.074	.026	.915
今の仕事で求められるスキルが不足していた	−.063	.094	.003	.847
固有値	6.648	2.783	1.609	1.175

因子間相関係数		第1因子	第2因子	第3因子	第4因子
	第1因子	1	.309	.616	.198
	第2因子	.309	1	.416	.292
	第3因子	.616	.416	1	.226
	第4因子	.198	.292	.226	1

組織参入時には，かつての組織では求められなかった作業や業務に従事することが求められるため，新たな事柄を学習し，能力を高めることが求められる。よって，この因子を「スキル課題」と名づけることにした。

　内的整合性を確認するため，信頼性分析を行った。その結果，人脈学習課題（$\alpha = .88$），学習棄却課題（$\alpha = .94$），評価基準・役割学習課題（$\alpha = .86$），スキル課題（$\alpha = .89$）であり，十分な値を確保できた。よって，各因子に含まれる質問項目の得点を単純加算し，質問項目数で割った得点を，因子得点とした。

　これらの学習課題に関連して，数年前に転職を行った，あるマネジャーは，組織再参入時の困難を，以下のように語っている。

　　「覚悟していたよりは，苦しまなかった，でしたね。やっぱり，でも，わからなかったのは，ひと言でいうと，<u>社内政治</u>なんですけど。意志決定がどういう風にされるか。誰にいえば，これ OK でるか。稟議規定どおりだしても，途中でダメになるとか。（中略）<u>あの人，決裁ルートに入ってないじゃん，という人が，口出してる，とか</u>。この案件は，本来，XX［匿名化のため筆者改］までいく決裁ルートじゃないんだけど，なぜか，［XX が出てきて］ダメだっていわれるとか。（中略）それが全くわからないのは，最初の頃は，大変なんですね。それは，もう"場数"しかないんですよね。（中略）<u>もともとかっちりとしてないものを，人に教えるって，なかなかできないんで</u>，結局，少しは役に立つんだけど，そのとおりやればうまくいくわけじゃないんで。（中略）あと，大変だったのは，メーラーが変わったこと。<u>メールシステム</u>。あれが，使いにくくって。あの部署全員におくるのって，どうやんのとか，とか。<u>スケジューラー</u>も。慣れた文房具を捨てて，違う文房具を使うってのですかね。今までだったら，5 分でできたものは，10 分，15 分かかっちゃうとか。社内システム全般ですね」

　上記において，このマネジャーはいわゆる「社内政治」や「メールシステム」，「スケジューラー」などのスキルの再学習に関して苦労を述べている。

表6-2　前職が「営業職」か「非営業職」×各学習課題の困難さの平均値

		人脈学習課題		学習棄却課題	
	度数	平均値	標準偏差	平均値	標準偏差
前職も営業職	61	3.26	1.04	3.03	1.05
前職は非営業職	125	3.05	1.08	2.78	0.89

		評価基準・役割学習課題		スキル課題	
	度数	平均値	標準偏差	平均値	標準偏差
前職も営業職	61	3.3	1.11	2.59	1.27
前職は非営業職	125	3.08	1.12	2.8	1.12

　既述したように，組織再参入時には「人脈学習課題」「学習棄却課題」「評価基準・役割学習課題」「スキル課題」が存在しているが，転職したばかりのこのマネジャーが苦労したのは，「人脈学習課題」と「スキル課題」であるという。

　前者に関しては，社内の権力関係がわからず，オフィシャルに決まっている決裁ルートどおりに物事が進まず，意志決定がままならない様子が見て取れる。後者に関しては，「慣れた文房具を捨てて，違う文房具を使う」というメタファからわかるとおり，メーラーやスケジューラーなどの社内システムを操作することに困難を覚えている様子がわかる。

　次に「組織入時の困難・学習課題」に対してさらに分析を行おう。ここでは「組織参入時の困難・学習課題」に対して，「前職が営業職か否か」が影響するかどうかを調べるため，「前職が営業職か否か」のカテゴリー変数を独立変数とし，「人脈学習課題」「学習棄却課題」「評価基準・役割学習課題」「スキル課題」を従属変数とした一元配置の分散分析を行った。

　表6-2は「前職が営業職か否か」によって各学習課題の得点にどのような差があらわれたのかを示す表である。

　分散分析の結果は，学習棄却課題において統計的有意傾向が見られた（$f(1, 186) = 2.89$ $p < .01$）。前職が営業職で，同じ営業職についた中途採用者の方が，かえって前職で培われた様々な知識・技能・慣習・仕事のやり方を学習棄却するのに抵抗感を感じている様子が見て取れる。前職が非営業職で

表6-3　前職がどのような職種である
か×業績達成のクロス表

	業績未達成	業績達成
前職・営業職	28	7
前職・非営業職	58	27

あれば，営業職への転職・組織社会化は「タブラ・ラサ（白紙）」の状態から行われる。しかし，前職が営業職であれば，すでに自己のキャリアには様々な営業のノウハウ・経験が描かれている。ここで描かれた様々なノウハウ・経験は，うまくすれば新たな職場においても奏功するが，それが足かせとなって困難を抱えることもある。この意味で，「先行するノウハウ・経験」とは，諸刃の剣（Double edge sword）である。

　なお，学習棄却課題以外のその他の項目に関しては，前職が営業職であるか否かによって，統計的有意な差を見いだすことはできなかった（n.s.）。前職が営業職であろうが非営業職であろうが，同じようなレベルで中途採用者は困難を抱えるということである。

　ただし，統計的有意な差は見いだせないものの，「前職も営業職である人」の方が人脈を学習すること，評価基準・役割を新たに学習することに関しては困難を感じている傾向が強いことは興味深い。このことから，やはり前職で同じ職種についていた人の方が前職で培った経験やノウハウ，常識，ステレオタイプからスムーズに移行できない可能性があることが示唆された。一方，能力に関しては前職が非営業職の人の方が課題を感じる傾向がある。

　ちなみに，「前職が営業職であったか否か」と「1年後の業績達成（中途採用者が1年後に会社から与えられた目標業績を達成できたか，否か[6]）」とのクロス表を構成すると（N=120），表6-3のような結果が得られる。

　χ^2検定の結果，前職が営業職であるか，非営業職であるかによって統計的有意な差は生じていない（n.s.）。すなわち，前職が営業職であろうが，非営業職であろうが，1年後の業績達成にはあまり差が見られない，ということである。

---

6)　回答者にはノルマ達成率を数値で記入してもらった。本分析にあたっては100を基準にして「業績未達成」「業績達成」の2つのカテゴリー変数を作成した。

　さて，以上，ここまでのデータを踏まえ，現在の転職市場の雇用動向を参照しつつ，解釈を試みてみよう。ここまでの結果から何が示唆されるだろうか。

　転職市場の雇用動向調査のデータを用いた分析を行っている戸田（2010）の研究によると，男性では専門的・技術的職業従事者，事務従事者，生産工程・労務作業者をはじめとして同一職種への転職者割合が他職種に移動した転職者割合よりも高いという。保安職など一部の職種において他業種への転職が認められるが，それ以外においては5割以上の転職者が同一職種に就職しているのだという。一方，女性についても専門的・技術的職業従事者（81.6%），事務従事者（77.5%）と同一職種に転職した者の割合が高く，運輸・通信従事者（20.7%）や管理的職業従事者（22.8%）をのぞき，やはり5割以上の転職者が同一職種に転職しているという。このことから，前職が同じ職種であるケースは転職者の半数ぐらいには該当するものと思われる。

　これらの社会状況に本データを加味して考えるとき，そこには留意すべき点がある。

　一般に，このように「同業種への転職」が転職市場において多くを占めることの背景には，「前職で得た知識・技能・経験は，後続する職場においても，ポータブルに応用できる」という社会的通念が存在しているか，ないしは，「前職も営業職で，今の職種も営業職であるならば，すぐに即戦力になり，かつ，学習課題は生じない」という予測が存在している可能性がある。

　しかし，本データに関する限り，これらの諸認識には再考の余地がある。たとえ同じ職種であっても，中途採用者の組織参入時の困難は変わらない。学習棄却などの課題においては，むしろ困難を感じる傾向があることがわかる。また，業績達成率においても前職が営業職であるか，そうでないかは1年後に統計的有意な差を持たない。

　ここから導き出される示唆は中途採用者に対する体系的かつ戦略的な支援の必要性である。もちろん，組織参入時の様々な困難・葛藤を克服するのは当然本人の努力が必要であることはいうまでもないが，一方で中途採用者は新卒社員と異なり，職場の周囲のサポートが受けにくい側面もあわせ持つ。

　また，中途採用者は決して「タブラ・ラサ（白紙）」の状態で組織に参入

してくるのではなく，すでに前職において，様々な経験やノウハウの刻印が
なされている。また，彼／彼女は真空のなかに生きているのではなく，「即
戦力」という社会通念的ラベルを付与され，職場の政治力学のなかに投げ込
まれている。中途採用者の独力だけで業績成果を出すことを達成するのは困
難であることも少なくない。中途採用者に対しても一定の意図的支援が必要
である，ということである。

　それではいったいどのような支援が必要なのだろうか。6.2.3項では中途
採用者の職場における学習支援のあり方について考察するものとする。

6.2.3　中途採用者の職場における学習支援

　中途採用者の組織再社会化に際しては，どのような支援が行われるべきだ
ろうか。このリサーチクエスチョンの本格的な分析に入る前に，1）組織再
社会化の尺度，2）組織再社会化を促進する支援のあり方に関する尺度，そ
れぞれについて考察を深める。実際の分析は，1）と2）で得られた尺度を
用いて行われる。

　まず第1の組織再社会化の尺度に関しては，測定尺度をどのように設定
するか，という問題が起こる。本書においては，Chao et al.（1994）の尺度
を参考にしつつ，人材開発の専門家および筆者が協議を行い，35項目の質
問項目を策定した。この質問項目に対して，「組織再社会化調査」で合計
186名の回答を得て，因子分析を行った。回答は5段階のリッカートスケー
ルである。

　探索的因子分析（主因子法・プロマックス回転）の結果，スクリープロット
の変化および固有値1以上の経験的基準から分析を繰り返し，因子負荷量
と信頼性係数の関係から項目を抽出した。その結果，下記のような4因子
構造が妥当であると判断した。

　第1因子は7項目から構成されている。「この会社の運営のあり方がよく
わかっている」「各部門・子会社・支社が，会社の目標に対してどのような
役割を果たしているか，よくわかっている」などの会社の構造や政治力学に
関する質問項目の因子負荷量が高く，同時に「事実上，誰に力があるのか，
どうしたら会社の中で有利なポジションにいられるかといった「社内政治」

表6-4　中途採用者の組織再社会化の因子分析結果

	第1因子	第2因子	第3因子	第4因子
	人脈政治知識獲得	学習棄却	評価基準・役割獲得	スキル・知識獲得
この会社の運営のあり方がよくわかっている（子会社や支店がどのような仕事を担っているか）	.919	.015	−.035	−.037
各部門・子会社・支社が，会社の目標に対してどのような役割を果たしているか，よくわかっている	.827	.004	.011	−.006
部門同士の関係といった，この会社の構造をよくわかっている	.767	−.007	−.041	.044
この会社の歴史をよく知っている（誰が創業し，どんな事業を展開してきて現在に至るのかなど）	.702	−.037	−.146	.167
事実上，誰に力があるのか，どうしたら会社の中で有利なポジションにいられるかといった「社内政治」がよくわかっている	.625	−.014	.24	−.146
誰が影響力をもっているのか，出世するにはどうしたらいいか，といった部署内の政治についてよく理解している	.613	.033	.115	−.035
部門の同僚が職場にどんな知識や技術をもたらしているのか，よくわかっている	.565	.009	.114	.113
現在の職場で通用しない「以前の職場の仕事のやり方」を捨て去ることができた	.046	.96	.006	−.052
現在の職場で通用しない「以前の職場での知識・スキル」を捨て去ることができた	−.094	.941	−.068	.115
現在の職場で通用しない「過去の経験」を捨て去ることができた	−.028	.936	.01	.032
現在の職場で通用しない「過去の仕事の信念」を捨て去ることができた	.078	.936	.01	.032
上司や顧客から，どんなレベルの仕事が求められているか，よくわかっている	−.016	−.03	.891	−.024
職場における自分の役割がよくわかっている	−.009	.057	.815	−.024
自分自身の仕事が，会社全体においてどう役立っているか，よくわかっている	.001	.019	.787	.059
上司に報告すべきタイミングがよくわかっている	.032	−.08	.686	−.024
どの職務課題や責任の優先順位が高いか，よく理解している	.153	.023	.585	.102
仕事で必要な道具（ツール）の使い方をよく理解している	.068	−.016	−.042	.897
仕事で必要な言葉（専門用語や略語）の意味・使い方をよく理解している	.018	.01	.024	.819
自分の職務上の課題をよく理解している	.027	.011	.303	.574
固有値	8.485	3.187	1.361	1.045

因子間相関係数		第1因子	第2因子	第3因子	第4因子
	第1因子	1	.221	.684	.635
	第2因子	.221	1	.307	.248
	第3因子	.684	.307	1	.658
	第4因子	.635	.248	.658	1

がよくわかっている」「部門の同僚が職場にどんな知識や技術をもたらしているのか，よくわかっている」などの人脈に関する質問項目が含まれていた。

会社の構造やそこに働いている力学と人脈がわかることは，6.2.2項でも学習課題のひとつとして取り上げられており，中途採用者の組織再社会化にとって大きな課題でもある。よって，この第1因子を「人脈政治知識獲得」と命名した。内的整合性の検証を行った結果，$\alpha = .89$ であった。

第2因子は「現在の職場で通用しない「以前の職場の仕事のやり方」を捨て去ることができた」「現在の職場で通用しない「以前の職場での知識・スキル」を捨て去ることができた」「現在の職場で通用しない「過去の経験」を捨て去ることができた」「現在の職場で通用しない「過去の仕事の信念」を捨て去ることができた」の4因子から構成されている。いわゆる学習棄却に関するものなので，因子名は「学習棄却」とした。信頼性分析の結果は，$\alpha = .96$ であった。

第3因子は5項目から構成されており，「上司や顧客から，どんなレベルの仕事が求められているか，よくわかっている」「職場における自分の役割がよくわかっている」など，仕事のリクエストレベル（評価基準）と職場において本人が果たすべき役割に関する質問項目からなっていた。よってこの因子を「評価基準・役割獲得」と命名した（$\alpha = .88$）。

第4因子は3項目から構成されている。仕事で必要となる知識・技能の獲得に関する質問項目「仕事で必要な道具（ツール）の使い方をよく理解している」「仕事で必要な言葉（専門用語や略語）の意味・使い方をよく理解している」が高い因子負荷量を持っていたので，これを「スキル・知識獲得」と命名した。信頼性分析の結果は，$\alpha = .88$ であり，十分な値を示していた。

なお，本項の分析にあたっては組織社会化の程度を総合的に表示する得点として，各4因子の質問項目を単純加算し，質問項目数で割った値を設けた。この値を組織再社会化総合点と名づけ，これも用いることとした（平均値2.57 標準偏差0.67 $\alpha = .91$）。

第2に，「中途採用者の組織再社会化に対する職場における学習支援」について考えてみよう。第5章において既述したように，職場における支援には，1×1の社会関係間において生起する「他者からの支援」，そして，n

×n の関係間においてなされる「職場のコミュニケーション支援」が存在する。中途採用者の組織社会化の支援においては研修などの組織社会化手段（Louis, Posner & Powell 1973）も用いられる可能性があるが，一般には「職場における人々による社会化」が主要な源泉であろう[7]。

このことに関してある中途採用者は次のように語る。

> 「やっぱり，周囲の人は，僕はどれだけやれるのかいな，と見てますからね。当初は，なかなか聞き出せない，というのはありますね。上司もそうなんですけど，上司と僕のあいだはタテ関係があるので，そのホウレンソウのなかでね」

この語りからは，先ほどの語りと同様，「中途採用者」というラベルが影響して，職場における「周囲の人」からなかなか支援を受けにくい様子がわかる。しかし，例外的に上司とは明確な「タテ関係」があるので，それには該当しない様子が見て取れる。すなわち，中途採用者の再社会化にあっては，上司―中途採用者の 1×1 の社会的関係が重要である，ということである。

このことから，中途採用者においては上司が業務経験を付与し，進捗管理を行い，フィードバックを受ける情報交換のなかでの組織再社会化がメインではないか，という仮説が想起できる。

一方，「職場全体における働きかけ」，すなわち「職場における n×n の関係間のコミュニケーション」についてはどうだろうか。このことについて，中途採用者を過去に採用したことのあるマネジャーは次のように語る。

> 「ポテ採［ポテンシャル採用：中途採用者のこと］ばかりやる職場は違うとは思うけど，うちみたいに，中途半端にポテンシャルをとると，その人は，職場に順応できる人と，そうでない人，どうしても分かれちゃいますね。うまくやりとりできない場合もありますね。でも，そこのと

---

7)　人事部主催の中途採用者に対する入社後の研修に関しては，中途採用者の 186 名のうち，82 名（44.1%）が参加したことがある，104 名（55.9%）が参加したことがないという結果になった。

ころを，こちらもわかっておりますでしょ。だから，<u>職場であえて情報</u>
<u>交換の機会</u>を，なるべく増やすんです」

　このマネジャーの語りからは，1) 中途採用者（ポテ採）の組織参入時においては中途採用者の職場適応が難しく，職場メンバー間の情報交換に困難を抱える場合があること，2) それゆえ，あえてオフィシャルなかたちで職場における情報交換の機会を増やす必要性が述べられている。こうした情報交換は，日々の業務における進捗報告会，会議のなかで意図的に設けられているものと推察される。

　以上，このようなヒアリング結果を踏まえ，本項の分析においては，「中途採用者の組織再社会化に対する職場における学習支援」として，1) 上司―中途採用者間の相互作用，2) 職場全体で担われるコミュニケーション，の2つに大別して分析を行うこととした。

　具体的には，1) にあたるものとして，4.3.1項で利用した上司の業務経験付与行動の尺度を用いる。また，2) に関しては，松尾・中原（2009）の職場学習風土尺度を用いるものとする。職場学習風土尺度は，「職場では，有用で新しい知識・技能・技術・ノウハウが獲得されている」「職場では，有用な知識・技能・技術・ノウハウが，メンバー間で共有されている」「職場では，有用な知識・技能・技術・ノウハウが，ルールや仕組みとして定着している」「職場では，時代に合わない陳腐化した知識・技能・技術・ノウハウは，廃止されている」の4項目から成立する尺度である。なお，職場学習風土は個人によって知覚された変数である。

　分析にあたっては独立変数として，「上司による仕事説明」「上司によるストレッチ」「上司によるモニタリングリフレクション」「職場学習風土」を設定した。従属変数には「組織再社会化総合得点」，ないしは「人脈政治知識獲得」「学習棄却」「評価基準・役割獲得」「スキル・知識獲得」のうち1項目を選択し，それぞれごとに分析する。

　分析は階層的重回帰分析を用いた（N＝186）。

　Model 1 には年齢，性別，前職が営業職か非営業職かのダミー変数を投入（Model 1 は表6-5から表6-9においては省略），Model 2 では「上司による仕事

表6-5　組織再社会化総合モデル：階層的重回帰分析の結果

	Model 2	Model 3
	β	β
上司による仕事説明	− .001	− .227
上司によるストレッチ	.029	.006
上司によるモニタリングリフレクション	.354 **	.291 **
職場学習風土		.51 †
R^2 値	.193 ***	.210 ***
調整済み R^2 値	.166 ***	.179 ***
R^2 値変化量	.135 ***	.017 †

† $p<.1$　* $p<.05$　** $p<.01$　*** $p<.001$

表6-6　人脈政治知識獲得モデル：階層的重回帰分析の結果

	Model 2	Model 3
	β	β
上司による仕事説明	.137	.107
上司によるストレッチ	− .37	− .07
上司によるモニタリングリフレクション	.235 *	.162
職場学習風土		.198 *
R^2 値	.115 ***	.137 ***
調整済み R^2 値	.085 ***	.104 ***
R^2 値変化量	.103 ***	.023 *

† $p<.1$　* $p<.05$　** $p<.01$　*** $p<.001$

説明」「上司によるストレッチ」「上司によるモニタリングリフレクション」の上司項目，Model 3 では「職場学習風土」を投入した。分析の結果は表6-5から表6-9のようになった。

　まず組織再社会化総合モデルから分析結果を述べる。Model 2 および，Model 3 の R^2 値，調整済み R^2 値は単調増加し，R^2 値の変化量は Model 1 から 2 が1%水準で統計的有意，Model 2 から Model 3 が有意傾向であった。Model 2 においては，「上司によるモニタリングリフレクション」が1%水準で正の影響を統計的有意に与えていた（$\beta=.354$ $p<.01$）。Model 3 においては，「上司によるモニタリングリフレクション」が（$\beta=.291$ $p<.01$）であり，「職場学習風土」が（$\beta=.51$ $p<.1$）であった。よって，組織再社会化総合に関しては「上司によるモニタリングリフレクション」と「職場学習風土」が正の影響を与えることがわかった。

表 6-7　学習棄却モデル：階層的重回帰分析の結果

	Model 2 β	Model 3 β
上司による仕事説明	.106	.096
上司によるストレッチ	−.042	−.054
上司によるモニタリングリフレクション	.222 †	.197
職場学習風土		.067
R² 値	.119 ***	.122 ***
調整済み R² 値	.090 **	.087 ***
R² 値変化量	.007 ***	−.003

†p＜.1　*p＜.05　**p＜.01　***p＜.001

表 6-8　評価基準・役割獲得モデル：階層的重回帰分析の結果

	Model 2 β	Model 3 β
上司による仕事説明	−.204 *	−.214 *
上司によるストレッチ	.136	.124
上司によるモニタリングリフレクション	.336 ***	.339 **
職場学習風土		.072
R² 値	.178 ***	.181 ***
調整済み R² 値	.150 ***	.149 ***
R² 値変化量	.103 ***	.003

†p＜.1　*p＜.05　**p＜.01　***p＜.001

表 6-9　スキル・知識獲得モデル：階層的重回帰分析の結果

	Model 2 β	Model 3 β
上司による仕事説明	−.139	−.165
上司によるストレッチ	.071	.041
上司によるモニタリングリフレクション	.290 **	.226 †
職場学習風土		.177 †
R² 値	.103 **	.122 ***
調整済み R² 値	.073 **	.087 ***
R² 値変化量	.058 *	.018 †

†p＜.1　*p＜.05　**p＜.01　***p＜.001

　次に中途採用者の組織再社会化の細部を検証する。

　第 1 に人脈政治知識獲得モデルにおいては Model 2 および Model 3 の R² 値，調整済み R² 値は単調増加し，R² 値変化量ともに統計的有意な結果が得

られた。

　Model 2 においては「上司によるモニタリングリフレクション」が 5% 水準で正の影響を統計的有意に与えていたものの（$\beta = .235$ p<.05），Model 3 においては統計的有意な結果は得られなかった。対して「職場学習風土」は統計的有意な正の効果を与えていた（$\beta = .198$ p<.05）。よって，人脈政治知識の獲得に関しては「職場学習風土」が正の影響を与えていることがわかった。

　第 2 に学習棄却に関しては Model 2，Model 3 の R^2 値，調整済み R^2 値は統計的有意であるものの，調整済み R^2 値は Model 2 から Model 3 に移行する際に減少している。R^2 値変化量は Model 1 から Model 2 が統計的有意，Model 2 から Model 3 が統計的有意な結果が得られなかった。Model 2 は「上司による仕事説明」「上司によるストレッチ」は統計的有意な結果が得られなかったが，「上司によるモニタリングリフレクション」が 10% 水準で統計的有意傾向であったものの（$\beta = .222$ p<.1），Model 3 においては統計的有意な結果は得られなかった。

　第 3 に評価基準・役割獲得は Model 2・Model 3 の R^2 値，調整済み R^2 値は統計的有意であった。しかし，調整済み R^2 値は Model 2 から Model 3 に移行するときに減少し，また Model 2 から Model 3 への R^2 値変化量は優位な結果が得られなかった。「上司によるモニタリングリフレクション」が 1% 水準で，Model 2 と Model 3 において統計的優位な結果が得られた（Model 2 : $\beta = .336$ p<.001，Model 3 : $\beta = .339$ p<.01）。

　第 4 にスキル・知識獲得であるが Model 2・Model 3 の R^2 値，調整済み R^2 値は単調増加で，かつ統計的有意な結果が得られた。R^2 値の変化量は Model 1 から Model 2 が統計的有意な結果が得られたが，Model 2 から Model 3 にいたっては統計的有意傾向であった。

　Model 3 においては，「上司によるモニタリングリフレクション」が 10% 水準で正の効果を統計的有意に与えていた（$\beta = .226$ p<.1）。「職場学習風土」についても 10% 水準で正の影響を得ることができた（$\beta = .177$ p<.1）。

　これらの結果を総括すると何が読み取れるだろうか。

　分析結果を以下に概説する。

1）「上司によるモニタリングリフレクション」は，「評価基準・役割獲得」
　　は 1% 水準，「学習棄却」「スキル・知識獲得」に対して 10% 水準の正
　　の効果を持つ。「組織再社会化総合」に対しては，1% 水準で正の効果を
　　持つ

2）「職場学習風土」は「人脈政治知識獲得」に対して 5% 水準，「スキル・
　　知識獲得」に対して，10% 水準の統計的有意な正の効果を与えている。
　　「組織再社会化総合」に対しては，10% 水準の正の影響を持つ

　中途採用者の組織再社会化の鍵は，まず第 1 に「上司によるモニタリン
グリフレクション」であることがわかる。それは組織再社会化の要因 4 項
目のうち 3 項目「評価基準・役割獲得」「学習棄却」「スキル・知識獲得」
に対して正の影響を与えることがわかった。

　中途採用者の組織再社会化を円滑にするためにはそれを受け入れる上司の
マネジメント能力を高める必要がある。

　既述したように，中途採用者は「即戦力」のラベルが付与され，職場の政
治力学のなかに投企されているので，周囲に支援を要請することはなかなか
難しい傾向がある。このようななかでは，上司がいかに中途採用者に対して
関与し，彼らを支援するかが重要になる。中途採用者の組織再社会化は上司
によるマネジメントとセットで考える必要がある。

　しかし，上司の組織再社会化支援はパワフルであるものの，どうしても上
司単独では担えない部分がある。それが「人脈政治知識獲得」に対する「職
場学習風土」の効果である。これは，上司単独というよりも，職場における
コミュニケーション，知識流通のなかで獲得されるものだと考えられ，こう
した職場学習風土をいかにマネジャーが構築するか――「人脈政治知識」が
獲得できる環境をいかに整備することができるのかが問われることになる。
これらをマネジャーがいかに実現できるかどうかが，中途採用者の組織参入
後のパフォーマンスを左右する大きな要因になるだろう。

　ひるがえって考えるに，かつての日本企業のなかには，新卒一括採用・終

身雇用の慣行のもと，中途採用者が職場に存在すること自体が一般的ではなかった組織も少なくない。このような職場環境において熟達し，マネジャーに登用された人々のなかには，中途採用者のマネジメントに長けていない人，中途採用者のマネジメント経験があまりない人も少なくないことが予想される。

　例えば，ある製造メーカーで人事責任者をつとめるマネジャーはこのことについて次のように語る。

> 「僕は中途の人がいた方がコンフォタブル（Confortable: 快適の意）だけど，一般的には，中途がいると，ものすごく嫌だと思う。ていうのは，その，[新卒から同じ企業でつとめている]部下だったら，長いあいだ共通の文脈が形成されているんで，まー，ツーといえば，カーですし，基本的に本質的に批判してこないんですよ。本質的に上司が考えなくてはならないことを，同じ発想にたって，同じ暗黙知を使って，埋め込まれてますから，ものすごく楽なんですよ。でも，中途の人って，入ってきたら，"これ，こうなってますけど，どういう意味があって，こうしてるんですか？"。これだけで，むかつくっていうか，許されないっていうか，気持ち悪いっていうか，対応できないっていうか（中略）我々としては，優秀なマネジャーっていうのは，やっぱり多様性のある，中採[中途採用のこと]とか，非正規の人もそうだし，ものすごく，そういう人たちとうまくやれる人ってのが，優秀ということで，明らかに違うよねってことで。人事の[ある]人たちは，（中略）そういう共通認識を持っていると思いますけど」

　この語りにおいて，この人事責任者は，「新卒で採用した部下」と「中途採用者」に対するマネジメントを比較し，前者に比べ後者に苦手意識を持つマネジャーが少なくないことを示唆している。

　「新卒で採用し，同じ組織にいる部下」は，「ツーといえば，カー」であり，「同じ発想にたって，同じ暗黙知」を使って仕事をしてくれる。しかし，中途採用者はそうはいかない。彼らはマネジャーに対して様々な前提を問う質

問を投げかけてくる場合もあり，彼らへの対処が後手に回る可能性もありうる。

　今後の日本企業における職場はさらに多様な雇用形態の人々が働く場になることが考えられる。この人事責任者が述べているように，中途採用者を含め，「多様性」のある人々をいかにマネジメントするのか，そのためにマネジャーの力量をいかに高めるかが，今後の人材マネジメント上の課題になると思われる。

6.3　小括

　本章では，雇用の流動化という社会背景をもとに中途採用者の組織再社会化について論じた。組織再社会化研究は非常に数が少ないながらも，その研究潮流には，組織内における再学習・再適応を取り扱う「組織内組織再社会化」と，組織間をまたいだ再学習・再適応プロセスを取り扱う「組織間組織再社会化」が存在する。本章においては，既述した社会背景をもとに後者の「組織間組織再社会化」の問題を取り扱い，中途採用者を回答者にした質問紙調査のデータを用いた分析を行った。

　中途採用者の組織再社会化に関するデータ分析においては，1）中途採用者が組織参入時に「人脈学習課題」「学習棄却課題」「評価基準・役割学習課題」「スキル課題」などの困難を抱えること，2）各種の困難は，前職が同じ職種であるか否かにかかわらず生じることがわかった。また，3）中途採用者の組織再社会化プロセスを支援するためには，上司による進捗報告・内省の促し，職場による知識流通・コミュニケーションがそれぞれ正の効果を持ちうることがわかった。

　最後に繰り返しになるが，中途採用者は組織参入時に，彼／彼女なりの困難を経験する。また，前職が同じ職種であるか否かにかかわらずその困難は変わらない。「組織再社会化調査」の結果によれば，予想とは異なり前職が同じであっても，そうでなかった場合と業績成果の達成率にそれほど変わりはない。むしろ前職が同じ職種であればあるほど，以前の職場・仕事・組織において培った経験，知識，仕事のやり方を学習棄却することに困難を感じ

る傾向すら感じられる。

　今後，グローバル化を背景に，雇用の流動化がさらに進むことも考えられる。そのような時代にあっては，中途採用者が様々な国から採用される事態も容易に想像できる。中途採用者の組織再社会化のメカニズムの研究が，今後さらに進展することが求められるし，また，彼／彼女らに対する組織内の支援メカニズムの構築も急がれる[8]。

8）　例えば，同じ年度に中途入社した人を，あえて「同期」とよび定期的に集め，情報交換を促している企業も存在する。中途入社した人々に対する支援のひとつとして注目されている。

第7章　越境学習

> われわれが，他者と関係するときに抱く基本の欲求は，2つの異質の相をもっている。一方は，他者を支配する欲求であり，他方は他者との出会いの欲求である。（中略）支配の欲求が，他者をもたえず自己へと同化することを欲するのと反対に，出会いの欲求は，自己をもたえず他者へと異化することを欲する。支配の欲求は同化的であり，出会いの欲求は異化的である。
>
> （真木悠介）

　現代社会における経営活動の多くは「独力ではできないことをなすこと」によって可能になる場合が多い。商品開発，マーケティング，流通……，独力では果たすことのできない，これらの大規模な経済活動を支えるために，私たちは「組織」をつくり，「組織のなか」に生きる。前章まで，私たちが描いてきた「組織社会化」，「経験学習」，「職場学習」，「組織再社会化」は，個人が自らの力量を発揮するために，組織「内部」において学習するプロセスであった。

　本章は，前章までとは大きく趣を異にする。ここで取り扱うのは「組織の外部」である。すなわち，個人が組織の境界を飛び越えて学習すること，いわゆる「越境学習」を論じるものとする。

　「越境学習」は，組織の境界を飛び越え，組織にいては気づかなかったような新たなアイデアを生み出したり，組織のなかでは獲得できない知識・技能を身につけたり，日々の仕事のなかで自明化してしまった自らのキャリアを問い直すことを可能にする学習である。具体的には，本章で筆者は組織外で自主的に行われる勉強会などに関する研究を紹介する。本章を通じて，社外の勉強会，読書会，情報交換会などで学ぶ人々の実態にスポットライトをあてたい。

　本章前半では，7.1 節で越境学習の概念の説明，7.2 節で，人々が越境学習に向かう主要な社会的ニーズを概説する。

　本章後半では，7.3 節で越境学習の実態やそれを行う個人の特性について実証的データを用いて分析した研究を紹介する。7.4 節では越境学習のための場づくり（社会的実験）として筆者が取り組んできたワークショップなどをいくつか紹介する。

7.1　越境学習

　本章で扱う越境学習とは，一体いかなる概念なのだろうか。「越境」というからには何らかの「境界」を横断することが前提になり，また「学習」というからには何らかの目的・ニーズに従って個人が学習することが想定される。本書において，筆者は越境学習を「個人が所属する組織の境界を往還しつつ，自分の仕事・業務に関連する内容について学習・内省すること」と定義する。具体的には仕事内容に関連した勉強会や研究会など，組織を越えて開催されている学びの場に参加しつつ，学習することをさすものと考えればわかりやすい。図 7-1 に示すように，越境学習とは組織の境界を往還しつつ，組織外において行われる学習である。

　一般には，日本社会は「社会的孤立度」の高い社会だといわれている。社会的孤立とは家族・友人・職場の同僚以外のいわゆる異質な他者との出会い，交流，つながりが欠損している状態をいう[1]。

　日常の雑事に追われ，「家庭」と「仕事場」を往復するだけで，それ以外の社会の人々には出会うことすらない。まして，組織の内部において研修やOJT で学習させられることはあっても，組織外において自ら自主的に学んだことは一度もない。そうした，社会的に孤立したビジネスパーソンは決して少なくない。

　しかし，こうした状況にも少しずつ変化の兆しが生まれてきている。

　内閣府（2007）によると，過去 3 年間にビジネスパーソンの約 3 名に 1 名

---

1)　OECD: http://www.oecd.org/dataoecd/46/3/37964677.pdf を参照。

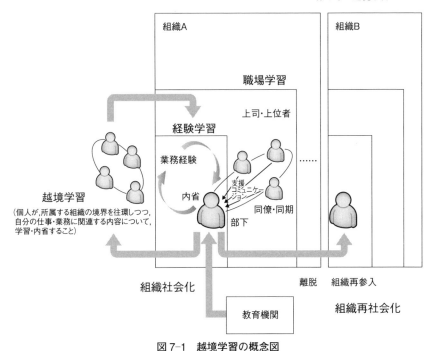

図 7-1　越境学習の概念図

（32.6％）が社外の交流会・勉強会などに参加し，越境学習に類する経験を持っている。また，近年では，主に都市部を中心に，様々な勉強会・読書会などが開催されており，数多くのビジネスパーソンが集っているところも少なくない。後述するいくつかの理由によって，昨今，越境学習に対する人々の関心は少しずつ高まりつつある。

　しかし，こうした関心の高まりの反面，越境学習についてはこれまであまり学問的探究がなされておらず，わかっていないことも多い。その最大の理由は越境学習が一見，経営学的な研究，組織論的な研究と相容れない特質を持っているからである。

　そもそも越境学習は，多くの場合，組織の定める就業時間外において個人の自由意志によって生起する。就業時間外ということは，原則として従業員がどのような行動をとろうが，それは従業員の自由である。組織がそれをコントロールすることはできない。つまり，越境学習は経営学・組織論の研究

の射程外の可能性が高い。

　しかしその反面，後述するように越境学習の機会は組織にイノベーション
をもたらす可能性を有している場合もある。また，組織で働く個人が自らの
キャリア構築を促進する可能性もある。つまり，表層的には越境学習は経
営・組織にとって無関係の事象として捉えられるものの，深層ではそれらは
全く無関係というわけではない。このような状況下において，越境学習の実
態でわかっていないことが多いなら，それを把握することから学問的探究が
なされるべきである。

　以上のような背景を鑑み，本章ではこれまであまりスポットライトのあた
ることのなかった越境学習について考察するものとする。

　続いて 7.2 節では，越境学習の深層に横たわる主要な社会的ニーズを企
業の競争優位を支えるイノベーションへの渇望，組織を越えたキャリア開
発・能力形成への願望という 2 つの視点から描き出したいと思う。

7.2　越境学習の深層に存在する主要な社会的ニーズ

7.2.1　企業の競争優位を支えるイノベーションへの渇望

　越境学習に人々の関心が集まる理由のひとつは，それが「企業の競争優位
を支えるイノベーション」につながる可能性を有している，と見なされてい
るからである。こうした喫緊のニーズが人々を越境学習に駆り立てるところ
は少なくない。

　一般にイノベーションとは，「個人あるいは集団が，アイデア創出・共
有・学習棄却のプロセスを通じて，新たな価値を具現化し，そして，最終的
に社会に受け入れられるまでの一連の社会的プロセス」（米倉・青島 2001）
のことをさす[2]。イノベーションは現代の企業の競争優位を支える最も有力
な機会として注目されており，それをいかに促進するかが現代の経営学の主
要な研究テーマのひとつである。

　イノベーションの促進要因としては，これまで，1) 企業組織レベルで，
組織内部のマネジメント・開発プロセスの卓越性によって促進される，2)
企業組織間レベルで，複数の企業が社会的相互作用を営むなかで促進される，

3）国家レベルで，大学や特許制度によって促進される，そして，4）個人レベルで，アブダクション（観察された不可解な事実を説明しうるような仮説を提案すること。創造の源泉とされている）によって生み出される，など様々なレベルの促進要因が提唱されている（米倉・青島 2001）。これらのうち最も研究が進んでいるのは，1）企業組織レベルの組織誘因に関する考察であろう。既存の研究では，組織内部において次に示すようなマネジメントが行われた際，イノベーションは促進されるとされていた。

　例えば，1）経営者・トップマネジメントが革新奨励を行ったり，賞賛したりすること，2）創造性や革新性を奨励する組織文化・組織構造をつくりあげること，3）スラック資源・自律性の高い業務スタイルなどを確立すること，4）リーダーによって組織内にあえて緊張や葛藤をもたらすこと（いわゆる「創造的カオス」「ゆらぎ」「ゆさぶり」「創造的摩擦」），5）集団内の知識創造・コラボレーションを実現すること，などである（Damanpour 1991, Damanpour, Szabat & Evan 1989, Scott & Bruce 1994, Nonaka & Takeuchi 1995, 加護野 1988, Leonard-Barton & Doyle 1996, Sawyer 2009）。

2）　イノベーションには，Shumpeter（1934, 1950）による経済学的定義，Drucker（1954, 2007）によるマーケティング論的定義，March & Simon（1958）らによる組織学習論的定義がある。

　　シュンペーターの経済学的定義によれば，イノベーションとは「創造的破壊」による「新結合」の遂行である。イノベーションは，既存の物事同士が新たな組み合わせをなすこと，すなわち「新結合」を起こすことによって創出されるという。既存の領域において存在しているものの，今までそれらを結合することは思いもつかないものが新たに接合し，イノベーションは達成される。

　　対して，Drucker（1954）によればイノベーションとは「よりよい経済的な商品・サービスを提供すること」と定義できる。彼は，事業活動の根幹を「顧客を創造すること」に据える理論を展開したが，イノベーションの定義においても，その中心的命題に変化はない。ドラッカーはイノベーションを語る際，技術革新・事業変革・社会変革というよりも，どちらかといえば「顧客を創造すること」に力点を置いた理論を展開している。

　　最後に March & Simon（1958）の網膜には，イノベーションとは「組織のプログラムの刷新」として投影されていた。第 3 章で述べたように組織内部では，個人が獲得した知識が他者に共有され，制度化され，組織プログラム（ルーチン），あるいは，組織記憶として蓄積される。こうした組織レベルの知識流通プロセスを，私たちは「組織学習」と形容してきたことはすでに述べた。組織における日々のオペレーションとは，これらのプロセスがいわば自動化して「再生」されることである。しかし，日々の外部環境はめまぐるしく変化し続ける。そしてこの外部環境変化にあわせて組織が適応するためには，その一方で，その組織プログラム自体を「生産」する必要にかられる。この「組織プログラムの刷新」こそが，March & Simon（1958）の捉える「イノベーション」である。

　これら組織内部のマネジメントによってイノベーションを促進しようとする考え方に共通する点としては,「日常の慣行軌道を超える」(丹羽 2010) ということにつきる。

　すなわち, 様々なマネジメントや介入によって日常の思考やオペレーションから離れた非連続な機会, 経済的合理性の支配の及ばない機会, 変化を許容できる場所や組織の常識やステレオタイプにとらわれない集団思考を実現することこそが,「イノベーションの源泉」だとされている。上述した多種多様なマネジメントは,「慣行軌道を超える」ことを組織内部に実現するための手段である。

　このようにイノベーション研究においては, これまで「日常の慣行軌道を超える組織内部のマネジメントのあり方」が模索され続けてきた。一方で, これが熱心に模索される背景には, 組織のなかにいる個人は何らかの機会がなければ「慣行軌道」に支配されてしまいがちであることの証左でもある。

　一般的に人は同じ組織のなかに長くいると,「過剰適応の罠」や「能動的惰性」にとらわれる可能性が高くなるといわれている。ここで「過剰適応」とは, 組織に人が過剰に適応しだすことによるデメリットである (Chao 1988)。また, 能動的惰性とは過去の成功体験にしがみつき, それを永遠に繰り返そうとする個人の状態をさす (松尾 2011)。

　第3章で論じたような組織社会化の諸力の影響が強ければ強いほど, 個人は組織に慣れていく一方で, ともすれば組織に過剰適応を果たす。自己の組織の特殊性, ステレオタイプ, 特有の思考形式を獲得し, 次第に無自覚になり,「文化的無自覚性」の境地に至る。それが進行しだすと, 今度は「能動的惰性」を獲得する。かくして, 創造的な仕事を行おうとする個人, 自らのキャリアや能力開発に意識的な個人は次第に減っていく。能動的惰性を獲得してしまった個人が増えることによって組織は次第に硬直化し, イノベーションを生み出す素地が失われる。

　そして, こうした日常の慣性に束縛された地平にこそ越境学習の可能性がある。越境学習の深層に横たわる主要なニーズのひとつは,「過剰適応」「能動的惰性」「文化的無自覚性」に自ら「裂け目」を入れることである。すなわち,「過剰適応」「能動的惰性」「文化的無自覚性」を獲得してしまった個

人が組織外にいったん出て，異質な他者・事象に出会うことで日常に「異化」をもたらし，新規な事柄，日常生活では思考しない内容に思索をめぐらすきっかけを得ることである。Dreier（1999）によれば，「特定の文脈における十全的参加がもたらす文化的無自覚は，他の文脈への参加と比較，内省によって解消される」という。組織を出て，他の文脈へ参加し内省を行う機会が越境学習に他ならない[3]。

　越境学習の背後に横たわる社会的ニーズとは，イノベーションを見すえた非日常の学習機会の獲得である。

7.2.2　組織を超えたキャリア開発・能力形成への願望

　越境学習の背後に存在する第2のニーズは，組織を越えたキャリア開発・能力形成への願望である。この社会的ニーズは，いわゆるグローバル化によって「雇用流動性が高まっていること」「組織の再編が急激に進んでいること」という社会の環境変化から生じている。

　例えば前者に関して1990年代以降は，グローバル化の進展にともなって雇用の流動化はさらに激しさを増した。

　その先進地の米国においては，全労働者の雇用期間の平均が4年半，管理職においても6年となっている（Maguire 1993）。我が国においても，その動向から無縁ではなく，第6章で既述したように，「サービス業」「医療・福祉」「情報通信業」などの，今後の我が国の産業を牽引する業種において，転職者・離職者の数は軒並み増えている。この動向は今後もさらに進行する

3）　これとは別に，イノベーションの達成には組織内の抵抗を抑えるため，組織外の諸力を活用する必要があるという説明もなりたつ。例えば，武石・青島・軽部（2008）は，これまで成功したイノベーション事例18件を丁寧に分析し，①イノベーションの推進の原動力になるのは，技術重視の考え方や経営層のリーダーシップではなく「支持者の獲得」であること，さらには，②そうした支持者は組織外において獲得される事例が最も多いことを明らかにしている。

　　イノベーションとは組織内の構成員にとって，必ずしも「賞賛されるべきもの」とは限らない。それは，経済的合理性を離れたところに存在し，また計画的に生み出せるものではない。また，既存の事業や組織体制を場合によっては破壊してしまう可能性を常に有している。よって，恒常性を希求する組織内部の構成員は，新規な提案・アイデアに対して，時に「抵抗勢力」と化してしまう場合も少なくない。そうしたとき「組織内外」を往還し，様々な外部の知識・諸力を内部に環流させたり，組織外部の支援者をステークホルダーに巻き込むことで，イノベーションを達成する可能性があがる。

ことが予想される。

　また後者の「組織の境界の流動化」に関しては，この時期ますます企業は安定的で固定的な像を持たなくなったことに関連している（Badaracco 1991）。外部環境の変化に応じて，事業の選択・集中を繰り返し，場合によっては他企業との協力・連携・合弁・コンソーシアム化を繰り返している（Aldrich & Sasaki 1993）。すなわち，組織の境界が日々，変化し，更新され続けるようになっている（高橋 2000）。日々，バウンダリーレスな組織が生まれ，その境界が曖昧なものになるにつれ（Belous 1989），組織で働く人々の構築するキャリア自体も非構造化され始める（Kanter 1989）。

　このような状況を受け，1990 年代から 2000 年代にかけて，人材育成・人材開発の言説空間においては様々な地殻変動が起こった。

　その最たるものは，「キャリア」[4] という概念が経営学や人材開発論に導入され，今後，従業員は組織からキャリアを提供されるのではなく，自らキャリアを発達させなければならない主体として位置づけられ始めたことにある。自らのキャリアを自律的に発展させる必要性として，「キャリア自律」が唱えられ始めた（花田・宮地 2003，花田 2006）。

　かつて内部労働市場の発達した日本企業においては，能力やキャリアとはそれまで会社側がイニシアチブを持って開発するべきものであった。その場合のキャリアとは特定の組織内において長期間の雇用を前提に様々な仕事経験を通じて形成される，いわゆる「オーガナイゼーショナルキャリア」である。しかし，この時期，こうした会社主導の能力開発・キャリア開発に陰りが見え始める。長期雇用が崩れ，ポストバブルのリストラクチャリングが進行していくなかで，オーガナイゼーショナルキャリアを形成させることが難しくなってくるのである。

　かくして，先のキャリア開発におけるイニシアチブが組織から個人の手に移り始めた。キャリアとは，特定の「オーガニゼーション」から提供されるものではなく，自ら発達させるべきものとして語られることが多くなっていった。これからは組織には依存できない。むしろ，自らキャリアを切り開き，

---

4)　一般に，キャリアの学術的定義としては，「個人の生涯を通じて，仕事にかかわる経験や活動に関連した態度や行動の，個人に知覚された連鎖」が広く用いられている（Hall 2002）。

能力を高め，雇用可能性を高めておくことが求められる。こうした「言説」が，広く消費されるに至った。

　こうした環境変化に呼応するように学術研究の世界では，「オーガナイゼーショナルキャリア」に対応する言葉として「バウンダリーレスキャリア」という概念が生まれるに至った（Arthur 1994, Arthur & Rousseau 1996）。

　バウンダリーレスキャリアとは，ひとつの企業の境界内に限定されずに形成されるキャリアを捉える概念である。そこで描かれる主体は「組織を越境しつつ，自らのキャリアや能力形成を志向する個人」に他ならない。

　そして，こうした個人のアスピレーションに共振するもののひとつに，本章のテーマである「越境学習」が位置づく可能性がある。そこでは個人が所属する企業・組織の境界をいったん越えて，自分の現在の仕事および将来の仕事——キャリア——に思いをはせ，必要に応じて学習や内省を行うことが求められている。

　越境学習研究の第一人者である荒木淳子はこうした組織外において繰り広げられる学習の実態を，社外の自主的な勉強会を実践共同体（Community of practice）と見なすことで，明らかにしている（荒木 2007, 2008, 2009）。荒木（2007）によれば，自主勉強会に参加する人は多種多様な人々に出会うことによって自分の仕事を自己説明したり，自社の常識を相対化する機会を得やすく，そのため自分の現在や将来を問い直す内省が促され，キャリア確立が進みやすいという。

　以上，7.2 節では，越境学習の背後に横たわる主要な社会的ニーズとして，1）企業の競争優位を支えるイノベーションへの渇望，2）組織にとらわれないキャリア開発・能力開発のニーズが存在することを述べた。越境学習はこうした社会ニーズの交差する「組織外の場所」に生まれた学習機会である。

　続く 7.3 節では，そこに集う人々がいったいどのような社会的属性やニーズを持って集っているのかを考察し，越境学習の実態やそれを成り立たせる諸要因について探索的かつ実証的に接近した研究を紹介する。

7.3 越境学習の実態に迫る：近年の実証的研究

　7.3節では越境学習の実態について考察する。第1に，7.3.1項において「職場学習調査」のデータを紹介しつつ，越境学習の実態に迫る。7.2節で私たちは越境学習の主要なニーズについて理論的考察を深めたものの，実際にはどのような成人が，どのようなニーズを持ち，越境学習を行っているのだろうか。このことに関する実証的探究を紹介することが7.3.1項の目的である。

　7.3.1項では，役職や職種によって社外勉強会などへの参加が異なるかどうかを考察する。また，社外勉強会などへ参加している個人の業績や組織コミットメント，キャリア成熟，能力向上などについても先行研究の分析を紹介する。

　7.3.2項では社会関係資本と越境学習の関係について考察する。北村・中原・荒木・坂本（2009）は，主に経験学習の観点から社会関係資本が個人の特性と関連し，いかに業務向上に資するかを検討していた。社会関係資本は成人の学習に強い影響を与えることが近年の様々な研究においても指摘されている。7.3.2項においては，越境学習と社会関係資本との関係を論じるものとする。

7.3.1　越境学習の実態把握

　まずは越境学習の参加実態から明らかにしていこう。

　「職場学習調査」のデータによると（N=623），最近3年間，社外勉強会に参加したことのある割合は（複数回答），「参加したことがある」が221名（35.5%），社外交流会に参加したことがある人の割合は117名（18.8%），社外の情報交換会に参加したことがある人の割合は104名（16.7%）であった。

　ここで「社外の勉強会」とは「明確な学習テーマが存在しており，それについて学ぶことを主目的とする集まり」，「社外の交流会」とは「ビジネス上の人脈形成など，人との交流を主目的とする集まり」，「社外の情報交換会」とは「参加者同士が情報・意見を交換することを主目的とする集まり」のことをさす。これら3つのうち，社外の勉強会への参加の割合が最も高いこ

表7-1　役職による社外活動の違い

		一般社員	管理職（係長・課長等）	部長・役員	その他	合計
社外勉強会	非参加	249	129	20	4	402
社外勉強会	参加	128	74	14	5	221
合計		377	203	34	9	623

		一般社員	管理職（係長・課長等）	部長・役員	その他	合計
社外交流会	非参加	323	152	22	9	506
社外交流会	参加	54	51	12	0	117
合計		377	203	34	9	623

		一般社員	管理職（係長・課長等）	部長・役員	その他	合計
社外情報交換会	非参加	323	161	26	9	519
社外情報交換会	参加	54	42	8	0	104
合計		377	203	34	9	623

とが特筆される。

　次に各種の社外諸活動への参加が役職や職種によってどのように異なるか を集計した。

　表7-1からはいくつかのことがわかる。

　いずれの社外諸活動においても，参加していない人の方が参加している人 よりも多い。また，いずれの活動においても役職があがるに従って，勉強 会・交流会・情報交換会の参加の割合は増えていく。例えば社外勉強会の参 加の割合は，一般社員は34.0%であるのに対して，管理職は36.5%，部 長・役員は41.2%となっている。社外交流会に関しては，一般社員の 14.3%が参加しているのに対して，管理職は25.1%，部長・役員は 35.3%となっている。社外情報交換会の参加の割合は，一般社員14.3%， 管理職20.7%，部長・役員23.5%であった。この背景には，実務担当者 の頃は多忙で業務から手が離せない，あるいは役職の上昇に従って社会的接 点が増えていく，などの理由が考えられるかもしれない。

　次に，職種の違いによってはどのような違いがあるだろうか。ここでは研 究開発職，スタッフ職（広報，人事管理などの間接部門），営業職，その他の3 つに分けて集計を行った。結果は表7-2のとおりである。

表7-2　職種による社外諸活動への参加

		研究開発	スタッフ職	営業	その他	合計
社外勉強会	非参加	88	195	84	35	402
社外勉強会	参加	50	119	37	15	221
合計		138	314	121	50	623

		研究開発	スタッフ職	営業	その他	合計
社外交流会	非参加	121	244	100	41	506
社外交流会	参加	17	70	21	9	117
合計		138	314	121	50	623

		研究開発	スタッフ職	営業	その他	合計
社外情報交換会	非参加	120	255	103	41	519
社外情報交換会	参加	18	59	18	9	104
合計		138	314	121	50	623

　表7-2を解釈すると，社外諸活動に関してはスタッフ職において特に参加の割合が高い。対して，研究開発職・営業職はスタッフ職に比べて低い傾向がある。例えば，社外勉強会の参加割合はスタッフ職（37.9%）＞研究開発職（36.2%）＞営業職（30.6%），社外交流会はスタッフ職（22.2%）＞営業職（17.4%）＞研究開発職（12.3%），社外情報交換会はスタッフ職（18.8%）＞営業職（14.9%）＞研究開発職（13.0%）という結果が得られている。

　これら一連の結果に関して，かつて食品業界において営業職として長く勤務し，現在は人事を統括しているマネジャーは職種による社外勉強会・情報交換会について次のように語る。

　「営業は勉強会にいかなくても，外との接点ありますから。あと，［管理部門は］時間の融通がつきやすい。［営業のように］お客さんのペースで動くわけじゃありませんから。［管理部門は］オレは，今日は，早くあがる［帰る］っていうと，早くあがれ［帰れ］ますし（中略）でも，営業なんかも，多いですけどね。例えば，あるパン屋を攻めるときに，そのパン屋に［材料などを］入れてる［納入している］，他の資材メーカとか，会って情報交換したりとか。あと結構，組合とか業界の会合と

かがあって。（中略）うーん，［営業の場合は］仕事そのものですね。（中略）あと，たいていの会社がそうですけど，会社が外に派遣するのは，すごく管理系は有利だと思います。人数比でいうと，会社がお金出すっていうと，有利ですね」

　この語りからは管理部門は営業職と比べて，1）時間の融通がつきやすい，2）会社からの予算を獲得しやすい，などの諸条件が奏功し，外で学ぶことのできる人が多いのではないか，と考えられる。

　しかし，一方でこのマネジャーは営業職においても特定の業務に関係する人々がインフォーマルに集まり勉強会や情報交換会をしていることが多い，とも述べている。営業職の場合はそうした機会が「業務」とは別にあるのではなく，むしろ業務の「なか」に深く埋め込まれているため，勉強会・情報交換会とは認知されにくい構造があることが示唆された。この語りだけから結論を導くことはできないが，管理部門以外の勉強会・情報交換会は深く業務のなかに埋め込まれている可能性があり，本章で用いるアプローチとは別の研究方法を模索する必要がある。

　一方，社外交流会・情報交換会に関しては研究開発職の非参加の割合が高い。これに関してかつて製薬企業の研究所に勤務していたビジネスパーソンは次のように語る。

　「ずっと研究所だと，なかにいて，外で会う機会ってないですよ。（中略）。早くきて，1 日実験をしていて。ただ，研究所のなかは，すっごい［すごく］，仲はいいんですね。そこでみんなで話して，次はこんな実験やってみよう，って。（中略）なかでは，結構，サークルじゃないですけど，クラブ活動みたいのも盛んだし（中略）。仕事をするときは，研究員の人は，学会にいくとかあるんですけど，ふだんは，出張とかはないですね。なので，外との接点は，いずれにしても，何もない。［自分は］10 年間，スニーカーとリュックサックと，G パンと，T シャツで通ってましたね」

　この語りからは研究開発職の人々が普段は研究所で仕事をしており，学会などの機会をのぞいて，あまり外との接点を持たないことがわかる。この語りにある研究所では数百名いる研究員が自社の構内においてサークルやクラブ活動などを組織して，基本的にはそのなかで参加している様子が見て取れる。このビジネスパーソンは，この後研究所から営業企画・人事へ異動になるが，その際に印象的だったことは「自分は化合物の名前は知っているけど，その［化合物を用いてつくられる］製品名は知らなかった」と述べていたことである。

　次に社外諸活動への参加・非参加と個人の業績の関係を分析する。舘野（2012）が，ある団体職員の語りを引用しつつ報告しているように，社外諸活動への参加は常に個人の業績に関する懸念がつきまとう。

　　「自腹で自分の時間を使っていくなら組織の側から何も文句を言われる
　　筋合いはないという考えはあると思うんです。しかし，経営の側からす
　　ると，それでヘロヘロになって翌日居眠りしているというのではどうに
　　もならない」

　この語りからは，「社外で学ぶこと」と「個人の業績」のあいだにトレードオフの関係が存在すると一般には認識されている可能性が見て取れる。その背景には，社外で学ぶ人は社外では学ばない人から，「好きなことばかりやっていていいよな」「あの人がんばっちゃっているけど，本当に力になっているのかな」と見なされることが指摘されている（舘野 2012）。社外で学ぶことにはこうした負の社会的スティグマが付与される可能性が高いが，はたしてここで述べられている人々の認識は真実なのだろうか。

　社外諸活動に参加している個人の業績を検討するために，社外諸活動への参加／非参加を独立変数，個人の業績（「わたし自身は職場で高い業績をあげている」という質問項目に対する5件のリッカートスケールによる自己評定）を従属変数にして分散分析を試みた。

　その結果，社外勉強会に参加している人（N=221）の方が，社外勉強会に参加していない人（N=402）よりも，個人業績が高いことがわかった（「社外

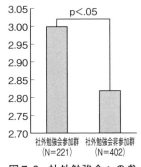

図 7-2　社外勉強会への参加／非参加による個人の業績の違い

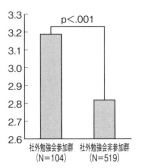

図 7-3　社外情報交換会への参加／非参加による個人の業績の違い

勉強会参加群」平均値 3.00 S.D.＝.905＞「社外勉強会非参加群」平均値 2.82 S. D.＝.993, f(1, 621)＝4.94 p＜.05)。社外交流会に関しては，社外交流会参加群＞社外交流会非参加群であったが，有意水準は 10% であった（「社外交流会参加群（N＝117)」平均値 2.85 S.D.＝.965＞「社外交流会非参加群（N＝506)」平均値 3.03 S.D.＝.955, f(1, 621)＝3.48 p＜.1)。社外情報交換会に関しては，社外情報交換会に参加している人（N＝104）の方が，社外情報交換会に参加していない人（N＝519）よりも個人業績が高いことがわかった（「社外情報交換会参加群」平均値 3.19 S.D.＝.925＞「社外情報交換会非参加群」平均値 2.82 S. D.＝.962, f(1, 621)＝12.941 p＜.001)。

　これらの結果は自己評定の個人業績とはいえ，越境学習に付与された一般的なイメージとは異なる。このデータを見る限り，社外勉強会などの社外諸活動を行う人の方が業績はよく，その様子は「根無し草」と形容できるようなものではない。

　「職場学習調査」は有意抽出データであるため，解釈には慎重になる必要があるものの，このデータからは越境学習者が必ずしも職場で業績が出せずに，社外で勉強している人とは限らないことが示唆された。今後，私たちが社外勉強会などに参加する人の実像にデータをもって迫らなければならない可能性を押し広げるものである。

表7-3　社内外の勉強会への参加動機（舘野・木村・関根・中原 2011）

社外	平均値	社内	平均値
自分の知識や技術の専門性を高めたいから	3.95	自分の知識や技術の専門性を高めたいから	3.57
新しいアイデアや着想を生み出したいから	3.86	新しいアイデアや着想を生み出したいから	3.56
多様な人と出会いたいから	3.64	知的好奇心を満たしたいから	3.08
知的好奇心を満たしたいから	3.59	固定化した考え方から抜け出したいから	3.07
固定化した考え方から抜け出したいから	3.53	多様な人と出会いたいから	3.01
自分の仕事を見つめ直したいから	3.20	自分の仕事を見つめ直したいから	2.98
自分のスキルを活かして社会に貢献したいから	3.04	自分のスキルを活かして社会に貢献したいから	2.85
自分自身を見つめ直したいから	2.82	自分自身を見つめ直したいから	2.62
自己学習する仲間が欲しいから	2.73	自己学習する仲間が欲しいから	2.48
利害関係なく相談できる人が欲しいから	2.56	利害関係なく相談できる人が欲しいから	2.33
漠然とした不安があるから	2.46	漠然とした不安があるから	2.18
転職・起業に役立てたいから	2.14	転職・起業に役立てたいから	1.92
職場の中にいるとストレスがたまるから	2.07	職場の中にいるとストレスがたまるから	1.84

さらに分析を進める。

　次に，社外勉強会[5]などに参加する人が持っているニーズや個人的属性を，より詳細に把握する研究を紹介しよう。

　舘野・木村・関根・中原（2011）においては，中原（2010）のフレームワークを参考にして質問項目を策定し，勉強会などへの参加の動機を5件のリッカートスケールでたずねた。各質問項目に対して「あてはまる」に5点，「ややあてはまる」に4点，「どちらともいえない」に3点，「あまりあてはまらない」に2点，「あてはまらない」に1点を付与し，その単純加算平均値を求めた。その結果，表7-3のような値が得られた。

　表7-3の結果からは「自分の知識や技術の専門性を高めたいから」「新しいアイデアや着想を生み出したいから」「自分の仕事を見つめ直したいから」など，イノベーション創造に関する項目，またキャリアに関する項目の平均

---

5) 舘野・木村・関根・中原（2011）においては社外勉強会，社外交流会，社外情報交換会をまとめて「社外勉強会等」として分析を行っている。

表 7-4　越境学習を行うニーズに関する因子分析結果（舘野 2012）

項目	第 1 因子	第 2 因子	第 3 因子	第 4 因子
自己学習する仲間が欲しいから	.821	.125	−.101	−.031
利害関係なく相談できる人が欲しいから	.814	.120	−.110	−.092
多様な人と出会いたいから	.607	−.186	.263	−.025
漠然とした不安があるから	−.109	.869	.055	.162
転職・起業に役立てたいから	.190	.471	.034	−.090
職場の中にいるとストレスがたまるから	.256	.352	.028	.011
自分の仕事を見つめ直したいから	−.106	.024	.890	−.007
自分自身を見つめ直したいから	.087	.117	.733	−.080
新しいアイデアや着想を生み出したいから	.068	−.067	−.049	.932
自分の知識や技術の専門性を高めたいから	−.179	.132	−.054	.470
固定化した考え方から抜け出したいから	.257	−.003	.166	.462
固有値	4.034	1.556	1.136	.979

因子間相関係数	第 1 因子	第 2 因子	第 3 因子	第 4 因子
第 1 因子	—	.305	.578	.515
第 2 因子	.305	—	.406	−.002
第 3 因子	.578	.406	—	.473
第 4 因子	.515	−.002	.473	—

値が高いことがわかる。この結果は，7.2 節で論じた社会的ニーズの理論的考察を裏打ちするものであった。

　一方，「漠然とした不安があるから」「転職・起業に役立てたいから」「職場の中にいるとストレスがたまるから」という質問項目に関する平均値の値は低い。社外で学ぶ人は一般的には「職場には居られない人」「社内に足がかりのない人」としてネガティブに語られがちな側面があるが，こうした認識に再考を迫るものであった。既述したように，越境学習に対する一般に流布しているイメージには再考の余地がある。

　次に舘野（2012）では社外の勉強会などに参加する人が，どのような特徴・個人的属性を有するビジネスパーソンであるかを考察するために，上記の質問項目に対して探索的因子分析（最尤法・プロマックス回転）を行い，その結果を確認的因子分析で検証している。

　この分析から，表 7-4 のように越境学習を行うニーズとして 4 つの因子を見いだすことができる（舘野 2012）。

　第 1 因子である「フレンド志向」は「自己学習する仲間が欲しいから」「利害関係なく相談できる人が欲しいから」といった 3 項目の質問項目から

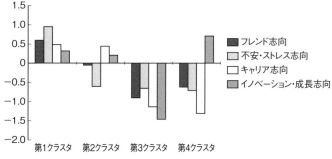

図7-4　越境学習のニーズをもとにしたクラスタ分析の結果（舘野 2012）

構成されている（$\alpha = .77$）。

　第2因子である「不安・ストレス志向」は「漠然とした不安があるから」「転職・起業に役立てたいから」など3項目で構成されている（$\alpha = .66$）。

　第3因子は「自分自身を見つめ直したいから」「自分の仕事を見つめ直したいから」の2項目で構成され「キャリア志向」と名づけた（$\alpha = .79$）。

　第4因子は「新しいアイデアや着想を生み出したいから」「固定化した考え方から抜け出したいから」など3項目で構成され「イノベーション・成長志向」と名づけた（$\alpha = .64$）。

　この4つの因子を軸としてクラスタ分析を行ったところ，社外の勉強会などに出かける人には4つのクラスタが抽出された。

　舘野（2012）によれば，第1クラスタ145名は，「フレンド志向」と「不安・ストレス」志向に関する尺度得点が高いため「不安・フレンド先行型」と命名し，第2クラスタに含まれる115人はキャリアに関する尺度得点が高く，成長志向についてもやや高い傾向にあるため「キャリア・成長志向型」と名づけた。

　第3クラスタは，越境学習を行うことに特に積極的な理由が見いだせないため，「積極的な理由なし型」と命名し（67人），第4クラスタの36名に関しては，成長・イノベーションに関するニーズの得点が他と比べて突出して高いため「成長・イノベーション型」としている。

　これらクラスタのカテゴリー変数を「独立変数」に設定し，越境学習者がどのような人物像かを描き出すために，3つの変数を従属変数に設定する。

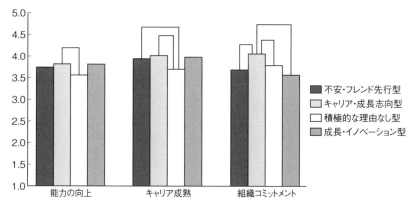

図7-5 各クラスタごとの「能力向上」「キャリア成熟」「組織コミットメント」の平
　　　 均値：分散分析の結果 (舘野 2012)6)

従属変数は，能力形成に関する変数，キャリア形成に関する変数，組織への
ロイヤリティに関する変数である。

　能力形成に関する変数としては，第4章で既述した能力向上を用いるこ
とにした。キャリア形成に関する変数としては，坂柳 (1999) のキャリア成
熟尺度を用いた。キャリア成熟とは，「キャリアの選択・決定やその後の適
応への個人のレディネスないし取り組み姿勢である」ことをさす。組織への
ロイヤリティの測定にあたっては，鈴木 (2002) の組織コミットメントに関
する尺度のうち，情緒的コミットメントを用いた。情緒的コミットメントと
は，特定の組織への同一化・没入を示すものである (Mowday et al. 1979)。

　これら3つの変数を従属変数とした一元配置分散分析を行ったところ，
図7-5のようなグラフが得られた (舘野 2012)。

　まず，「能力向上」を従属変数に設定した場合に関しては，「キャリア・成
長志向型」が「積極的な理由なし型」に比べて統計的有意に高いことがわか
った。

　次に「キャリア成熟」を従属変数とした場合には，「キャリア・成長志向
型」「成長・イノベーション型」が高く，「積極的理由なし型」が低いことが

---

6)　「能力の向上」には5%水準で統計的有意な群間差，「キャリア」と「組織コミットメン
　　ト」においては1%水準で有意な群間差が得られた。グラフ上部の群間をむすぶ線は，多
　　重比較の結果，群間に5%水準で統計的有意な結果が得られたものに引かれている。

わかった。

　最後に，従属変数を「組織コミットメント」とした場合に関しては「キャリア・成長志向型」が突出して高く，「成長・イノベーション型」「不安・フレンド先行型」「積極的な理由なし型」と統計的有意な差があることなどがわかっている。

　特筆すべきは「キャリア・成長志向型」であり，彼らは能力向上，キャリア成熟，組織コミットメントのいずれにおいても，他の群よりも高い値を示している。つまり，自らのキャリアや能力開発についても関心が高く，それでいて組織コミットメントも高い人々が全体の31.6％も存在していることがわかる。一方，社外活動に明確な目的意識・理由を持たない人々は相対的に低い値を示したが，こういうタイプの越境学習者は全体の18.4％存在することがわかった。

　これまで社内外における勉強会などに参加している人の実態は濱中（2008）などが研究を進めているものの，十分な蓄積があるわけではない。それは既述したように，社外での諸活動が就業時間外に行われ，経営・組織とは無縁のものと考えられてきたことに，そのひとつの理由がある。

　しかし，ここまで見てきたようにビジネスパーソンの社外活動は組織コミットメント，能力向上，キャリア成熟といった要因と関連がある。これらの研究はまだまだ緒についたばかりで，これから詳細な分析がなされる必要があることはいうまでもない。

　上記の一連の分析結果からは，社外諸活動の一般的理解，社外諸活動を行う人々の一般的イメージとは異なる結果も描き出されている。社外の勉強会を含む諸活動とそれを行う人の実態に肉薄することは，今後の研究テーマのひとつであると考えられる。

7.3.2　越境学習と社会関係資本

　7.3.2項では社会関係資本と越境学習の関係を考察する。

　社会関係資本については，第5章で述べたように，「信頼感・規範意識・ネットワークなど，社会組織における集合行為を可能にし，社会全体の効率を高めるもの」（Putnam 2006）である。

　それは様々な集合的行為・協調的行為を可能にする資源として注目されており，これまで広く人文社会科学の研究者によって研究されてきた（Coleman 1988, Wellman 1979, Baker 2001 など）。経営学においては，特に社会関係資本は経営資源のひとつとして位置づけられており，企業の競争優位を導くものであるとされている（Gulati 2007, Adler & Kwon 2002, Cohen & Prusak 2001）。

　近年では，成人の学習についても社会ネットワークや信頼など，社会関係資本の果たすべき役割に注目が集まっている（Field 2005）。Schuller & Field（1998）は，社会関係資本が成人学習への参加の資源となりうることを指摘している。また，組織内外に広く社会ネットワークを有すること，あるいは社会関係資本を有することが個人の学習に与える影響は日増しに大きくなっており，労働市場へのアクセシビリティの資源として機能しつつある（Guile 2011）。

　このような背景のもとで企業内の学習研究でいえば，すでに社会関係資本を分析視点に入れた研究は生まれている。例えば，第 5 章で述べたように，中原（2010）では職場における他者からの支援および職場における業務経験談において，組織レベルで存在する社会関係資本（互酬性規範・信頼）が正の影響を与えていることを示唆している。

　一方，北村・中原・荒木・坂本（2009）では組織に限定されない，一般状況下においての信頼と互酬性規範を分析に加え，それらが個人の特性と作用して，個人の能力向上に影響を与えることを明らかにした。ここでいう，一般状況下においての信頼と互酬性規範とは，「世間一般では，人を助ければ，いずれその人から助けてもらえる」や「世間一般では，困ったときにはお互いに助け合っている」などの，世間一般の人々に対する互酬性規範と「世間一般のほとんどの人は基本的に正直である」や「世間一般のほとんどの人は信頼できる」といったような，世間一般の人々に対する信頼の総体のことである。

　北村・中原・荒木・坂本（2009）の研究によれば，このような世間一般に対する社会的資本に個人が挑戦性を発揮するか否かの要因となって機能しうる可能性があること，ひいては経験学習に影響を与える可能性があることを論じている。

　このように組織に限定される社会関係資本および世間一般に広がる社会関係資本は個人の学習やそれを促進する教育的介入に影響を与える大きな資源である。

　しかし，職場学習や経験学習においてはこれが探究されてきたが，越境学習に対して社会関係資本が与えうる影響については，いまだ明らかにされていない。ここでは越境学習と社会関係資本との関係を明らかにしてみよう。

　用いるデータは「職場学習調査」のデータである（N＝623）。

　まず，従属変数に社外の勉強会・交流会などへの参加／非参加に関するダミー変数をとった。

　独立変数には，一般的社会関係資本に関する尺度と特定的社会関係資本に関する尺度を設定した。一般的社会関係資本の尺度としては小林・池田（2006），北村・中原・荒木・坂本（2009）を参考にして「世間一般では，人を助ければ，いずれその人から助けてもらえる」「世間一般では，困ったときにはお互いに助け合っている」「世間一般で人から親切にしてもらった場合，自分も他の人に親切にしようという気持ちになる」「世間一般では人を助ければ，今度は自分が困っている時に誰かが助けてくれるように世の中はできている」「世間一般のほとんどの人は基本的に正直である」「世間一般のほとんどの人は信頼できる」「世間一般のほとんどの人は基本的に善良で親切である」「世間一般のほとんどの人は他の人を信頼している」の８つの一般的な信頼・互酬性規範に関する質問項目を単純加点し，質問項目数で除した値を用いた（α ＝.87）。

　一方，特定的社会関係資本に関しては「職場の人を助ければ，いずれその人から助けてもらえる」「職場では，困ったときにはお互いに助け合っている」「職場で人から親切にしてもらった場合，自分も職場で他の人に親切にしようという気持ちになる」「職場で人を助ければ，今度は自分が困っている時に誰かが助けてくれるように自分の職場はできている」「職場のほとんどの人は基本的に正直である」「職場のほとんどの人は信頼できる」「職場のほとんどの人は基本的に善良で親切である」「職場のほとんどの人は，職場内の他の人を信頼している」の小林・池田（2006）の特定的信頼・互酬性規範に関する質問項目を単純加点し，質問項目数で除した値を用いた（α

表 7-5　社外勉強会などへの参加：一般的社会関係資本・特定的社会関係資本の影響に関するロジスティック回帰分析の結果

従属変数：社外の勉強会・交流会等への参加

（コントロール変数）	B	オッズ比
性別	−.24	.97
年齢	.03	1.03
社会人歴	−.041	.96
役職ダミー（一般社員）	−1.199	.301 †
役職ダミー（リーダー職）	−.556	.574
役職ダミー（係長等）	−1.052	.349
役職ダミー（課長等）	−.58	.56
役職ダミー（部長等）	−.93	.394
業種ダミー（農林漁業）	.362	1.436
業種ダミー（建設業）	.238	1.269
業種ダミー（製造業）	.172	1.188
業種ダミー（電気・ガス・水道業）	−.845	.429
業種ダミー（情報通信業）	.68	1.07
業種ダミー（運輸業）	−.605	.546
業種ダミー（卸売り業）	−.211	.81
業種ダミー（金融業）	.143	1.154
業種ダミー（飲食業）	−.718	.457
業種ダミー（教育・学習業）	−.783	.457
業種ダミー（学術研究業）	.974	2.648 †
業種ダミー（研究開発）	−.075	.928
業種ダミー（経理・財務）	−.491	.612
業種ダミー（企画・総務）	.353	1.423
業種ダミー（人事・労務）	.429	1.535
業種ダミー（営業購買）	−.179	.836
一般的社会関係資本	.311	1.365 *
特定的社会関係資本	−.273	.761 †

Negalkerke R^2 = .084
† $p<.1$　* $p<.05$　** $p<.01$　*** $p<.001$

=.84)。なお，統制変数には年齢・性別の他，職位，業種，職種などの変数をダミー化して用いた。以上の変数を強制投入した。

　分析はロジスティック回帰分析を用いた（N＝623）。結果は表 7-5 のようになった。

　表 7-5 に見るように，一般的社会関係資本に関しては統計的有意な正の結果（5% 水準）が得られた。その他に関しては特定的社会関係資本，業種

ダミー（学術研究），一般社員において 10% 水準の有意傾向の結果が得られた。

　以上のことから解釈するに，一般的社会関係資本を有する個人の方が社外における勉強会などへ参加していることがわかる。また職場の社会関係資本は 10% の有意水準ながらも，社外勉強会などへの参加を抑制する傾向が見られた。第 5 章の「職場学習」の結果とあわせて考えるに，職場の社会関係資本が発達している場合には職場における他者からの支援，職場におけるコミュニケーションを媒介とした学習が効果を持つ一方で，社外の勉強会などには参加しなくなるものと思われる。

　このように社外勉強会などへの参加は世間一般の社会関係資本や職場の社会関係資本の複雑な関係の上に達成されていることがわかった。これらの分析はモデル適合度を向上させるなど数多くの課題があり，まだ研究は緒についたばかりであるが，今後，越境学習の参加・非参加を決定しうる要因として社会関係資本に焦点化する必要を示した。

7.4　越境をめぐる社会的実験：実践事例

　前節までで，筆者は越境学習の実態および職場学習との関係において実証的な研究を紹介した。イノベーションの機会創出やバウンダリーレスなキャリアが求められる現代において，越境学習は様々なかたちで今後も展開していくものと思われる。これに関連して，例えば Engeström（2009）は移動と学習の関係について歴史的考察を行いつつ，現代に出現した新たな学習活動の形態を「野火（Wildfire activity）」と形容している。野火的活動とは分散的で局所的に構築された人々の活動があたかも野山を駆け抜ける「野火」のように拡散し，大きなうねりとなって協調し，連携し，消失していくプロセスである，という。

　現代，人々はある特定の組織において経済的活動を営みつつも，従来の組織の枠を越えて連携しあい，知識の交換にたずさわるようになってきている。コーリア・エンゲストロームがいうように「野火」は，実世界・ネット上を問わず，駆けめぐり，その勢いは止まらない。越境学習の「野火」は今後も

拡大することが予想される。

　ところで筆者は 7.3 節に見たような実証的研究を進める一方で，越境学習の機会を，志をともにする共同研究者たちとつくりだす実践的な社会実験も行ってきた。

　すなわち，自らが実践者として企画を行い，人々を集め，相互に学習してもらうためのワークショップなどに代表される学習機会を創造し，実践的ノウハウを蓄積してきた。そのうえで，社会実験として成功したものに関しては，そのマニュアル，リソースなどをすべて公開し，人々が自ら越境学習を実装する際に役立てることができるようにしている。7.4 節においては，筆者の関与した実践事例である「Learning bar」「REMIX-Unconference」について紹介を行う[7]。

7.4.1　Learning bar：導管型モデルの学習を克服する

　Learning bar（ラーニングバー）は，筆者が 2005 年から 2010 年まで開催していた「人材開発に関する最先端の話題を扱う研究者と実務家のための研究会」であった。テーマは「組織コミュニケーション」「組織理念の共有」「リーダーシップ開発」「モティベーション」と毎回様々に設定されており，各回約 200 名の実務家・研究者が参加していた。

　Learning bar のタイムスケジュールは，1）実務家・研究者の 30 分間程度のレクチャーがあり，1）を踏まえたうえで，2）200 名の参加者が 5 名程度のグループをつくり，対話を行う。日常では決して出会うことのない異質な他者との対話によって，日々を内省することが目的とされた。

　Learning bar の実験的な社会実践を通して，筆者が試みたかったことは異質な社会的背景を持った人々が大規模に集まっても，学習環境のデザインの

7）　今後の経営学習論においては，組織開発やワークショップなど，実践的介入を含む研究（アクションリサーチ）が従来よりもさらに求められるようになるだろう。既述したように，経営学習論は組織における人材育成の機能不全という社会的背景に人材開発を下支えする実証的かつ学際的な学問分野として構想される。ひいては，その研究スタイルのひとつに，フィールドを用いた介入的研究が志されてもよい（中原 2012a）。また，場合によっては対照群・実験群を設定したいわゆる実験計画法に基づく研究パラダイムもさらに志向されてもよい。これらは教育評価測定の基礎的手法として学習研究において幅広く実践されているが，今後は人的資源開発論の研究においても，さらなる知見が生まれることが期待される。

図 7-6　Learning bar の様子

仕方によっては対話が可能である，ということである。越境学習の場を支配する「導管メタファ」（Reddy 1979）──情報を有する者が情報を有しない者に知識を「伝達」することが学習であると考える非対称な学習モデルを克服することの実現を研究者自らが行うことをめざしていた。

　Learning bar は合計 30 回弱開催され，実験的フェイズを終えた。その実践的ノウハウは，中原（2011）にまとめられ，いわばオープンソースとして広く公開されている。

7. 4. 2　REMIX-Unconference：学習者参加型の学習環境デザイン

　REMIX-Unconference は 2011 年 12 月に学習研究者である上田信行（同志社女子大学教授）らの研究チームと筆者とで共催された。REMIX-Unconference のテーマは，「個人が他者との対話を通じて自分のキャリアを内省する機会」を構築することであった。REMIX-Unconference ではこのテーマのもと，学習者が自分たち自身が学ぶための環境やコンテンツをデザインし，そのなかで実際に学ぶことをめざしている。プロダクトデザインのプロセスにエンドユーザーが参加する，いわゆる「参加型デザイン」（Schuler & Namioka 1993）に類似するような手法を学習環境構築に援用したものである。

　参加者 120 名は開催日前日に宿泊施設に集められる。企画者から趣旨の説明があったのち，「自分のキャリアを内省する」というテーマのもと，自分たちが，明日，どのような活動を行いたいか候補をあげてもらった。その

図 7-7　REMIX-Unconference 前日：グループに分か
　　　　れて，明日の学習活動を，それぞれのグループ
　　　　でデザインしている様子

図 7-8　REMIX-Unconference 前日：グループに分か
　　　　れての学習活動デザインは，数時間にわたって
　　　　行われた

後，活動の候補ごとに賛同者をつのり，自律的にグループが形成される。こ
のグループで数時間の討議を経て，10 数個の学習活動が決定された。

　グループによっては，即興劇を通して自己のキャリアを表現したり，茶道
などの活動のなかに対話プロセスを組み入れる学習活動をデザインした。こ
れらの学習活動はタイムテーブルに書き記され，翌日，120 名の参加者がめ
いめいにそれらの活動に参加した。

　成人学習研究の知見を引用するまでもなく，成人の学習にとって最も必要

図7-9　REMIX-Unconference の様子

なことは，自己のニーズに従った学習を自らデザインできることである
（Knowles 2002）。REMIX-Unconference という社会的実践を通して，主催者
らがめざしたかったことは成人自らが他者と対話しながら自分たちの学習を
デザインする機会を持つことであり，そのためのプラットフォームを構築す
ることであった。なお，これらの実践的ノウハウは，上田・中原（近刊）に
よって公開される。

7.5　小括

　本章では，従業員が組織外で学習を行う，いわゆる越境学習について論じ
た。越境学習の背後に横たわる主要な社会ニーズには企業と個人が抱える
様々な課題が存在する。越境学習の第1のニーズとしては企業の競争優位
を支える源泉としてイノベーションの重要性である。日常過ごしている職場
や組織を離れ，異質なもの，多様なものと出会うことで，新しいアイデアや
商品の着想を得ることが，重要になってきつつある。
　第2に，グローバル化を背景とした雇用のよりいっそうの流動化のため，

組織を越えたキャリア開発・能力形成へのニーズが高まっていることがあげられる。このような社会背景のもと，社外勉強会などで学ぶ個人にスポットがあたっているものと思われる。

　本章後半では，「職場学習調査」のデータを用いて越境学習の実態把握を行った。とかく，越境学習には「業績をあげられない人間」「会社へのコミットメントが低い人間」が行うものだという一般的イメージがつきまとっているが，そのイメージは再考の余地があることが示唆された。社外で学ぶ人材とは決して組織コミットメントが低い，根無し草のような人材ではない。例えば，あるビジネスパーソンは社外で学ぶことについて次のように語る。

　　　「外で勉強していると，いろんな人の話を聞いて，<u>自分の会社のいいところも見えてくるんですよ</u>。<u>うちの会社の，わかんないところが［わからないと思っていたところが］，意外にいいところだったり</u>。（中略）外に出ると，［会社の］悪いところも見えなくはないんですけど，いいところも見えてくるんですよ」

　この語りからは，社外で学ぶことが「自社の悪いところ」を意識化する一方で，「自社のよいところ」についても見つめ直す契機になっていることがわかる。この語りの妥当性は実証研究によって検証されたわけではないが，社外での活動が自組織の「よさ」を再発見することにつながり，ひいては組織コミットメントを高める可能性がありうることを示唆している。

　古典的研究をひもとけば，社内と社外という境界に関連する研究としてはGouldner（1957, 1958）のコスモポリタン，ローカルの2軸が有名である。アルヴィン・グールドナーによれば従業員は，1）自分の仕事領域・専門領域に強くコミットメントを求める人材をコスモポリタン，2）自分の組織に強くコミットメントを持つ人材であるローカル，の2種類に大別されるという。この2軸は，一見，トレードオフの関係にあるように思える。つまり「コスモポリタンであればローカルではない」か，ないしは「ローカルであればコスモポリタンではない」ということである。

　しかし，近年の先行研究はこうした2軸を二律背反な事象として捉える

向きに異を唱える。実際には，好業績社員とは「ローカルであり，かつ，コスモポリタンである」という二重性を抱えながら，仕事をしているということである。例えば甲（2002）は事務系ホワイトカラーにおいて，三崎（2004）は研究開発職において，その傾向を見いだしている。近年では，石山（2011）が，組織へのコミットメントを有しながらも，自らの専門性を発達させようと志向する人材を「組織内専門人材」と呼称し，新たに概念化している。本研究の越境学習者の実態も，こうした研究の系譜の上に位置づけることが可能であると考えられる。

　次に越境学習と社会関係資本の関係を分析した。

　社会関係資本は近年，成人の学習を規定する要因として様々に取り上げられることが多くなっているが，本研究では，一般的社会関係資本と，特定的（組織レベル）社会関係資本の2つを取り上げ，これらが越境学習にどのような影響を与えているかを考察した。一般的社会関係資本を有している個人の方が，社外での越境学習に出かける可能性が高いことが示唆された。

　本章の最後では，筆者が関与している「越境学習をめぐる社会実験（社会的実践）」として，導管型モデルの学習を克服するために行われた「Learning bar」と，学習者自らが自分たちの学習を同時多発的にデザインする，という「REMIX-Unconference」を取り上げた。

　越境学習は組織外に生起する学習であるため，組織社会化，経験学習，職場学習など，他の領域に比べ，研究が少ない。今後のさらなる研究の発展を期待できる。

第8章 今後の研究課題：グローバル化に対応した人材育成の模索

> 探究をとめてはならない。探究の終わりには，始めの場所に戻るだろう。そして
> 初めて，あなたは，その場所の意味を知ることになる。
>
> （Elliot, T. S.）

　本書において筆者は，「経営学習論」という学際研究領域の全体像を先行研究と筆者が関与・共同研究を行った調査研究の知見を適宜紹介しながら，描き出してきた。それは，1) 組織社会化，2) 経験学習，3) 職場学習，4) 組織再社会化，5) 越境学習という5つの視座から，企業組織における人々の学習の実態にアプローチする「旅」のようなものであった。

　最終の第8章では，この「旅」の終わりに今後の研究課題「グローバル化に対応した人材育成の模索」について述べる。具体的には，元外国人留学生の日本企業への組織適応に関する研究，海外赴任したマネジャーの学習研究を紹介する。

　近年，日本企業は海外に生産拠点を移動させたり，海外の現地法人の社員を本社に異動させたりするなどの人事施策を進めている。このような動きのなかで，まず必要なのは，文化的背景や社会的背景の異なる「多様で異質な他者」をいかに組織適応させ，同時に革新的な行動を引き出すか，についての研究である。これらに加えて，日本人社員がこれまでとは異なる社会的コンテキストにおいて働き，そのなかで学び，変化することをいかに支援するか，という視点に関する社会的ニーズについても，日々，高まっていることはいうまでもない。先行研究によれば，海外に駐在した社員が適応や業務に失敗する確率は決して低くない（Borstorff et al. 1997, Toh & DeNisi 2005, Sanchez, Spector & Cooper 2000）。失敗によるコスト増（Carraher & Buckley 2005）をさけるためにも，社員への支援が不可欠である [1]。

　最終章で紹介する一連の研究は，これらの背景のもとに，近年実施された
ものである。それらはまだ緒についたばかりの研究であるものの，今後の経
営学習論の理論的展開において，一定以上の関心が集まるものと思われる。
筆者は本書の終わりに，「新たな研究のはじまり」を記したい。

8.1　グローバル化と人材開発：外国人の日本企業への適応，日本人の海外での適応

　経営学習論の今後の，しかも喫緊の研究課題とはグローバル化に対応した
人材育成を下支えする研究であろう。

　世界の生産・消費市場が，いわゆる先進国から新興国へと移っていくなか
で，海外市場への新規参入・シェア拡大をめざした合弁企業・工場の設立な
どが進んでいる。このような経営戦略の変化は，人事戦略の変化，ひいては
人材開発の変化に結びつかざるをえない。

　かくして，意欲と高度な知識を有する外国人社員をいかに採用し，育成し，
成果をあげてもらうか，あるいは本社で採用した日本人社員をいかに海外で
通用する人材に育成するかなど，いわゆる「人材育成のグローバル化」が課
題になっている（日本生産性本部 2011）。おそらく，この言葉は「グローバル
化」という言葉が「無化」するまで——日本企業が自らの組織状況に照らし
て適当なグローバル企業としてのあり方を見つけるまで——人々の関心事に
なっていくものと思われる。

　しかし，いわゆる「人材育成のグローバル化」という喫緊の課題に対して，
明確な指針が得られているかというとそうではない。むしろ，経営のグロー
バル化に対応する意識や意義は感じていながらも，それを行うにはどのよう
な能力をどのような手段において開発していくのか，についての明確な指針
が得られていないのが現状である（経済産業省 2009）。

　かくして，経営学習論はこうした実務上の課題に取り組む必要がある。現
在，筆者および筆者の関係する共同研究では，まさにこの課題に取り組んで

---

1)　なお，米国全体で海外勤務の失敗に関する包括的コストは，20億ドルにのぼると試算し
　　ている報告もある（Copeland & Griggs 1985）。

いるが，研究は緒についたばかりである。

　以下，1）日本の大学を卒業した元外国人留学生の組織適応に関する島田・中原（2010a, 2010b）の諸研究，2）海外勤務における日本人の組織適応と学習に関する筆者自身の研究について紹介する。

8.1.1　元外国人留学生の組織社会化に関する研究

　まず第1に，日本の大学を卒業した元外国人留学生の組織社会化・組織適応に関する研究として，島田・中原らによる一連の研究を紹介する。

　島田・中原（2010a）では，日本の大学を卒業して，日本企業に勤務している元留学生社員4名（入社2～3年目）とその上司を対象にして，半構造化インタビューを実施し，元留学生社員の組織社会化プロセスについて探索的研究を行った。

　その結果，1）元留学生社員が組織社会化プロセスにおいて抱える課題および職務満足度は職場環境など個人を取り巻く状況によって大きく変化していること，2）特に職務満足度の低い2名は上司や同僚との社会的相互作用に問題を抱えていること，がわかった。

　人種のダイバーシティが低い一般的日本企業においては，元留学生社員は圧倒的マイノリティである。ゆえに円滑な社会的相互作用が築けない場合に，職場から遊離し，最悪の場合，業務に必要な技能・知識をなかなか習得できない局面も出てくる。

　この結果を受けて，島田・中原（2010b）では職場の上司が元留学生の組織社会化のプロセスをどのように認識し，どのような支援を行っているのかを分析している。

　具体的には，元留学生社員の直属上司が，元留学生の仕事内容・組織適応の諸局面をどのように認知し，どのような支援を行っているのかを，上司の語りを対象に分析した。

　この結果，元留学生社員の直属上司は元留学生が円滑に仕事をするために必要な多様な支援や取り組みについて認識しており，「他国の文化や他者の尊重」「自国文化に対する理解」など，元留学生の文化的側面に配慮した支援をしていることがわかった。

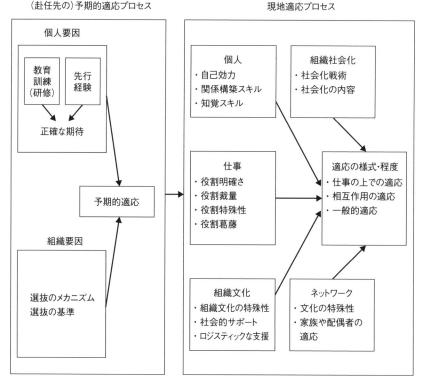

図 8-1　海外適応のフレームワーク (Black, Mendenhall & Oddou 1991 を訳出，一部筆者改)

　島田・中原（2010b）らは，これらの定性的研究から得られたフレームワークをもとに，現在，実証的な量的調査を実施している。今後，さらなる分析を進めていくことが求められる。

8.1.2　海外勤務における日本人の組織適応と学習

　第2に，海外勤務における日本人の組織適応と学習に関する研究としては，筆者が近年行った量的調査が存在する。

　この領域の先行研究には，スチュワート・ブラックらの一連の研究がある。ブラックらは海外勤務時の組織・異文化適応について図8-1に示すようなモデルを提案している（Black, Mendenhall & Oddou 1991）。

　このモデルにおいてブラックは,「海外勤務への適応」を「海外赴任前の予期的な適応」と「現地での適応」といった2つの下位プロセスに分解して捉えている。

　前者の「海外赴任前の予期的な適応」においては, 海外勤務に対して「正確な期待」(Black 1993) を「教育訓練」(Black & Mendenhall 1990) や「先行経験」を通じて獲得することが重要であるとした。また, 適切な人を選び出す選抜メカニズム・基準が機能していれば (Black & Mendenhall 1989), 予期的適応の程度はなおさら高まることが予想される。この予期的適応が, 後者の「現地での適応」に引き継がれるのだという。

　後者の「現地での適応」プロセスにおいては個人の有する自己効力感や社会的関係の構築スキルといった「個人」(Black 1990a, 1990b) 要因, 与えられる仕事の明確さ・裁量といった「仕事」(Black & Gregersen 1990) 要因, 組織文化の特殊性や社会的サポートの有無といった「組織文化」要因, 現地での研修やマネジャーとの交流の有無といった「組織社会化」(Black 1992) 要因, そして配偶者適応や文化的特殊性をかかげる「ネットワーク」(Black & Stephens 1989) 要因などが, それぞれ「現地での適応」や「仕事のパフォーマンス」に大きく影響を与えるのだという。

　さて, ブラックのモデルを概説してきた。このモデルは非常に多様な要因間の関係を考慮にいれて構築されており, のちの海外勤務者の組織適応に関する研究の先鞭をつけた。

　例えば, ブラックの共同研究者の1人でもあるマーク・メンデンホールらはこれらのモデルに従い, 海外派遣者の赴任前研修のあり方を考察している。

　メンデンホールらの指摘によれば, 赴任前研修は派遣国と自国文化の文化的差異の程度を考慮し, その内容をコントロールするべきだという。滞在期間が短期, 中期, そして長期にわたるに従って, 派遣国の文化的・社会的背景に関する知識を蓄積する研修から, ロールプレイや異文化生活に関するシミュレーションなどを含みうるインタラクティブな学習機会を創造するものへと, 教育内容の精選が行われるべきだとしている (Mendenhall, Dunber & Oddou 1987)。

　しかし，これら一連の研究には，問題も残されている。

　最大の問題は海外赴任をした人が日々の仕事をする「職場における業務経験」や「職場の社会的関係」が分析の視角に入れられているわけではないことである[2]。本書を通じて繰り返し既述してきたように成人の学習の源泉になるのは，「仕事の経験」であり，「職場の社会的関係」である。これらを分析の視点に入れていくことが求められる。

　こうした課題認識を背景に，筆者は現在，海外赴任者の職場学習に関する一連の研究を続行している。そのひとつである「海外赴任調査」は海外勤務を経験している日本人の海外勤務内定から帰任に至るまでのプロセスに着目し，そこでどのような経験をし，どのような社会関係のなかで業務を行っているかを明らかにしようとしている。

　現在，一連の研究は緒についたばかりであるが，「海外赴任調査」の分析結果の概略を「海外勤務内定プロセス」「海外勤務中のプロセス」「海外勤務後のプロセス」に分けて考察してみよう。

8.1.3 「海外勤務内定プロセス」に関する分析：海外勤務への事前準備

　「海外勤務内定プロセス」に関する分析として，まず手始めに，1）本調査に回答したビジネスパーソンの海外勤務内定は実際の勤務が始まるどのくらい前に行われており，2）勤務開始時までにどのような準備（研修などの学習機会）が企業から提供されていたのかを，考察する。

　1）に関して，図8-2は海外勤務の「打診」をはじめて受けたときの時期に関するグラフである。

　このグラフを見ると「海外勤務の打診を受けた時期」に関して最頻値は「約3ヶ月前から6ヶ月前」であるものの，29％は「約1ヶ月前から3ヶ月未満の時期」，7％は「約1ヶ月未満前」に打診を受けたものもいることがわかる。1ヶ月未満の期間で海外勤務に入ることは，十分な準備時間はとれないことが予想される。どのようなタイミングで打診を行い，準備をしてもらうかについて，より詳細に検討していく必要があろう。

　2）　近年になってYamazaki & Kayes（2007b）の研究など学習の観点から海外の赴任にアプローチする先駆的研究も生まれている。

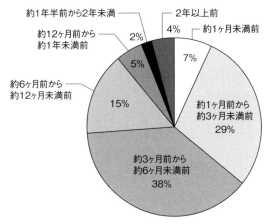

図 8-2　海外勤務の打診を受けた時期（N＝285）

　例えば，海外勤務の長いマネジャーは自らのはじめての海外赴任内定時を次のように振り返る。

　　「［海外勤務が決まったときには］僕じゃなきゃ，ダメなんですか，っていいました。当時は［内示は］，人事部長ダイレクトなんですよ。（中略）ちょっと外からコレクトコールしてくれっていわれて。（中略）91年の2月だったですね，［実際に海外に］行ったのは91年……だったですよ。［最初に］僕じゃなきゃ，ダメなんですかって聞いた。（中略）“もうちょっと引き継ぎがあるので，もう少し待ってくれたら，行きます”と答えたら，［人事部長は］「わかった」と。えっ，それだけって感じで。で，7月1日づけで本社のある部門に異動して，8月29日に行きました」

　このマネジャーの場合，内示は人事部長からの直接の打診で，2月に行われている。実際に海外赴任したのは8月であるものの，7月までは前任の通常業務に奔走していたので，実質，準備期間は2ヶ月弱であることがわかる。職場は多忙を極めているので，なかなか準備期間をとることは難しいと思われるが，渡航への準備にある程度の時間は必要である。海外勤務地への

表 8-1 内定から海外勤務開始時までの学習機会

		度数	パーセント
海外赴任内定者に対するオリエンテーション（説明会）	経験しなかった	155	50
	経験した	155	50
海外赴任内定者に対する語学研修	経験しなかった	184	59.4
	経験した	126	40.6
海外赴任内定者に対する異文化適応教育	経験しなかった	228	73.5
	経験した	82	26.5
海外赴任内定者に対して経験者などのメンターを割り当てる制度	経験しなかった	243	78.4
	経験した	67	21.6
海外赴任内定者の配偶者に対する研修	経験しなかった	104	33.5
	経験した	31	10
	配偶者なし	175	56.5
合計		310	100%

組織適応を円滑にするためにも，内定時のタイミングについては，再考の余地があると思われる。

それでは，次に 2)「内定から海外勤務開始」の期間中に，一般に会社からどのような学習機会が提供されていたのかを見てみよう[3]。

表 8-1 の結果によると「海外赴任内定者に対するオリエンテーション」は約半数が経験しているものの，半数は未経験のままで渡航している。「海外内定者に対する語学研修」は 59.4％ が未経験，「海外赴任内定者に対する異文化適応教育」は 73.5％ が未経験，「海外赴任内定者に対して経験者などのメンターを割り当てる制度」は 78.4％ が未経験であることがわかる。

なお，先行研究によると海外赴任者の配偶者の適応は海外における適応に関連が深いとされていたが（Black & Stephens 1989)[4]，「海外赴任内定者の配偶者に対する研修」に関しては，海外赴任時に配偶者がいた 135 人中 31 名の 23.0％ が受講，77.0％ が未受講であることがわかる。

---

3) 多国籍企業の 32％ が海外赴任に際して，公式な研修機会を提供しているという報告も存在する（Tung 1981)。

4) 本調査データによると，後述する「海外業務職場適応」「海外職場革新行動」「海外勤務業績」と「配偶者の適応（4件のリッカートスケールで回答）」の間には統計的有意な相関が認められた。「海外業務職場適応×配偶者適応（r=.484 p<.001)」，「海外職場革新行動（r=.287 p<.05)」，「海外勤務業績（r=.242 p<.05)」であった。もちろん，これだけのデータで一般化を行うことができないが，特に「配偶者の適応」「海外職場適応」との間には中程度の相関が見られる。

表 8-2　海外勤務開始時の学習機会

		度数	パーセント
海外勤務に必要なスキル・知識を獲得するための現地での研修	経験しなかった	200	64.5
	経験した	110	35.5
他の海外赴任者と交流を持つことができるような研修等の機会	経験しなかった	211	68.1
	経験した	99	31.9
赴任者を対象にしたメンタリング（相談役を割り当てること）の機会	経験しなかった	236	76.1
	経験した	74	23.9
合計		310	100%

　既述したブラックらの一連の研究においては，海外勤務における予期的社会化の重要な契機として表 8-1 のような学習機会が主張されていた。これらの数字からは，必ずしも海外赴任をする日本人に対する教育施策が十分ではないことが見て取れる。

8.1.4　海外勤務中の困難と学習：職場における学習，経験による学習

　次に，「海外勤務中のプロセス」に関して分析を行う。ここでは，1）海外勤務開始直後の学習機会，2）海外勤務開始直後に感じる困難と課題，3）海外勤務の職場における社会関係を通じた学習，業務経験を通じた学習について，それぞれ考察するものとする。

　まず，1）「海外勤務開始直後の学習機会」の分析においては，海外勤務開始直後，海外勤務者はどのような学習機会を経験したのかを考察した。ブラックの先行研究においては，海外勤務をしている他のマネジャーとの交流機会をあえてつくるなど，組織社会化戦術を駆使することが望まれていたが，その実態はどうであろうか（Black 1992）。

　まず，表 8-2 は海外勤務開始時の学習機会についての結果である。この表を見るとおり，「海外赴任調査」で得られたデータに関しては，海外勤務直後に十分な学習機会が保障されているとはいえないことがわかった。

　「海外勤務に必要なスキル・知識を獲得するための現地での研修」に関しては，64.5％が未経験，「他の海外赴任者と交流を持つことができるような研修等の機会」に関しては 68.1％が未経験，「赴任者を対象にしたメンタリングの機会」は 76.1％が未経験という結果になっている。グローバルな

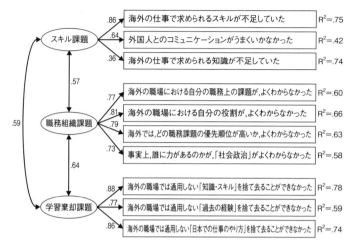

図 8-3　海外勤務開始時に抱える困難・課題の確認的因子分析結果

活躍を社員に期待するのであれば，社員に対してその活躍の基盤となるような学習機会を提供することについて，一考の余地があるものと考えられる。

　次に，2)「海外勤務開始直後に感じる困難と課題」に関して海外勤務開始時に海外赴任者は，（海外赴任開始3ヶ月以内に）どのような困難や課題に直面するかについて分析を行う。

　この分析を行うために，筆者は海外赴任者へのヒアリングから独自に34項目の質問項目を作成し，探索的因子分析を行い，3因子を抽出した。信頼性分析の結果は第1因子がα＝.82，第2因子がα＝.86，第3因子がα＝.87であった。いずれも十分な値を示していた。その後，3因子に共分散を仮定したモデルを構築し，確認的因子分析を用いてモデルの適合度を確認した。最終的なモデル適合度は，GFI＝.954，AGFI＝.921，CFI＝.975，RMSEA＝.068，AIC＝123.412であった。図8-3は確認的因子分析の結果である。

　第1因子は「海外の仕事で求められるスキルが不足していた」「外国人とのコミュニケーションがうまくいかなった」などの項目から成立するため，「スキル課題」と命名した。海外勤務は，新たな組織への適応プロセスと考えられる。第6章における中途採用者と同様に，人が新たな組織に参入し

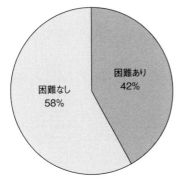

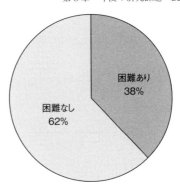

図 8-4　「海外の仕事に必要なスキルが不足していた」「海外の仕事で必要になる知識が不足していた」の質問項目に対する回答者割合（N＝310）

図 8-5　「外国人とのコミュニケーションがうまくいかなかった」の質問項目に対する回答者割合（N＝310）

たとき，必要となる知識・スキルなどは学び直す必要がある。

　第 2 因子は「海外の職場における職務上の課題や役割の理解」ないしは「組織における人脈・政治」に関する課題であるので，「職務組織課題」と命名した。組織には，その組織に特化し，文脈づけられた様々な知識が存在する。これらの知識を獲得することは，組織適応上の大きな課題といえる。

　第 3 因子は日本の職場では通用しても，海外勤務地では通用しないスキル・仕事のやり方などを捨て去ることに関する課題——学習棄却に関する課題——であるので，「学習棄却課題」と命名した。

　分析の結果，これら 3 つの課題のうち，最も多くの海外勤務者が困難を感じるのは「スキル課題」であることがわかった。例えば，「海外の仕事に必要なスキルが不足していた」「海外の仕事で必要になる知識が不足していた」という質問項目に関しては回答者のうち 42％ が困難を経験している（図 8-4）。また「外国人とのコミュニケーションがうまくいかなかった」という質問項目に関しては，38％ の人々が困難を経験している（図 8-5）。

　しかし，一方で，これらの海外勤務開始時の困難とは，時間の経過や経験の蓄積のなかで解決していく可能性が高いことも分析の結果わかった。「ス

キル課題」に関しても，80％から85％の海外勤務者は海外勤務中にこれら
の課題を解決したと回答している。他の課題に関してはさらに解決の割合が
高い。

　最後に，3）「海外勤務の職場における社会関係を通じた学習，業務経験
を通じた学習」に関する分析である。

　ここでは海外勤務中の「職場の社会関係」や「業務経験」がどの程度，海
外業務への適応，海外勤務の職場における革新行動，海外業務の業績・成果，
一般的な能力向上などに影響を与えたのかを分析してみよう。

　海外勤務を始めた人は，まずは職場や業務に「適応」しなければならない。
無事「適応」を済ました人は，次に，海外の職場で活発に仕事をし（革新行
動），業績に対して自分なりの貢献をしなければならない。そして，そうし
た一連のプロセスを通して自らの業務能力が向上するとすれば，それ以上に
望ましいことはない。ここでは，こうした種々の成果変数に関して，「職場
の社会関係」や「業務経験」がどのような影響を与えていたかを考察するも
のとする。

　本格的な分析に入る前に，諸変数の説明を行う。

　まず独立変数である。「海外勤務における職場の社会関係を通じた学習」
を分析するにあたっては，第5章の「職場学習」で紹介した「他者からの
支援尺度」を用いた。他者支援尺度はどのような主体から，「業務支援」「内
省支援」「精神支援」，という3種類の支援をどの程度受けたかを分析する
ための尺度である。信頼性分析の結果は，「業務支援」（$\alpha = .85$），「内省支
援」（$\alpha = .72$），「精神支援」（$\alpha = .85$）という結果が得られた。

　「海外業務経験」の分析にあたっては，第4章で紹介した木村（2012）の
経験学習行動尺度を海外勤務中の経験学習行動[5]を聞くためのものとして
利用するため，一部修正して用いた。具体的には「あなたは海外勤務地にお
いて，どのような仕事をすることができましたか」という教示文を設け，各

　5）　スプレイツァーら（Spreitzer, McCall and Mahoney 1997）は，海外で活躍できる人材の
　　潜在的能力として，経験学習行動に着目し調査を行っている。新規な物事にふれ，そこから
　　様々なものを学び，適応するためには，経験学習行動が欠かせない。具体的には，異文化に
　　対する冒険心，学習機会の活用，オープンさ，フィードバックの活用と自己探索，柔軟性な
　　どがあげられている。

質問項目に 5 件のリッカートスケールで回答してもらった。信頼性分析の結果，十分な結果が得られた。

　これらに加えて，経験の質に関してさらに詳細な分析を行うため，「あなたは海外業務において修羅場を経験しましたか［修羅場とは海外勤務ならではの，業務遂行上の困難を示します］」というオリジナルな質問項目を作成した。この質問項目に対して，「経験した」「経験しなかった」で回答を求めた。「経験した」と回答した人に対しては，具体的にどのような修羅場を経験したのか，いくつかの質問項目にわたって回答を求めた。具体的な修羅場の経験を聞く質問項目としては，McCall & Hollenbeck（2002）を参考に「はじめての管理職経験」「ビジネスターンアラウンド」「新規ビジネスの立ち上げ」「新規マーケットの開拓」「ジョイントベンチャー，アライアンスの立ち上げ」「外国人とのタフな交流・交渉」「多様な国籍の人々からなるプロジェクトの参加」「悲惨な部門・業務の立ち上げ」「M&A」の 9 項目を設けた。

　次に成果変数（従属変数）を説明する。成果変数を考えるにあたっては，既述したように海外赴任者が海外の職場に「適応」し，その職場で「革新行動」を成し遂げ，「業績・成果」を出し，その全体プロセスを通して「能力向上」を成し遂げる，という一連の組織適応・学習プロセスを想定し，「海外業務職場適応」「海外職場革新行動」「海外勤務業績」「海外業務能力向上」という 4 つの概念を設けた。

　「海外業務職場適応」を聞く質問項目としては，Black（1990a, 1993）などを参考にして，「海外勤務において，あなたはどの程度現地に適応できましたか」という教示文のもと，「海外の職場」「海外の仕事」「海外の職場の人々とのコミュニケーション」という下位 3 項目に関して「とても適応できた」「適応できた」「やや適応できた」「どちらともいえない」「やや適応できなかった」「適応できなかった」「全く適応できなかった」の 7 件のリッカートスケールで回答してもらった。下位 3 項目に関して信頼性分析を行ったところ，$\alpha = .91$ であったので，単純加算して質問項目数で除した数値（単純加算平均値）を用いることにした。

　「海外職場革新行動」をたずねる質問項目としては，鴻巣・小泉・西村（2011）が Jones（1986）や金井（1991）を参考にして 7 項目 1 次元からなる

革新行動尺度を用いているので，これを修正して回答者に問うことにした。具体的には「あなたは海外勤務地において，どのような仕事をすることができましたか」という教示文のもと，「新しい試みを積極的に実行に移すことができた」「新しい提案を試すことができた」「問題を解決するための提案を活発に出すことができた」「当面の課題ばかりだけでなく，将来の課題にも目を向けることができた」「職場のあり方についてメンバー同士で議論することができた」「仕事のやり方や手続きは，自分なりに工夫し，変えることができた」「自分が期待されている役割や目標を自ら変えることができた」であり，これらに対して「あてはまる」から「あてはまらない」までの5件のリッカートスケールで回答してもらった。信頼性分析の結果，$\alpha = .91$が得られたので単純加算平均値を用いることにした。

「海外業務の成果」を問う質問項目に関しては，「海外業務職場適応」と同様に，ブラックらの先行研究を踏まえ「海外勤務を通したあなたの業績・成果についてお聞きします」という教示文のもと「海外の職場に貢献することができた」「質の高い仕事を行うことができた」「業績・成果をあげることができた」「新しい仕事を成し遂げることができた」「将来性のある仕事を成し遂げることができた」の5項目に7件のリッカートスケールで回答してもらった。信頼性分析の結果，$\alpha = .93$であるので，同じく単純加算平均値を算出した。この値を「海外勤務業績」とよぶ。

最後に海外勤務を通して，どの程度，業務能力向上が見受けられるのかを測定するため，第5章で掲載した能力向上尺度を用い，17項目の単純加算平均値を算出した。信頼性分析の結果は$\alpha = .97$であった。単純加算したこの値を「海外業務能力向上」とよぶ。

以下，分析結果を述べる。

第1に「職場における社会的関係を通じた学習」の分析結果から述べる。

実際の分析は，上司・上位者・同期の3主体から受けている「業務支援」「内省支援」「精神支援」の3つを独立変数とし，「海外業務職場適応」「海外職場革新行動」「海外勤務業績」「海外業務能力向上」をそれぞれ従属変数とした階層的重回帰分析によって行った（N=310）。Model 1には，性別，年齢，職種（ダミー変数）などを投入し，Model 2には各主体からの「業務支

表 8-3　各主体からの支援と海外勤務における成果変数の関係：階層的重回帰分析
　　　　（Model 2 における標準化係数と R² 値を表示）

		海外業務職場適応	海外職場革新行動	海外勤務業績	海外業務能力向上
上司モデル	業務支援	—	.531 **	.385 †	.657 ***
	内省支援	—	—	—	—
	精神支援	—	—	—	—
	調整済み R² 値		.296 ***	.172 **	.304 **
上位者モデル	業務支援	—	.315 †	.396 *	
	内省支援	—	.310 *	—	
	精神支援	—	—	—	
	調整済み R² 値		.298 ***	.299 ***	
同期モデル	業務支援	—	—	—	—
	内省支援	—	—	—	—
	精神支援	—	—	—	—
	調整済み R² 値				

† p<.1　* p<.05　** p<.01　*** p<.001

援」「内省支援」「精神支援」を投入した。

　結果を表 8-3 に示す。この表は，Model 2 の各主体の「業務支援」「内省支援」「精神支援」のうち，何がそれぞれの成果変数に寄与しているかを標準化係数とともに示した表である。

　表 8-3 において値が記入されている部分に関しては，統計的有意な結果が得られた。またその部分においては，R² 値（調整済み R² 値，R² 値の変化量）がいずれも有意であった。なお，「—」の部分は有意な結果が得られなかったところである。

　「海外業務職場適応」ではいずれのモデルにおいても，支援は影響を及ぼしていなかった（n.s.）。海外業務・職場への適応は「職場における他者からの支援」ではない，他の要因が影響しているものと思われる。

　「海外職場革新行動」については「上司による業務支援」（β =.531 p<.01），「上位者による業務支援」（β =.315 p<.01），「上位者による内省支援」（β =.310 p<.05）が統計的有意な正の影響を及ぼしていた。同期からの支援に関しては，統計的有意な影響を及ぼしていなかった。

　「海外勤務業績」に関しては，「上司による業務支援」（β =.385 p<.1），

表8-4　各主体からの支援と海外勤務における成果変数の関係：階層的重回帰分析
（Model 2 における標準化係数と調整済み R² 値を表示）

		海外業務職場適応	海外職場革新行動	海外勤務業績	海外業務能力向上
経験学習行動	具体的経験	.509 ***	.491 ***	.392 ***	.430 ***
	内省的観察	—	—	—	—
	抽象的概念化	.197 †	.221 **	.199 *	—
	能動的実験	−.207 †	—	—	—
	調整済み R² 値	.244 ***	.614 ***	.392 ***	.43 ***

† p<.1　* p<.05　** p<.01　*** p<.001

「上位者による業務支援」（β =.396 p<.05）が正の影響を及ぼしていた。同期からの支援に関しては，統計的有意な影響を及ぼしていなかった。

　最後に「海外業務能力向上」に関しては，「上司による業務支援」（β =.657 p<.001）が正の影響を及ぼしていた。上位者モデル・同期モデルに関しては，統計的有意な結果を得られなかった。

　これらの結果を総合すると次の事柄がわかる。

1）海外勤務の諸成果変数に対しては，組織適応時を除いて，上司からの「業務支援」が不可欠であること
2）革新行動を促すためには，上司からの「業務支援」に加え，上位者からの「業務支援」「内省支援」が重要であること
3）同期からの支援は正の影響を持っていないこと

　これらの結果に関しては海外勤務地の特殊性がやはり想起される。新卒一括採用の雇用慣行がなく，人の出入りの激しい海外の勤務地においては，中原（2010）が描いたような日本企業の「職場」とは異なる力学が働く。そこには「同期」という概念がないことも予想される。

　ここまで「職場における社会的関係を通じた学習」に関する分析結果を概観してきたが，次に「どのような業務経験が海外勤務の成果変数につながるのか」を考察する。ここで行うのは「海外勤務地における経験学習の観点」からの分析である。

　分析に際しては，上記の「職場における社会的関係を通じた学習」の分析

手法を踏襲することとした。独立変数として経験学習行動尺度を設定し，同じく階層的重回帰分析を行った（N=310）。表 8-4 がその結果となる。R^2 値，R^2 値の変化量，調整済み R^2 値はいずれも統計的有意な結果が得られた。

　この分析結果を見ると，「海外業務職場適応（$\beta = .509$ p<.001）」「海外職場革新行動（$\beta = .491$ p<.001）」「海外勤務業績（$\beta = .392$ p<.001）」「海外業務能力向上（$\beta = .430$ p<.001）」のいずれの従属変数に対しても，経験学習行動のうち具体的経験が統計的有意な正の影響を与えていることがわかった。既述した分析では，「海外業務職場適応」に関しては，「職場における他者からの支援」が正の影響をもたらしていなかったが，こちらの分析ではその関連がわかった。「海外業務職場適応」に正の影響を与えるものは「具体的経験」が最も重要である，ということである。

　他には「抽象的概念化」が「海外業務職場適応（$\beta = .197$ p<.1）」「海外職場革新行動（$\beta = .221$ p<.01）」「海外勤務業績（$\beta = .199$ p<.05）」に正の影響を与えていた。経験を抽象的概念として昇華することも，また重要なことである。

　なお，能動的実験が「海外業務職場適応（$\beta = -.207$ p<.1）」に 10％ 水準の負の影響を与えていた。「能動的実験」が「海外業務職場適応」に負の影響をなぜ与えるかは，このデータからだけでは推測できないが，「能動的実験」とは過去に抽象化し，蓄積した業務ノウハウを積極的に試行してみることにある。だとすれば海外業務開始直後に関しては，そのノウハウ自体が蓄積されていないか，ないしは日本で蓄積したノウハウを海外に適用しようとしているケースが考えられる。いずれにしても，今後のさらなる分析が必要である。

　ここまでを総合的に解釈すれば，海外の勤務地における適応，革新行動，勤務業績，そしてそれらのプロセスを経た業務能力の向上は，ストレッチを含む多種多様な経験を繰り返し，時には概念化を行うことに左右される，ということになる [6]。

---

6)　ちなみに，第 4 章「経験学習」の循環モデルにおいて見たように，「具体的経験」「内省的観察」「抽象的概念化」「能動的実験」の諸要素には間接効果が存在する。たとえ成果変数に対して直接の効果を持っていなかったとしても，他の変数を媒介して，成果変数に寄与している。

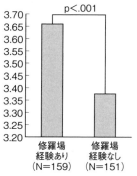

**図8-6　修羅場経験の有無
と海外業務能力向
上の関係：分散分
析の結果**

　それではさらに分析を深め，「海外において，どのようなタイプの業務経験をなすことが，業務能力の向上に寄与するのか」を考察してみよう。

　海外勤務を「仕事の環境」として見るだけでなく，「学習の機会」として見ることで，従業員のキャリア開発に資する可能性がある。ここでは具体的な業務経験の質ごとに能力向上の結果を見ていく。

　まず，第1に「海外勤務ならではの業務上の困難」，いわゆる修羅場経験の有無によって，「海外業務能力向上」はどのように変化するだろうか。

　今回の回答者の場合，全回答者310名のうち，修羅場経験があると回答したものは159名（51.3%），修羅場経験がないと回答したものは151名（48.7%）となった。約半数の勤務者が何らかのかたちで修羅場経験をしていることになる。

　なお，「修羅場経験の有無」を独立変数，「海外業務能力向上」を従属変数として一元配置分散分析を試みたところ，修羅場経験のある人の方が修羅場経験のない人に比べて，「海外業務能力向上」を果たしていた（$f(1, 308)$=11.524 p<.001）。

　次に，具体的にどのような修羅場経験を持った人が能力向上を果たしているのかを調べるため，McCall & Hollenbeck（2002）を参考に設定した9項目「はじめての管理職経験」「ビジネスターンアラウンド」「新規ビジネスの立

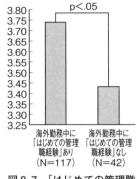

図 8-7　「はじめての管理職
　　　　経験」の有無によ
　　　　る海外能力向上の
　　　　平均値の差

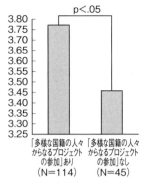

図 8-8　「多様な国籍の人々
　　　　からなるプロジェ
　　　　クトの参加」の有
　　　　無による海外能力
　　　　向上の平均値の差

ち上げ」「新規マーケットの開拓」「ジョイントベンチャー，アライアンスの立ち上げ」「外国人とのタフな交流・交渉」「多様な国籍の人々からなるプロジェクトの参加」「悲惨な部門・業務の立ち上げ」「M&A」の有無を独立変数にして（ダミー化），「海外業務能力向上」を従属変数として一元配置分散分析を行った。

　分析の結果，「はじめての管理職経験（$f(1, 157)=6.472$　$p<.05$）」「多様な国籍の人々からなるプロジェクトの参加（$f(1, 157)=5.583$　$p<.05$）」の 2 つの経験の有無に，海外業務能力向上の差があった。すなわち，「はじめての管理職経験」「多様な国籍の人々からなるプロジェクトの参加」などの修羅場を経験した人の方が，海外業務において能力向上を果たしている，ということである。その他には統計的有意な結果は得られなかった。

　例えば，これらに関して海外勤務において「はじめての管理職」として「複数の外国人の部下を含んだチームを率いる仕事」をまかされたマネジャーは当時を振り返り，次のように語る。

　　「外国人の場合には，日本ではあたりまえのことが，外国ではあたりまえではない，ということが原則としてあるんですね。会社のなかでビジ

ネスをやるうえで，あたりまえでしょ，ということがあたりまえじゃない。会社に入ると，会社のなかだけで通用する固有の言葉があるじゃないですか，それが私にとっては，あたりまえ。でも，部下はわからない。だから，それを一般向けの用語になおして話さなくてはならない。その発想の切り替えが大切です。

（中略）やっぱり，いわないとわからない。あ，やっぱりローコンテクストな国なので，やっぱり，ちゃんと，物事ははっきり，契約社会という言葉であらわされるかもしれませんが，物事は，伝えなければだめだよね。わかってくれているだろうは基本的にはない。だから，よくいわれましたよ。情けはないからな。わびさびもねーぞ，と」

　この語りにおいて，マネジャーは「日本の会社に勤めている者にとって自明であることが，必ずしも，外国人の部下にとっては自明ではないこと」への当惑を述べている。彼は発想を切り替え，部下に対して「一般向けの用語になおして話すこと」「物事を伝えること」に専念した。

　そして，ここでマネジャーが学習した内容は，部下が外国人でなかったとしても，十分有益な経験になるものと思われる。推測の域を出ないが，こうした海外勤務地における経験が，帰国後の部下管理能力・業務能力に正の影響を与えたであろうことが推察されたのではないだろうか[7]。

　以上，8.1.4項では，海外勤務中における組織適応・学習について分析を行ってきた。ここまでのすべての分析を総合的に考察すると，次のようなことが示唆される。

　すなわち，海外勤務においては多種多様でストレッチを含むような経験を繰り返しつつ，組織に適応し，上司や上位者による「業務支援」「内省支援」を受けながら[8]，仕事を達成していくことが，業績のアップにつながり，さらには能力の向上につながるものと考えられる。特に，「はじめての管理職経験」と「多様な国籍の人々からなるプロジェクトの参加」は海外勤務を経

---

7)　特に近年の職場は，いわゆる正社員のみならず，非正規職員も含め，多様な雇用形態の人々が集まり仕事をしている。外国人や元留学生の採用や，中高年齢者の再雇用の動きも見られ，職場はさらに多様化の一途をたどることが予想される。海外における多様な人材活用の経験は，帰国後の職場マネジメントに活かされることが期待される。

た能力向上に寄与することがわかった。

8.1.5　海外勤務後の組織適応と課題

　8.1.5項では「海外勤務後のプロセス」に関する分析，特に海外帰任時の組織適応・課題について述べる。一般には，海外勤務は帰任時に終了であると考えられるが，日本に帰任してからでも，「海外勤務」は実際には終わっていない。そこには，海外から日本への逆適応・再学習の問題が存在するからである（Black, Gregersen, Mendenhall & Stroh 1999）[9]。

　海外経験というフィルターを通してみると，今まで自明に見えていたものが，そうではなくなってくる。また，海外にいるあいだに，様々な物事が変わったかのように感じ，様々な困難を感じる。会社のなかで，それまで違和感を感じなかったものに違和感を感じるようになる。海外勤務帰任後に，これらの現象を体験する人は，少なくない。

　例えば，内藤（2009）は日系大手多国籍企業の帰任者を対象とした質問紙調査を行い，その多くが本国の組織・仕事・生活環境の変化に困難を感じていることを明らかにしている。仕事の困難に関しては組織の事情の変化や，仕事に関する情報不足などが原因としてあげられており，帰任者に対する積極的な支援が必要であることを主張している。

　ここでは，内藤（2009）を参考に，海外勤務後に帰任者が抱える違和感について「社内制度の変化」「仕事のIT化」「会社・職場の変化」「人の変化」「仕事量の増加」「仕事の裁量権限低下」「仕事で付き合う人々の役職の低下」の質問項目を設定し，帰任者に回答を求めた。表8-5がその結果である。

---

8)　ここでは，上司・上位者による社会関係を取り上げたが，海外勤務者のメンタリングの効果に関しては有望であると結論づける研究が注目されている（Crocitto, Sullivan & Carraher 2005）。近年行われたある調査では，調査対象者となった海外勤務者27名のうち，63%にメンターがいたという報告がなされている（Jassawalla, Asgary & Sashittal 2006）。今後，メンタリングをはじめとした社会的関係の整備が求められる。

9)　先行研究によれば，海外勤務経験者が帰任後に抱えるキャリア問題・心的葛藤としては，①帰国直後の仕事の引き継ぎがうまくいかずキャリアが断絶する可能性があること，②意志決定・裁量・権限の喪失（海外勤務地の方が裁量・権限が高い），③海外勤務をしたことによる内部昇進機会の喪失，④帰国直後の同僚からの反感ややっかみ，⑤正確な海外赴任期間が確定できないなどがある（Howard 1973）。これらの問題は，一部をのぞいて，今もなお解決されていないことが多く，グローバルな活躍を社員に求める企業にとっては，喫緊の課題であると思われる。

表8-5　海外帰任者の抱える違和感

	あてはまる	どちらともいえない	あてはまらない
社内制度の変化	155	87	68
仕事のIT化	100	108	102
会社・職場の変化	128	109	73
人の変化	125	104	81
仕事量の増加	111	112	87
仕事の裁量権限低下	122	109	79
仕事で付き合う人々の役職の低下	102	117	91

　この表を概観すると，海外帰任者は，特に「社内制度の変化」「会社・職場の変化」「人の変化」「仕事の裁量権限低下」に違和感を感じる傾向があることがわかる。

　例えば，仕事の裁量権限の変化に関して，欧州の一拠点のトップを数年間務め帰国したあるマネジャーは次のように語る。

　　「本社に戻ったら，［本社の一部門の］○○センターの一マネジャーに戻りました。一マネジャー，一マネジャー。［本社の仕事は］こんなに難しいプロセスで，上にたくさん人がいて，自分で意志決定できないじゃん，ってのがありました。（中略）［海外の赴任地名：省略］では，何でも自分で決断しなければならなかったから。なんか，ガクって。（中略）"腹くくる"って言葉をしょっちゅう使ってたんですよ，私，［海外の赴任地名］では」

　マネジャーが欧州の拠点でトップを務めていた際には，拠点で起こる様々な雑事に対して「腹をくくり」，様々な事柄をすべて「何でも自分で決断」していた。しかし，数年の勤務を終え，本社に「一マネジャー」として戻ったとたん，「上にたくさん人がいて，自分で意志決定できない」様子に当惑している。一般的に海外拠点から本社に帰国した際には，このような違和感を抱えるマネジャーは少なくない。

　もちろん，これらの違和感をゼロにすることはできないが，逆適応に失敗し，組織を去る場合もゼロではない（Black, Gregersen, Mendenhall & Stroh

1999）。場合によっては，何らかの支援や対応が講じられる必要がある。なお，今回の調査データの回答者のうちで，帰任に関する支援として，研修などを経験した人は 310 名中 240 人（77%）であった。

　以上，海外勤務に関する適応・学習の問題を，8.1.3 項「海外勤務内定時のプロセス」，8.1.4 項「海外勤務中のプロセス」，8.1.5 項「海外勤務後のプロセス」の 3 つに分けて論じてきた。

　既述したように，この研究は緒についたばかりである。今後，海外勤務地における組織適応・学習・能力向上のメカニズムを探究していく必要性があることはいうまでもない。

8.2　結語

　以上，本書では経営学習論の全体像を述べた。

　組織社会化，経験学習，職場学習，組織再社会化，そして越境学習のそれぞれの領域における研究の進展を海外の先行研究や筆者の研究や筆者が関係する共同研究の知見を踏まえて，考察してきた。

　最終章では，外国人の日本企業への組織適応の問題，グローバルに活躍しうる日本人マネジャーの育成の問題など，今後の課題についても考察を行った。

　人材育成の研究領域・実践領域は，今後，環境変化にともない，様々な課題をはらみつつもさらに進展していくことが求められる。また，本書においては企業を中心に記述を行ったが，人材育成が経営課題のひとつにかかげられているのは，何も企業だけではない。その喫緊のニーズは医療，福祉，行政，教育といった領域にも及んでいると思われる。

　企業の領域においても，それらの企業外の領域においても，経営学習論の中心的概念を継承しつつも，必ずしもそれにとらわれず，各領域において様々な研究・実践のアレンジメントとヴァリエーションが生まれることを願う。

補章 リーダーシップ開発

あらゆる仕事に命を吹き込むのは，「優れた社員」であって，「優れた戦略」ではない。

(Welch, J.)

多くの組織が求めてはいるものの，得られていないもののひとつに取り上げられるのが，優れたリーダーであり，リーダーシップという社会現象である。いかにして，組織は，自社の競争優位を導くリーダーを育成していけばいいのか。リーダーシップという社会現象を，組織内に生み出すためには，どのような意図的介入や外的働きかけが必要なのであろうか。これらの問いを眼前にひかえ，過去数十年において急速に発展してきた研究領域が，リーダーシップ開発（Leadership development）である。それは，強い社会的ニーズを背景にしつつも，長いあいだ学術的には開拓されてこなかった領域だった。

本章では，リーダーシップ開発（リーダー開発）の研究知見を取り扱う。章の前半部においては，リーダーシップという概念とリーダーシップ開発という概念を整理する。両者は似ているものの，その性質は大きく異なる。そのうえで，後者のリーダーシップ開発に関係する先行研究を概観する。リーダーシップの発揮に関しては，リーダー開発と，リーダーシップ開発という2つの研究群が存在する。章の後半部においては，筆者が実践してきた事例を取り上げ，その効果性を検証する。

9.1 リーダーシップ

「不確実性や複雑性が増しつつある現在，私たちの組織にはさらなる「革

新」が必要だ」。こうした紋切り型の枕詞について，読者はどのような感想を持たれるだろうか。私たちの生きる現代は，この種の枕詞が「常態化」し，「凡庸化」する時代である。しかし，どんなにそれが凡庸だと受け止められようとも，AI（人工知能）や RPA（ロボティック・プロセス・オートメーション）などが台頭する高度情報化社会では，不断の事業変革や新規事業創造が求められることに疑いはない（Daft 2008）。このように組織が変わり，新たな事業が生まれるとき，組織のなかにはどのような要素が必要か。そのための重要な駆動因のひとつが，リーダーシップである（Bass & Bass 2008, Day, Harrison & Halpin 2009）。

　リーダーシップは，変革の時代にあって，組織の効果性を高めることに最も影響を与える因子であるとされている（Bass & Avolio 1990, 1995）。人々は極めて困難な組織や事業の革新をリーダーシップに期待している（O'Connell 2014）。また，リーダーシップは，組織の創造性を最大化し，新規事業創造に向かう源泉として経営層，管理職層，リーダーが有すべき能力のひとつであるともされている（Mumford et al. 2000, Mumford et al. 2002, 田中・中原 2017, 金井・守島 2009, Murphy & Johnson 2011）。

　また，現代の組織の構成員が多様性にあふれるものになりつつあることも，リーダーシップが求められる理由のひとつであろう。グローバル化が進展する現代社会においては，組織の構成要員はますます多様化している。雇用形態，国籍，ジェンダー……様々な人々が職場に集い，共通の目標に向かって仕事をしている。このような職場においては，人々が個別の独自性・専門性を発揮しつつ，同時に職場へのコミットメントが高まる状態をつくることが求められる（Shore et al. 2011）。こうした包摂性（inclusiveness）実現の駆動因として期待されているのも，またリーダーシップである。リーダーシップの充実が職場やチームメンバーの成果や変革に与える影響は少なくなく（Krohn 2000, Bryman et al. 2001, Graham et al. 1999），リーダーシップが機能不全に陥った場合には，組織において，職場内いじめや反社会的振る舞いなどの破滅的行動が起こることもありうる（Ayoko & Callan 2010, Liu et al. 2012）。

　そのため，組織では，リーダーの管理手法やリーダーシップのクオリティへの人々の関心が高まる。それらの能力発揮の程度が，標準偏差ひとつ分向

上するごとに，従業員 1 人あたりのパフォーマンスが 1 万 8000 ドル高まることを指摘する研究もある（Pfeffer & Veiga 1999）。組織あるところにリーダーシップが求められ，リーダーシップがあるところに組織がある。

　このように組織を変革し，事業を創造し，さらには組織が包摂性を実現しながら，共通の目的に向かう従業員の能力発揮をめざしていくための必要な諸力としてリーダーシップが存在することは理解できるとして，それでは，リーダーシップとはいったい何を指し示すのであろうか。

　私たちは，日々生活をしていくなかで，何らかの組織・チーム・職場・集団に所属しているので，リーダーシップという言葉によく出会う。「あのひとには，リーダーシップがない」「あのひとの振る舞いは，リーダーシップがある」などというように……。リーダーシップは，組織が動き，環境に適応し，目標達成をするなかで，そうした状況を推進する力として語られる一方，いわば「アンブレラワード（Umbrella term ＝包括的用語）」として日常生活では機能しており，何を指し示すかは一様ではない（Bass & Bass 2008, Yukl 2013, Northouse 2016）。

　しかし，近年，最も読まれているリーダーシップハンドブックにおいて，ピーター・G・ノースハウスは，リーダーシップという概念には以下の共通項があるという。まず，1）リーダーシップはプロセスであり，2）リーダーシップはチームのなかで起こるものであり，3）リーダーシップは（チームメンバー間の）影響力を内包する概念であり，4）リーダーシップはメンバー間に共有される目的を達成するものであるいう（Northouse 2016）。本章では，こうした認識にたち，「リーダーシップとは，集団の目的を達成するため，個々の成員が相互に影響を与え合うプロセス」であると定義し，以下の節を論じよう。

9.2　「リーダーシップ開発」という概念

　9.1 節で見てきたようにリーダーシップは集団の目的達成をめざすものである。これまで企業は，自社の従業員のリーダーシップ能力を高めるために，自社の管理職層を対象にした各種のリーダーシップ開発の機会を設けてきた

（Conger & Benjamin 1999）。それでは，リーダーシップを高めるためには，いったい何を行えばいいのだろうか。そこで注目されるのが「リーダーシップ開発」という概念である。

　一般に広く受け入れられている「リーダーシップ開発」の定義は，「リーダーシップの役割とそのプロセスを効果的なものにするために個人の能力を伸ばすこと」というものである（McCauley et al. 2011）。これは，リーダーシップの源泉が個人の能力にあるとする立場である。エレン・ヴァン・ヴェルサとシンシア・マッコーレイの定義もこれに近く，リーダーシップ開発とは「リーダーの役割やプロセスのなかで効果性を発揮する（個人の）能力の発展」ということになる（Van Velsor & McCauley 2004）。

　しかし，近年は，従来のリーダーシップ開発の概念が「個人の能力」だけに矮小化されていたことを反省し，この概念を「拡張」する議論も生まれてきている。リーダーシップ開発の研究を最も体系的かつ広範に行ってきたデヴィッド・デイらの主張がこの立場に近い（Day 2001, Day et al. 2014）。デイらは，従来，リーダーシップ開発と一様に語られてきたもののなかに，異なる2つの方向性があり，それぞれをリーダー開発（発達）（Leader development）と，リーダーシップ開発に分けて考えることの必要性を主張している（Day 2001, Day et al. 2014 など）。

　前者のリーダー開発（発達）とはリーダー個人の能力やスキルを発達させたり，セルフアウェアネス（自己認識）やアイデンティティを高めたりするなど，リーダー個人の内部要因を探究・開発しようとする働きかけである。一方，後者のリーダーシップ開発とは，リーダー個人への介入や働きかけというよりは，リーダー個人がフォロワーやリーダー以外の他者と取り結ぶ対人関係，組織要因に焦点をあて，リーダーの他者に対する働きかけを含め，その社会的プロセスを探究・開発・促進しようとする立場である。もちろん，両者は，どちらが優越するかというものではない。リーダーシップの発露のためには，本来，多層的なアプローチが必要になることはいうまでもない。そこで本章では広く参照されているデイらによるリーダーシップについてのタイポロジー（類型）（Day 2001, Day et al. 2014）を踏襲しながら，これまで紡がれた研究知見を論じていく。

9.2.1　リーダー開発（発達）

　リーダー開発が，リーダー個人の内部要因を探究・育成するものである場合，リーダー個人が持つべきスキル（能力），個人的資質，アイデンティティ，経験などに対して外的働きかけがどのように影響するかについて研究がなされる（Day et al. 2014）。なお，リーダーの内的要因は，リーダー個人が非意図的におのずと「成長」していく側面（Development を自動詞として捉える側面：発達）と，リーダー個人が，外的働きかけによって「開発」されていく側面（Development を他動詞として捉える側面：開発）が混在する。よって本章では Leader Development を「リーダー開発（発達）」と訳出する。

　以下，リーダー開発に資するとされる内部要因のうち，スキル，個人的資質，アイデンティティ，経験の順番に論じる。

　まず，リーダー個人が持つべきスキルの内実である。例えば，ヴァン・ヴェルサとマッコーレイは，一般的に，リーダー個人が持つべきスキルは，1）自己管理能力（セルフアウェアネス，コンフリクトマネジメント，学習能力，リーダー役割の内化），2）対人関係・社会能力（人間関係構築力，職場構築力，コミュニケーションスキル，人材育成力），3）業務遂行能力（マネジメントスキル，戦略構築能力，創造力，変革実行力）の3つだとしている（Van Velsor & McCauley 2004）。これを見る限り，リーダーとは，異種混交の多くのスキルを有し，すべての能力を発揮しながら，組織を牽引していく人材のように思える。

　一方，すべてのリーダーがあらゆるスキルを保持しているのではなく，職位に応じて求められるものが異なるとする立場の研究も多い。これらの研究群には，マイケル・マンフォードらやジョアンヌ・マーシャル＝ミースらの研究がある（Mumford et al. 2007, Marshall-Mies et al. 2000）。

　マンフォードらは一連の研究で，職位に応じてリーダーに必要なスキルが変化することを明らかにした。彼らの研究によれば下位レベルのリーダーに必要なのはテクニカルスキル（対人スキル，認知的スキル）であるが，上位レベルでは問題解決のスキルと戦略やビジネスに関わるスキルが必須になってくるのだという（Mumford et al. 2007）。

　一方，マーシャル＝ミースらは，米軍の上官たちを対象としたアセスメントテストによって，職位に応じて必要なスキルが変化することを明らかにし

た（Marshall-Mies et al. 2000）。米軍の上位層のリーダーに必要なのは，問題解決をするスキル，問題解決の計画と実行を伴うスキル，解決法の構築と展開のスキル，判断をするスキル，状況をモニタリングするメタ認知スキルであった。

　マンフォードらやマーシャル＝ミースらのスキル研究はリーダーのリーダーシップの発揮を「部下を通した問題解決」に求める傾向がある。一方，より「組織政治的な観点」からリーダーの持つべきスキルを解釈する研究群もある（Pfeffer 1981, 1992, 2010）。

　ジェフリー・フェファーは，「権力」，すなわち「潜在的な強制力が定められている力で，活用，試行される力」がリーダー個人には必要だと考えた（Pfeffer 1981, 1992, 2010）。それまでの研究ではネガティブに描き出される傾向があったリーダー個人の組織政治的な能力や権力などをフェファーらは「肯定的なもの」「コントロールするべき」ものとして捉える。組織には多様なステークホルダーが集い，それぞれの関心のもとで仕事をしている。そうした人々をまとめていくためには，リーダーは「権力」を保持し，その適切な活用方法を理解しなければならないとしている。近年，一群の研究では，「権力」は「政治的スキル」という概念へと発展し，さらなる追求が進んでいる。ジェラルド・フェリスの一連の研究（Ferris et al. 2002, 2005, 2008）によれば，政治的スキルとは「仕事を通じて他者理解を果たし，個人や組織の目的に向かって行動するよう他者に影響を与える能力」である。そして政治的スキルは，社会的洞察力（他者を正確に把握することと，社会情勢を正確に読むこと），人間関係（自信を持って行動し，人間関係を構築すること），ネットワーキング能力（限定的な資源や情報にアクセスして，他者の協力関係を構築すること），誠実らしさ（他者に影響を与えるときでも，正直で率直であると見えること）の下位能力によって維持される。別の研究では，リーダーは政治的スキルを駆使することによって，リーダーシップのチームパフォーマンスや効果性，リーダーとフォロワー間の関係（LMX : Leader-Member Exchange, 上司―部下関係）を高めることができるとされている（Ammeter et al. 2002, Ahearn 2004）。

　次に個人的資質である。リーダーの個人的資質に関しては，パーソナリティを表現するビッグファイブとリーダーシップの発露・関係を調べる研究が

最も進んでいる。サラ・ストラングとカール・クーネルトによれば，人間の
パーソナリティを記述する「外向性」「情緒安定」「開放性」「勤勉性」「協調
性」というビッグファイブの特性のうち「勤勉性」こそが，リーダーシップ
の効果性を予測するという（Strang & Kuhnert 2009）。また，リーダーシップ
の発露につながりやすい管理職の資質としては，学習指向性（Elliott &
Dweck 1988），オープンさ（Vandewalle, Cron & Slocum 2001）などが存在する。
また，Boyce et al. (2010) によると，仕事志向，熟達志向，キャリア形成志
向などは，リーダーシップに関する自己探究を可能にする資質として管理職
が持っていたほうがいいものとして位置づけられる。将来のリーダー育成を
めざして，これらの資質の獲得のための研修なども行われる。こうした研究
の進展の先では，多数の従業員のなかからリーダーを発掘するための基準が
生まれるかもしれない。

　またリーダーの個人的資質を探究する研究として，近年急速な展開が見ら
れるのがアイデンティティである。リーダーは「自分が，組織目標達成のた
めに，他者と協働することができる」という自覚を持ちつつ，「他者から自
分がリーダーであると見なされている」ということに自己同一性（リーダー
シップ・アイデンティティ）を維持する必要がある（Day & Harrison 2007, Day
& Lance 2004）。リーダーとしての自己同一性を逸した状態では，組織の目標
に向かい，他者を方向づけることに自信が持てず，内的パワーを発揮できな
い。

　なお，この分野を主導するデヴィッド・デイらは，リーダーシップ・アイ
デンティティは現場によるリーダーシップ経験によって発展するものである
としている（Day, Harrison & Halpin 2009）。また，リーダーシップ・アイデン
ティティを大学教育などの現場で高めようとする実証研究も行われている
（Komives et al. 1998/2007, 泉谷・安野 2015, 2016）。いずれもそこでカギになっ
てくるのは「経験」である。

　リーダー個人の内的要因として，最後に掲げられるのは「経験」である。
リーダーシップの個々人の内部への働きかけにおいて最も重要で，かつ，最
も研究が積み重ねられてきた研究は，リーダーの持つ職務経験についてに他
ならない（McCall 1988a）。とりわけ，同じ組織内において同じ職務をこなす

ことでリーダーシップが自動的に高まるわけではない。リーダーになりたければ，リードする経験を通して得られるスキルや資質の伸長が必要である（Bettin & Kennedy 1990）。

　その端緒になったのは，第4章でもふれた，1980年代にモーガン・マッコールらが行った調査のフレームワークである（McCall 1988a, 1988b）。以下，第4章の記述と重なるが再度振り返る。マッコールらは，企業の組織内において成功を収めた上級役員を対象に，自らが量子的な跳躍（Quantum leap experience：仕事のうえで飛躍的に成長した出来事）をとげた経験が何かと，そこから得られた教訓のペアを回顧してもらい，その共通項を明らかにすることを試みた。

　その結果，リーダーとしての発達のためには，「プロジェクトチームへの参画」「悲惨な部門・業務の事態改善・再構築」「新規事業・新市場開発などのゼロからの立ち上げ」の業務にリーダーシップを発揮しなければならない「経験」が，企業組織の「戦略」に同期して計画的に付与され，かつ，その「経験」を重ねることを支援するメンタリングの機会や評価フレームなども必要であることが明らかになった（McCall 1988b）。

　マッコールらの一連の調査研究は，のちに展開するリーダー個人の「経験」を探究する研究の嚆矢となる。1990年代以降，「経験」をレバレッジとしたマネジャーを対象とする学習機会と職能開発の実践が本格化した（Hill 2003, Hill & Lineback 2011, McCall 2010, Day 2001, McCauley, Moxley & Velsor 2011）。

　これらの研究の蓄積を受けて，近年では，「経験学習を理論的基盤としながらリーダー個人の開発を進める」という考え方が普及しつつある（Day 2001, 中原 2013）。「経験学習を基盤としたリーダーの開発」とは，リーダーシップ行動の向上が「経験」と「経験を終えたあとに個人が展開するメタ認知的活動」，いわゆる「リフレクション（内省や省察と訳される）」によってもたらされるとする考え方である（中原・金井 2009, 中原 2013）。リフレクションでは，経験をリーダーの行動改善の源泉としつつ，経験を上位の観点から対象化し，自らの行動を補正することがめざされている（金井 2002, 石川 2016）。具体的には，企業戦略を最適化する際に，成長に資するようなタフ

なチャレンジ（経験）をリーダーに付与しつつ，そこで顕在化する各種の課題を，本人に明確化させ，リフレクションを促すことがなされている（McCauley , Moxley & Velsor 2011）。企業のみならず，高校・大学教育等においても，同様にリーダー個人の開発が教育実践として進められ，成果をあげている（日向野 2013，舘野・高橋 2018，高橋・舘野 2018）。

　また，近年の研究の動向においては，リフレクションを促す契機として，リーダー自らが自分の仕事などに対して適宜省察を行うことに加えて，多角的な視点による他者からのフィードバックや他者からの支援を受けることについての有効性が多く指摘される（Day 2001, Nowack & Mashihi 2012）。

　とりわけ普段はあまり指摘されないネガティブな内容を含むフィードバックは効果が高いことがよく知られている（Ashford, Blatt & Vandewalle 2003, Raver et al. 2012）。360 度（多面評価）フィードバック（Facteau et al. 1998, Seifert & Yukl 2010 など），エグゼクティブコーチング（Hall, Otazo & Hollenbeck 1999, Peterson 1996, Stokes & Jolly 2014），メンタリング（Kram & Bragar 1992）などの手段を用いて，リーダー自身に自己認識を促したり，リフレクションを深めたりすることもある。

9.2.2　リーダーシップ開発

　リーダーシップ開発とは，リーダー個人の内的要因を対象とするというよりは，リーダー個人がフォロワーやリーダー以外の他者と取り結ぶ対人関係，組織要因に焦点をあて，リーダーの他者に対する働きかけを含め，その社会的プロセスを探究・開発・促進しようとする立場である。

　ゲイリー・ユクルによれば，リーダーシップの発露には「他者に影響を与え，何をする必要があるか，どのようにそれを行うかを理解し，同意するプロセスである」という（Yukl 2010）。そうであるならば，リーダーシップは，リーダーとフォロワーの関係性や集団，つまり「社会的構造」のなかで考察される必要がある。よって，このアプローチのリーダシップ開発においても，個々人のみを対象にするのではなく，リーダーを含めた集団のメンバー間の関係にアプローチする傾向がある（Day 2001, Day et al. 2014）。もちろん，リーダー本人が対人関係を調整する主体でもあるため，こちらのアプローチを

とったからといって，リーダー個人の他者への働きかけの有効性が無化する
わけではない。

　対人関係の開発には，LMX の質を上げることや，オーセンティックリー
ダーシップ（自分らしさを持ったリーダーシップ）の向上などの施策がありうる。

　まず，LMX とは，リーダーとその部下の社会的交換に基づく関係性のこ
とをいう。リーダーと部下のあいだに良質な関係性がすでに樹立されている
場合には，リーダーが期待する交換関係以上に，フォロワーがリーダーやチ
ームに対して貢献することが想定できる。よって，リーダーシップの高度な
発揮をめざすためには，リーダーと部下との関係性を，普段から良質に保ち，
日々改善しておくことがめざされる（Graen & Uhl-Bien 1995）。

　LMX に高い質を保つための施策としては，近年，多くの企業で実践され
ているような「1on1 ミーティング（略称：1on1）」なども，そのひとつであ
る。1on1 は，リーダーが，部下の日頃の業務遂行課題やキャリア発達課題
について傾聴することを通して，部下の経験学習を支援するほか，部下の課
題解決の支援を行ったりすることである（本間 2017）。1on1 は，学術的には，
管理者が担う「管理者コーチング」の実践の一形態と見なせる。管理者コー
チングは，部下の職務満足，業績達成，仕事へのコミットメント，業務能力
などを向上させるほか（Ellinger et al. 2008, Wageman 2001），そのプロセスに
おいて上司―部下間の相互の関係構築の向上にも資する（Flaherty 2010）。こ
のような理由から，1on1 は，LMX 向上に資する日常的な活動として注目さ
れている。

　次に，オーセンティックリーダーシップ開発である（Avolio & Gardner
2005）。オーセンティックリーダーシップ開発とは，研修プログラム等の外
的働きかけを行いながら，チームのリーダーとフォロワーが「自己理解」を
進め，開放的で相互信頼に富む関係を発展させていくプロセスといえる。リ
ーダーとフォロワーのあいだに，開放性・透明性・相互信頼に基づく関係が
樹立されているとき，フォロワーはリーダーを信頼し，安定的なパフォーマ
ンスを発揮することはよく知られている（Gardner et al. 2005）。オーセンティ
ックリーダーシップ開発は，そうしたリーダーとフォロワー間の関係を向上
させることをめざす。

　以上，リーダーシップ開発の機会を見てきた。リーダー開発（発達）と異なり，リーダーシップ開発は，その外的働きかけの対象が，リーダー個人のみに限局されないことが見て取れる。リーダーが影響力を行使する社会構造を対象に考察を試み，それに対して外的に働きかけていくことを含むことも，その特徴となる[1]。

9.3　企業におけるリーダーシップ開発の実際

　既述したように，リーダーシップを高める取り組みはリーダー開発（発達）とリーダーシップ開発という2つのパラダイムのもとで，様々な研究が積み重ねられてきた。ただもちろん，それらは研究上のタイポロジーであり，実際の現場では，これらの研究成果は重層的に組み合わせられ，実践されていることはいうまでもない。企業の実務においては先のリーダー開発（発達）もリーダーシップ開発も，適宜組み合わせられ，混合一体となり実践されているということである。

　それでは，企業においてリーダーシップを高める取り組みは実際にどのようになされるのだろうか。まず把握しておくべきは，企業におけるリーダーシップの涵養の際，その中核になるのは個人に付与される「経験」だということである（McCauley, Moxley & Velsor 2011）。とりわけ，人をリードすることに関する経験は，企業がリーダーシップを高めるための組織的努力において，大きな源泉となる。

　一般に経験は直接経験と間接経験の2つからなる。直接経験とは，仕事場面において，リーダーが部下やフォロワーに直接働きかける経験である。実務上では，リーダーへの成長に資するタフな経験で，しかも，その企業の競争優位を生み出すような戦略に方向性を一致させる経験をリーダー候補の人材に付与することが行われる。そこで顕在化する各種の課題について，フ

---

1)　なお，リーダーシップ開発の外的働きかけとしては，本章で紹介した以外の手法もその範疇に入るものとして解釈可能である。たとえば，組織の健全性・卓越性を高めるための外的働きかけである組織開発もそのひとつであろうし（中原・中村 2018），より広義には応用インプロなどでチームや職場に提供されるエクササイズもそのひとつとして解釈可能であろう（高尾・中原 2012, Dudeck & McClure 2020）。

ィードバック，コーチング，メンタリングを通じて，リーダー候補本人に明確に認識させ，リフレクションさせていく。とりわけ，外資系企業では，こうしたリーダー育成が試みられることが多い。その試みの特徴は，リーダー育成開発（発達）でありつつ，「リーダーの選抜（ふるい落とし）」としても機能することである。企業にとって重要なポストにリーダー候補生をつけ，将来のリーダーを計画的・継続的に育成する仕組みはリーダーシップ・パイプラインとも呼ばれる（Charan, Drotter & Noel 2011）。

ここには実務的課題も存在する。最も深刻なのは，タフな仕事の割り当てに代表される「直接経験」には「制約」があることである。企業の組織内において，タフな仕事が潤沢に存在することはまれであるし，また，タフな仕事は，その業務遂行プロセスにおいて失敗やリスクを伴うことがある（中原2012b）。失敗やリスクが過剰に引き起こされた場合，最悪のケースでは離職につながったり，組織に損失を与えることも想定される。

こうしたマイナス面もある「直接経験」による経験学習を代替する手法として注目されているものがある。それがアクションラーニング型をとった研修における人工的につくり出された「間接的なリーダー経験」を用いた手法である（Dotlich & Noel 1998）。もともとアクションラーニングとは，1）実践と行動に基づく学習を試行する，2）実践のリフレクションを重視する，3）探究的洞察に注力する学習形態であり，その歴史は古い（Revans 1982, 1984）。

一般に企業で行われるアクションラーニングでは，研修受講生がチームを組み，自社の経営課題・事業課題を分析し，経営陣に解決のための提案を行うことが多い。このチームでの課題解決過程において，チーム内に生じたコンフリクトあるいはチームの成果創出プロセス自体を，後日，リフレクションし，リーダー個人らが行動を相互に補正し合うといったことが試みられる。アクションラーニング型研修において成果を創出し合うプロセス自体を，個人やグループ単位でリフレクションし，相互にフィードバックし合うことで，リーダーシップを向上させることが期待されている（Day 2001, Nowack & Mashihi 2012）。

なお，先ほどの理論的整理に照らしてみれば，アクションラーニング型の学習機会とは，リーダー開発の観点からは，間接経験を成長の源泉として位

置づけ，そこにフィードバックやメンタリングを重ね合わせ，問題解決のスキルなどを伸長させることをめざしていると捉えられる。一方，リーダーシップ開発の観点からは，それは各チームメンバーがリーダーやフォロワーとしての自己理解をフィードバックなどの機会を用いながら深めていく過程であるとも考えられる。

　このようなアクションラーニング型研修は，GE やシティバンクなど世界の名だたるグローバル企業ですでに導入されており，なかには複数の組織にまたがって実施されているものもある。しかし，その効果の検証にいたっては，実務の普及ほどに進んでいるわけではない。また，アクションラーニングにおいてはポジティブな効果がある一方で，ネガティブな側面も語られる。代表的なものは，アクションラーニングはビジネスの課題解決には資するものの人材開発にはつながっていない，という指摘である。しかし，これとて，いまだ統一した見解が存在するわけではない（Day 2001, Collings & Holton 2004）。

　そこで次節では，アクションラーニングによるリーダーシップ開発（リーダー開発）の効果性を，筆者が関与したリーダーシップ研修を事例として論じてみよう。

9.4　実証的研究

9.4.1　地域課題解決研修

　本節で扱うリーダーシップ開発（リーダー開発）事例は，筆者が，異業種民間企業 5 社の人事部の依頼により，企画・監修・ファシリテーションに携わった「異業種 5 社の管理職らを受講生として実施された地域課題解決研修（省略：地域課題解決研修）」である。これらの研修評価においては，中原（2018）で詳解しているが，ここでは，それらを参照しつつ，このリーダーシップ開発の効果性を検証する新たな知見を加えて報告する。

　地域課題解決研修は，2014 年から 2019 年の足かけ 6 年間行われたリーダーシップ研修である[2]。各期によって参加企業は若干異なるが，本節で報告する第 6 期は，2017 年 5 月から 11 月にかけての約半年間，異業種 4 社（パ

ーソルホールディングス株式会社，ヤマト運輸株式会社，パナソニック株式会社，ヤフー株式会社）の次世代リーダーと目される20代後半から30代前半にかけての管理職，ないしは，管理職候補生（以下では管理職に統一）と北海道・美瑛町の役場の職員等，約23名が美瑛町に集結し，実施された。

　地域課題解決研修において，各社の管理職は，異なる会社の管理職と異業種混成のチームを組む。チームでの活動は，同じメンバーで約半年間にわたって継続され，メンバーの入れ替えはない。チームメンバーは，半年間に5回美瑛町を訪れ，各回2～3日宿泊し，様々な活動にあたる。主要な活動は以下である。1）美瑛町で開催される情報収集・フィールドワーク活動，2）セッションのたびごとに設けられたプレゼンテーション活動，3）チームのあり方やリーダーシップの発揮の仕方を個人・チームで振り返り，チームメンバーが相互にフィードバックし合う活動。この3つの活動の性質から理解できるように，地域課題解決研修は，異業種民間企業の次世代リーダーが課題解決を行いながら，リーダーシップ行動を高め合うアクションラーニングをめざしている。

　上記チーム活動の1）と2）に関してメンバーは，月1の頻度で美瑛町を訪れ，住民や関係者にヒアリングを重ね，美瑛町の抱える課題の原因と解決策を分析し，提案しなければならない。いわゆる「周辺者」として外部の視点を活かし，美瑛町内部のフィールドワークを重ね，地域の人々には思いつかないような地域課題の解決策を町民に対してプレゼンテーションすることが求められている。これまで6期を通して，提案数は33件に及び，そのうち採用は3件，採用率9％となっている[3]。

　例えば採択されたものとして，冬期の観光客数が伸び悩むことを美瑛町の課題として捉え，同町の観光資源のひとつである「青い池」をライトアップ

2）　これまでの研修受講生は，1期31名，2期26名，3期22名，4期29名，5期30名，6期23名であり，合計161名である。

3）　アクションラーニング型研修のなかには，この採用率の高さをもって，研修効果を測定しようとする研修があるが，筆者らは，そうした考えに与しなかった。採用率を上げようとすれば，外部からコンサルタントや研修講師が支援するなど，いくらでも方策はある。しかし，それではタフなチャレンジに挑戦する，という本来の研修趣旨が失われる。よって，提案の採用率をもって研修の善し悪しを語らないこと，不要な支援を外部から行わないことは，当初，研修企画者のなかで合意をとっていた。

する企画があった。また，美瑛町の丘陵地帯を巡航するバスの提案の企画も
あった。2018年には，人手不足と外国からのインバウンドの観光客が押し
寄せるなか，外国人留学生を対象にしたインターンシップを実施して，外国
人留学生にとっての学びと，人手不足解消の両方を解決するという提案があ
った。

　このように地域課題解決研修では，地域の課題を異業種混交のチームで解
決することが求められるが，同時に，もうひとつの目的がある。それがリー
ダーシップ開発（リーダー開発）である。課題解決時に生じたチーム内での
様々な出来事や葛藤などに対して，チームで振り返りを行ったり，そのとき
個々人がどのように振る舞っていたのかを，相互にフィードバックし合った
りする。

　チームでの振り返りでは，チームの状態が今どのようになっているか，自
分にはどのような貢献ができているか，チームのなかでの役割分担は適切か
などをリフレクションしつつ，今後自分たちがいかにあるべきかを考えるこ
とが求められる。コーチングなどの経験を持つファシリテーターがチームに
参加し，話し合いをリードする。

　相互フィードバックでは，グループで課題を達成していくなかでお互いに
気がついた仕事の癖や弱みを，相手に通知することが試みられる。こちらも，
やはりファシリテーターが議論を制御し，建設的な話し合いを実現させる。
このような振り返りやフィードバックを通して，リーダーシップにつながる
行動を強化し，問題となる行動を改善していくことが求められている。

　既述したようにチーム内には，情報収集の過程や話し合いの過程で様々な
コンフリクトが生じることがある。そうしたコンフリクトに向き合い，様々
な人々からフィードバックを得て，リフレクションを繰り返し，1人1人が
リーダーシップ行動を改善し合い，自己を成長させることが求められる。こ
の研修では，チーム活動への参加，振り返りとフィードバックの機会を通し
て，今後，各社のリーダーに必要だと思われる効率的業務能力，俯瞰能力，
論理的思考力，フィードバック受容能力，多様性対処力などの育成などがめ
ざされた。

　具体的には，効率的に業務を回す能力，経営・組織運営の観点から物事を

**図 9-1　チームごとに着席してディスカッションをはじ
める研修受講生たち**

俯瞰的に見つめる能力，論理的に考察しわかりやすく伝える能力，他者から
のフィードバックを活かして自己を成長させる学習能力，といった多種多様
な職場を率いる能力・スキルを高めることが求められていた。

9.4.2　アクションラーニングのカリキュラム

　地域課題解決研修は，筆者と各社の人事・人材開発担当者や美瑛町役場職
員が議論に議論を重ねて，毎年，カリキュラムを構築している。

　2019 年度のカリキュラムは，セッション 1（5 月 10-12 日実施：3 日間），セ
ッション 2（6 月 21-23 日：3 日間），セッション 3（7 月 20-22 日：3 日間），セ
ッション 4（8 月 23 日：1 日間：東京開催），セッション 5（9 月 7-9 日：3 日間），
セッション 6（10 月 26-28 日：3 日間）の 6 つのセッションに分かれている。
以下，これらのセッションの概略を紹介する。

・セッション 1

　セッション 1 では，異業種 4 社の研修受講生たちが別々の 6 つのチーム
に分けられ，グループワークがスタートした。セッション冒頭，筆者が研修
意義と本プロジェクトにおけるグループワークのルールを説明した。

　グループワークのルールとして以下を設定した。1）お互いの強みや弱み

を把握しつつ，時にはリーダーシップ行動を，場合によってはフォロワーシップ行動を発揮し合いながら課題解決を行うこと。2) 作業を1人ですべて担ってしまうのではなく，役割をチーム内で適宜分担して作業にあたること。3) ディスカッションの際には，相互の考えの違いを隠さず，本音で議論を行うこと。4) プロジェクトにおいて，折にふれてチームで振り返りをし，必要に応じて相互フィードバックを行うこと。

　セッション1の昼食時には，チームごとにチームビルディングのセッションを設けた。チームビルディングの課題に選んだのは「チームで協力して1時間で昼食を調理し，食べること」であった。研修受講生は，今日まで赤の他人であったグループのメンバーと話し合い，どのような料理をつくるかを決める。メンバーは，事務局が選んだ食材のなかから適切なものを選び，調理に従事する。

　もちろん昼食をつくって，みんなで食べることが，チームビルディングの主要な課題ではない。このチーム課題の遂行プロセスで起こった様々な出来事を事後的に振り返ることで，お互いのリーダーシップ行動を補正し合い，チームワーク形成のきっかけを得ることが目的である。これは本番の地域課題解決研修の，いわゆる「マイクロワールド」のようなものである。研修受講生は本番の研修がはじまれば，自分たちで課題を決めて，解決策をつくり出さなくてはならない。昼食準備の課題は，そのためのいわば「練習台」である。

　昼食は，無事に時間内に済ますことのできたチームと，時間内に食べ終わることのできないチームが出てしまった。料理づくりというはじめてのチーム作業がうまくいかず，葛藤が生じているチームも存在する。

　昼食を全員で食べ終わったあとには，チームメンバーは，昼食づくりのプロセスのなかで起こった出来事やチームの状態，チームで出した成果を振り返ることが求められる。事務局からは，本番の地域課題解決研修においても，このように課題を解決しつつ，相互に振り返りを行い，リーダーシップ行動を改善していくことが重要であると告げられた。

　セッション1では，研修受講生に対して課題解決技法やフィールドワーク技法，情報収集技法のレクチャーも行われた。その後，研修受講生全員で

図9-2　グループでのディスカッションの様子

町役場の関係職員にヒアリングをし，夜には，美瑛町の有力者や地元青年団との交流も行った。社会的背景が様々に異なるステークホルダーとの対話のなかでは，「地方活性化」と一口にいっても，多様な思惑があることを学ぶ。セッション1の2日目は，それまで得てきた情報をいったんチームごとに，審査員にプレゼンテーションをしてもらった。3日目は情報収集活動をさらに継続した。

・セッション2からセッション5

　セッション2からセッション5までは，美瑛町での継続的なフィールドワークを進めてもらう一方，フィールドワークに基づいて課題発見・解決策の探究の結果をチームごとに美瑛町の関係者や有力者の前でプレゼンテーションし，コメントをもらうことが行われた。

　地域課題解決研修で研修受講生に期待されていることは，地域を丹念にフィールドワークしつつ，物事をゼロから生み出すことであり，しかも，それを多様性あふれる異業種混交のチームで行うことである。チームメンバー同士の相談は，直接顔をあわせて行うこともあれば，SNSやテレビ会議などを用いてすることもある。なかには，こうしたゼロからの事業創出の経験に困惑するメンバーもいたが，セッションが進むほどにチーム内で本音の対話が見られるようになった。また，美瑛町で情報を収集するにつれて，多くの

図 9-3　プレゼンテーションの様子

矛盾する情報に翻弄され，議論が時に行き詰まることもあったが，事務局からも必要に応じて介入を行い，一定のアウトプットが出せる環境を整備した。

• セッション 6

　最終セッション（セッション 6）は 2 つの活動から構成される。

　第 1 局面の大きな山場は，セッション 6 の初日に開催される美瑛町長と町民に対する最終プレゼンテーションである。最終プレゼンテーションにおいて各グループは，半年間のフィールドワークで得た様々な情報をもとに，美瑛町の地域課題に関する解決策を約 20 分間にわたって説明する。

　会場には，美瑛町長をはじめ，町の関係者，有力者，一般市民など約 150 名が詰めかけた。町長，町の関係者，一般市民には採点のためのシートが渡され，プレゼンテーションの成果に対してジャッジをしてもらった。

　地域課題解決研修を終えたあとは，リフレクションに取り組む。1 日をかけて，チームのこれまでの活動状況を振り返り，自分たちが，それぞれチームにどのような貢献をしたのか，何が原因でチームワークを発揮できなかったのかを省みた。その後は，相互フィードバックを行った。

　ここまでの半年間の出来事を個人で振り返り，その後にチームでそれをシェアした。そして，チームメンバー同士でポジティブなフィードバックとともにネガティブフィードバックを交換した。各メンバーが，相互に交換した

図9-4　相互フィードバックを通じて，弱みをいかに確保するか，全員でディスカッションしている様子

図9-5　今後のアクションを全員の前で宣言している様子

フィードバックを活かしつつ，今後の自分のあり方を宣言する機会が設けられた。

　近年のリーダーシップ開発研究の動向においては，リーダー自らが適宜，自分の仕事などに対してリフレクションを行うことと，なるべく多角的な視点からフィードバックを受けることの有効性についての指摘が数多くある。地域課題解決研修は，このようなプロセスを通して，研修受講生の行動を改

善していくことをめざしていた。

9.4.3　地域課題解決研修の評価

　地域課題解決研修に関して，1）研修の事前・事後を比較した上司による本人の業務能力の評定値の変化，2）研修終了後，約3カ月を通じた研修転移（Transfer of learning）について評価を行った。以下，それらの詳細を述べる。

1）事前・事後の業務能力の伸長

　地域課題解決研修の事前・事後に，研修受講生の上司に，受講生の業務能力をリッカートスケールの5件法で評定してもらった。これらの能力は，本研修においてリーダー個人が獲得しておくことが望ましいとされたものである。質問項目は以下の通りである[4]。

■効率的業務能力
業務をするにあたり創意工夫して効率的に進めることができる

■俯瞰能力
俯瞰的な視点で物事を考えることができる

■論理的思考能力
論理的に物事を考えることができる

■フィードバック受容能力
他者からの耳の痛い指摘（フィードバック）を誠実に受け止めて，自らを成長させることができる

---

[4]　5件法は「とてもそう思う（5点）」「そう思う（4点）」「どちらともいえない（3点）」「あまりそう思わない（2点）」「まったくそう思わない（1点）」とした。

表9-1　上司による事前・事後の本人の業務能力評定値の比較

	事前 （上司評定）	事後 （上司評定）	t 値	p 値	効果量
効率的業務能力	4.13	4.22	0.56	n.s	Δ＝.12（効果量なし）
俯瞰能力	3.65	3.91	1.54	n.s	Δ＝.37（効果量小）
論理的思考能力	4.13	4.22	0.62	n.s	Δ＝.17（効果量なし）
フィードバック受容能力	3.78	4.09	1.90	0.06*	Δ＝.43（効果量小）
多様性対処能力	3.61	3.96	1.88	0.07*	Δ＝.42（効果量小）

注）n.s は非有意
　　*p<.1（有意傾向）

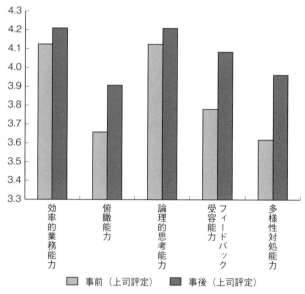

図9-6　上司による事前・事後の本人の業務能力評定値の比較

■多様性対処能力
多様性のある人々の意見を集約・整理し，合意をつくることができる

　これらの項目の事前・事後の業務能力の平均値を，対応のある t 検定を用いて比較を行った。t 検定の結果は表9-1・図9-6 の通りとなった。
　効率的業務能力，俯瞰能力，論理的思考能力，フィードバック受容能力，多様性対処能力のいずれについても伸びは見られたものの，そのうち，統計

的優位傾向（10％優位水準）であったものは「フィードバック受容能力（t＝1.90, p＜.01 Δ＝.43）」と「多様性対処能力（t＝1.88, p＜.01 Δ＝.42）」であった。地域課題解決研修は，効果は限定的ながらも，とりわけフィードバック受容能力と多様性対処能力において研修受講生の能力を伸長させる可能性を有することがわかった。

2）研修終了後の研修転移

企業研修の効果性とは，研修内容の記憶や学習にあるのではなく，研修転移にこそあるという指摘は枚挙にいとまがない。

研修転移とは「研修の現場で学んだことが，仕事の現場で一般化され役立てられ，かつその効果が持続されること」を意味する概念であり（中原2014），もともとは研修評価研究から生み出されたという経緯がある（Baldwin et al. 2009, Donovan 2014, 中原ほか 2018, 関根・齊藤 2017）。

企業研修においては，「研修終了後に研修内容について満足すること」や「研修内容を学習すること」だけが目標とされることは不十分である（Kirkpatrick et al. 2005）。研修を通して現場での行動が変わり，実践が変容し，願わくば成果を創出できることが目的になるべきである（Lim & Nowell 2014）。しかしながら，従来の研究では，このことに焦点が合わさってきたとはいいがたい。とりわけ，管理職研修については，現場での研修転移が問われるのではなく，むしろ，研修終了後の満足度や学習の度合いが問われてきた経緯がある（Powell & Yalcin 2010）。

今回この観点に基づき，研修終了後3ヵ月を経過した時点で，研修受講生に対して研修転移を問う質問紙調査をし，自由記述による回答を得た。

「地域課題解決研修の経験のなかから培ったもの・学んだものを，現場の仕事に活かしましたか？」という項目に対して，「活かした（研修転移あり）」「活かしていない（研修転移なし）」という研修転移の有無を問う質問と（Brinkerhoff 2006など），「地域課題解決研修の経験のなかから培ったもの・学んだものによって，あなたの日々の業務における行動は変わりましたか？」という行動変容を問う質問があった（Saks & Burke 2012）。それぞれの質問項目に関しては，「学んだものをどのように活かしたのか」「どのように業務に

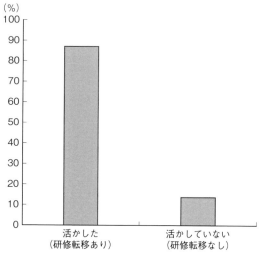

図9-7　研修転移あり20　研修転移なし3　研修転移
の有無（N＝23）

おける行動を変えたのか」を自由記述で回答してもらった。以下でそれぞれ
について結果を述べる。

　研修転移ができた理由に関しては，以下のような定性的なコメントが見ら
れた。

■研修転移ができた理由

最終発表で初見の人に伝えたかったことが伝わっていなかった経験を踏
まえ，「初見の人が見てもわかりやすく伝わるか」という視点を意識す
るようになった。広報担当としてプレスリリースを書く業務をしている
のでその際には初見の人に伝わるかという視点を持って文章修正を何度
も行った。後日，伝えたいメッセージがしっかりと新聞記事に掲載され
た。

職場で話をする際，相手の意見と自分の意見が異なるときには，自分の
意見を押し付けるのではなく，相手の意見にも理解しようと意識し，よ

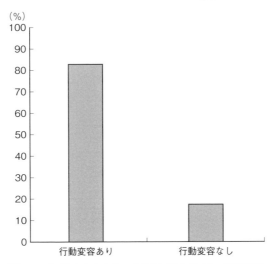

図 9-8　行動変容の有無　行動変容あり 19　行動変容
なし 4 （N＝23）

り良い回答が出せるような会話を心がけることができるようになった。
それにより，話の幅が広がり，以前よりも会話が活性化しているように
感じる。

異なる立場や所属の人と仕事をする際，言語の定義化をしたり，暗黙の
ルールとして認識していることを言語化して共有することで，仕事を進
めやすくなったり，コミュニケーションを取りやすくなった。

あるひとつのプロジェクトに参加しているときに，円滑に進行していく
上で必要な情報収集や的確なアドバイスができるようになったと思いま
す。その場の状況によって，以前より対応力や柔軟性が身についた感じ
がしています。そのため，状況の見える視野が広がったと思います。

自分のこだわりが強く相手へ求めすぎる癖を自覚したことで，部下との
関係性において，本質的な部分以外の小さなこだわりは捨て，部下の主
張・表現を尊重するように努めている。部下のモチベーションにまで影

響しているかどうかはわからないが，主体性がより出てきているように
感じる。

次に日常業務における行動変容についての質問に関しては図9-8のとお
りの結果が得られた。

行動変容ができた理由については，以下の内容があがった。リーダーシッ
プを生み出す個々人の行動が変容したことが見て取れる。

■行動変容ができた理由

全体を通して積極的・能動的な行動を取ることの大切さを学んだ。これ
までは基本的には周りの人に任せ，誰もやらないのならば自分がやる，
というスタンスであったが，プロジェクト以降は，何らかの選択ができ
る場面があれば自ら進んで行動を取り，やらないで後悔をすることがな
くなった。

使用する単語，言葉の定義が相手と合っているかを意識するようになり
ました。言葉の定義がずれたまま仕事が進行することによる，ミスや勘
違いが減ったように感じます。

フィールドワークを通じて，現場の声をより重要視するようになり，現
場へ足を向ける回数が自然と増えました。

どんな状況でもリソース（時間・人・お金・スキルなど）は足りないとい
うことを学び，リソースが足りないことを嘆くよりも，リソースが足り
ないことは想定の範囲内であることを前提に，今できる最大のパフォー
マンスを発揮できるように考えるようになった。

チームでひとつの方策に向かうことの難しさ，一気にベクトルを合わせ
ることの難しさを理解できた→マネジメント・チーム運営においての進

> めかた／トップダウンで落としたり会社の方向性に合わせるのではなく，
> 全員が背景や思いを共有してから取り組むようになった（以前もしてい
> たがまえよりも時間をとるようになった）。周りに仕事以外も話させるよう
> にして会話量を増やした

　以上，地域課題解決研修は，効果は限定的ながらも研修初期に設定した目
的のうち，とりわけフィードバック受容能力と多様性対処能力は統計的優位
傾向になり，高めることに貢献できる可能性を有していることがわかった。
また研修転移においては，概ね良好な結果が得られた。

　事前・事後の上司からの業務能力評定値において，すべての能力項目で十
分な（統計的優位な）伸びが見られなかったことは今後の研究課題のひとつ
であるが，これらは研修転移を研修受講生本人が行っていくなかで，上司に
認知されていく側面も持っている。今後，中長期の視点で，この研修受講生
らの追跡調査を行っていく必要がある。

9.5　小括

　本章の前半部では，リーダーシップという概念とリーダーシップ開発にま
つわる先行研究を概観した。リーダーシップ開発研究は，歴史は浅くまだ発
展途上であるものの，リーダー開発と，リーダーシップ開発の2つの方向
性において発展してきたことがわかった。そのうえで，企業におけるリーダ
ーシップ開発は，業務経験とそれにまつわるリフレクションやフィードバッ
クをもとに行われる直接経験によるアプローチと，アクションラーニングの
ように間接経験を用いて行われるアプローチがあることを明らかにした。後
者のアクションラーニング研修では，リーダーに必要な業務能力やスキルを
高め，かつ，個々人のおかれたチームの動態をもとに，関係を開発すること
の両方を求められることが多いこともわかった。

　本章の後半部では，筆者が企画・監修・ファシリテーションに携わった
「異業種5社の管理職らを受講生として実施された地域課題解決研修」を紹
介し，そのデータを用いてリーダーシップ開発の効果性を論じた。評価の結

果，1）このリーダーシップ開発研修はリーダーが有すべき効率的業務能力，2）俯瞰能力，3）論理的思考能力，4）フィードバック受容能力，5）多様性対処能力を高めることがわかった。また研修転移を問う質問紙調査により，研修受講生の8割程度は，研修で学んだ内容を現場で実践していることがわかった。

　最後に，リーダーシップ開発研究に残された課題を述べる。リーダーシップ開発研究は，まだ端緒についたばかりの研究群であり，残された課題も多い。最重要課題をあえて3つあげるとすれば，1）リーダーシップ研修の効果性，2）リーダーシップ開発（発達）の縦断性，3）バーチャルチーム下におけるリーダーシップ開発である。

　まず，リーダーシップ研究の効果性に関しては，いまだに多くの研究者が首肯する安定的な結果が得られているわけではない。他の研修評価においては，様々な研修のメタ分析がなされているが，リーダーシップ研修の効果性には，いまだ定評が存在するわけではない（Day 2001, Day et al. 2014, Powell & Yalcin 2010）。これをさらに明らかにすることが求められる。

　次に「リーダーシップ開発（発達）の縦断性」に関しては，その効果や成果を短期的に考察するのではなく，中長期の発達の過程として把握していくべきだとする考え方がある（金井・守島 2009）。例えば，アンサア・ザハラトスらは，青年期のリーダーシップ開発（発達）においては，親の介入や働きかけなど，家庭の果たすべき役割が大きいとする。具体的には，自分の親が，もし仮に変革的リーダーシップを発揮する主体である場合，それがおのずと，子どもに再生産される可能性が高まる（Zacharatos, Barling & Kelloway 2000）。また，既述したように教育機関も，リーダー個人に与える影響は大きいだろう。近年では，いくつかの大学の初年次教育等で，リーダーシップを素材とした教育が行われており，その効果性も検証されつつある（泉谷・安野 2015, 2016, 木村ほか 2019）。例えば木村ら（2019）は，リーダーシップ教育を国内で大規模に実施している私立大学の学生 156 名を対象としたデータを分析し，大学教育におけるリーダーシップを評価する指標を策定し，中長期にわたる分析を支援しようとしている。今後の研究の進展が待たれる。

　最後に，高度に情報技術が発展する現代社会においては，バーチャルチー

ム下におけるリーダーシップ開発も早急に解決しなければならない課題のひとつである。バーチャルチームとは「相互に依存しながらも地理的に離れた場所で働き，テクノロジーを使って相互に作用する必要がある人々のグループ」のことをいい，近年，研究が急展開している（Gilson et al. 2014 など）。バーチャルチーム下のチームの成果においては，メンバー個々人のパーソナリティ（Luse et al. 2013），メンバーの地理的分散条件（O'Leary & Mortensen 2009），リーダー・メンバー間の LMX（Goh & Wasko 2012）などが影響を与えることが知られているが，リーダー個人の行動改善や，リーダーシップ開発に関する研究はまだまだ少なく，その効果も限定的である。バーチャルチームにおいては，バーチャルチームでの仕事が始まる前に，何らかの教育訓練を行うことの効果が高いとされており，そのなかでも，最も効果性が期待できる機会がリーダーシップにまつわるトレーニングだとされている（Rosen et al. 2006）。コロナ禍など未曾有の災害を前にして，チームの卓越性に寄与するリーダー開発（発達）研究，リーダーシップ開発研究が待たれている。

　リーダーシップ開発研究は，いまだ緒についたばかりだ。

　しかし，社会の圧倒的ニーズが，研究者のさらなる挑戦を待っている。

あとがき

> 真実というものは，そんなふうに，"ただ書く"わけにはいかない。ひたすら，
> 誰かのために，その誰かが，これによって何かを始められるように書かねばなら
> ないのだ。
>
> （Brecht, B.）

　本書において筆者が試みたかったことは，経営と学習の双方に関連する「未開の大地」の存在を「公の眼前」に置くこと。

　また，それらの大地において日々生まれつつある，多種多様な個別の研究知見を紹介することを通して，「未開の大地のさらなる探検」へと，人々を誘うことにあった。

　本書は「人材育成・人材開発に関する新たな知」を生み出すための「ラフな地図」である。この領域の発展はめざましく，その知見は日々更新されている。

　本書の読者のなかから，「ラフな地図」を色鮮やかな研究知見で「着色」してくれる，「近い将来の研究者・実践者」が現れることを，切に願う。

　身近な人々への謝辞を述べる。

　まず第1に，本書で取り扱った様々な調査への回答をしてくださったビジネスパーソンの方々，ヒアリングに応じてくださった方々に御礼申し上げる。皆様から頂戴した貴重な時間を1冊の本にまとめることができた。心より感謝申し上げる。

　次に，東京大学出版会編集者の木村素明さん，営業をご担当いただいた角田光隆さんには，心より感謝する。特に木村さんは今回も，筆者に伴走し，懇切丁寧な編集の技を見せてくれた。

270

筆者が勤務する大学総合教育研究センターの重田勝介助教，阿部樹子さん，山本恵美さん，吉見俊哉センター長には，研究のみならず，様々なサポートをいただいた。心より感謝する。

本書に盛り込まれた様々な研究は，東京大学大学院学際情報学府・中原研究室に所属する大学院生諸兄との共同研究の成果である。適宜，筆者と知的探究をともにしてくれている大学院生諸兄にも感謝する。特に，共同研究の記述などをチェックしてくださった島田徳子氏，舘野泰一氏，木村充氏，関根雅泰氏に感謝する。

▼

引き続き，我が家族に謝意を伝える。

妻の美和には，最大の「感謝」を贈る。本書の執筆は，主に週末に行われた。妻は，家事，仕事，子育てに自ら奮闘するなか，筆者に，執筆時間を与えてくれた。本当にありがとう。北海道と奈良に住む筆者と妻の両親にも感謝する。この研究領域を志すようになって 10 年弱。彼らのサポートなしでは，我々夫婦は子育てを行いながら，仕事をこなすことはできなかった。

最後に，息子へ。

否，息子と同時代を生きる「未来の大人たち」へ。

本書に書かれていることは，「誰か」の問題ではない。それは，実は，「筆者である僕自身の問題」であり，いつの日か，必ず「君たち自身の問題」にもなる。本書に記されている内容が，いつの日か，「君たちの問題」となったなら，その話を，僕に，聞かせて欲しい。

激烈極まる市場の力，資本やマネーの力の前に，それと時に矛盾し，時に共振する「人の成長・学習」の問題に取り組むこと。ひいては，企業・組織経営の裏面が人材育成であり，人材育成の裏面が企業・組織経営となりうるようなあり方を，徹底的に模索すること。

これら諸目的の達成のために「経営・組織の言説空間」において「圧倒的な周辺的立場」にいる自らの「立ち位置」を活かし，その「際（キワ）」か

ら「働く人の成長・学習」の重要性を叫び続けることが，僕の役割だと思う。

　近い将来，「僕と君たちの問題」をじっくり語ることのできる日がくることを，僕は，愉しみにしている。

　かくして，またひとつの旅が終わった。

　最後に本書を締め括るにあたり，恩師の言葉を引用する。

　「世界を変えうるものは，"最後に，希望のあるもの"だけだ。世界の実像を暴いて，それで，後は知らんというのでは，学習の研究者は困る。おぬしがやるべきことは，最後に"希望のあるもの"を書くことだ」

　志ある人々の
　「これから」に
　本書を贈る。

2012 年 4 月 1 日

中原　　淳

増補新装版のためのあとがき

　　　振り向くな，振り向くな，後ろには夢がない

　詩人にして劇作家である寺山修司の言葉である。この言葉どおり，わたし
は，自分の書いた作品を，刊行後に，これまでほぼ読み直したことがない。
わたしの作品は，すでに社会に届けたものであり，わたしがノスタルジーに
浸って「振り向く」たぐいのものではない。その評価は，社会の人々が下し
てくれるはずだ。わたしは，わたしで，自らの知的探究を，前に進めるだけ
だ。そういう思いで，わたしは過去の作品に振り向かない。かくして爾来
20 年が過ぎた。

　しかし，このたび，拙著『経営学習論』の増補新装版の提案を，東京大学
出版会からいただき，ほぼ 10 年弱ぶりに，この原稿を読み直す機会を得た。
あえて，増補新装版を出せるかどうかは，いったん原稿を読んだあとに考え
ようと思ったのである。

　久方ぶりにみる原稿は，部分的に，時代に合わなくなったような箇所も見
受けられた。

　たとえば紹介されている実証的研究のいくつかは，その後の研究の進展に
より，より詳細なメカニズムが明らかになったりしているものもある。また，
旧版のあとがきでわたしが行った「知的挑発」に答えてくれたのかどうかは
わからぬが，この間に多くの研究者が，拙著を「上書き」するような知見を
産出してくれている。

　しかし，一方，こうも感じた。確かに，この本の一部は色褪せつつあるけ
れど，そこにしたためてある人材開発の基本的概念・基礎的原理は，10 年
たっても，さして変わらない。どんなに社会に変化が生じようとも，人が学
び，人が変わる原理は，そう簡単に古びないものだ。この本は，まだ人材開
発の実務の役に立てるのではないか，と。

このたび，東京大学出版会からのオファーにより自ら読み直しを決意したとき，わたしは，「もし，10年前に書いたことが虚栄に満ちたものになっていたとしたら，どうしよう」ということを思った。しかし，それは「杞憂」に過ぎないことを感じた。かくして，この本の増補新装版を出すことを心に決めた。

しかし，増補新装版を出すからには，何らかの挑戦を記したい。そこで編集者の木村素明さんと相談し，新たに「リーダーシップ開発（リーダー開発）」の章を足すことにした。

実は，わたしは2018年，13年勤めた東京大学を辞職し，立教大学経営学部に研究室のスタッフら9名で「移籍」をした。立教大学経営学部は，学部教育の根幹にリーダーシップ開発をかかげる新設の経営学部で，わたしはそこでもう一度，ゼロからの挑戦を始めたかった。わたしのような異端の研究者を，立教大学経営学部のファカルティたちは，迎えてくれた。

その後，さらなる幸運に恵まれ，2020年には，立教大学大学院経営学研究科リーダーシップ開発コースの立ち上げにも参画できた。このコースでは，経営学を基盤にしながら，人材開発・組織開発・リーダーシップ開発の専門的知識とスキルを獲得できるカリキュラムを展開し，すでに定員を超える学生が学んでいる。わたしとしては，いつか，自分が研究者であるあいだに，実現したいと考えていた大学院レベルの人材開発にまつわる教育が，これで可能になった。

かくして増補新装版には，この数年間のわたしの挑戦を記したいと願い，新章「リーダーシップ開発」を加えた。この章も，旧章とともに，人材開発研究のさらなる進展，実務の発展に寄与することを願っている。

さて，「振り向くな，振り向くな，後ろには夢がない」と冒頭で引用した。しかし，わたしはこうも思う。「振り向くな，振り向くな，人材開発研究には時間の猶予がない」。

世の中の変化は激しく，社会の不確実性は，今日も明日も，広がるばかりだ。そして，社会に，あまたある組織には，人と組織の課題が満ち満ちている。今日も組織が揺れている。明日には組織で働く個人が震えている。

そのようななか，人材開発研究が「歩み」をとめることは1秒たりとも，

許されない。人材開発研究は，今日も，明日も，新たな知見を社会に届けることを使命とする。

　最後になるが，拙著『職場学習論』から10年以上，わたしの著作に伴走してくれている編集者の木村素明さんには心より御礼を申し上げる。木村さんのおかげで，装いも新たに，増補版を世に送り出すことができた。

　ひとと組織の課題に格闘する
　志ある研究者，実践者へ
　この本を贈る。

　振り向くな，振り向くな
　一歩踏み出した先に「希望」はある。

　　　　　　　　　　　　　　　　　　　　　　　　2020年12月吉日
　　　　　　　　　　　　　　　　　　　　　　　　　中原　淳

参考文献

Adler, P. S. & Kwon, S. (2002) Social capital: Prospects for a new concept. *The Academy of Management Review*. Vol. 27 pp. 17-40.

Ahearn, K. K., Ferris, G. R., Hochwarter, W. A., Douglas, C. & Ammeter, A. P. (2004) Leader political skill and team performance. *Journal of Management*. Vol. 30 No. 3 pp. 309-327.

Ahn, T. K. & Ostrom, E. (2008) Social capital and collective action. Castiglione, D., Van Deth, J. W. & Wolleb, G. (eds.) *The handbook of social capital*. Oxford University Press. pp. 71-100.

Aldrich, H. E. & Sasaki, T. (1993) Governance structure and technology transfer management in R & D consortia in the United states and Japan. Presentation for the Japan Technology Management Conference.

Ammeter, A. P., Douglas, C., Gardner, W. L., Hochwarter, W. A. & Ferris, G. R. (2002) Toward a political theory of leadership. *The Leadership Quarterly*. Vol. 13 No. 6 pp. 751-796.

Andersen, T. (1995) Reflecting processes: Acts of informing and forming. Friedman, S. (ed.) *The reflecting team in action: Collaborative practice in family therapy*. Guilford.

Anderson, N. & Thomas, H. D. C. (1996) Workgroup socialization. West, M. A. (ed.) *Handbook of workgroup psychology*. John Wiley & Sons. pp. 423-450.

安藤史江 (2001) 組織学習と組織内地図. 白桃書房.

青木宏之・鹿生治行・木村琢磨・島貫智行・山路崇正 (2007) ホワイトカラーの管理と労働. 社会経済生産性本部生産性労働情報センター.

青木武一 (1965) 企業内教育訓練の方法. ダイヤモンド社.

荒木淳子 (2007) 企業で働く個人の「キャリアの確立」を促す学習環境に関する研究：実践共同体への参加に着目して. 日本教育工学会論文誌. Vol. 31 No. 1 pp. 15-27.

荒木淳子 (2008) 職場を越境する社会人学習のための理論的基盤の検討：ワークプレイスラーニング研究の類型化と再考. 経営行動科学. Vol. 21 No. 2 pp. 119-128.

荒木淳子 (2009) 企業で働く個人のキャリアの確立を促す実践共同体のあり方に関する質的研究. 日本教育工学会論文誌. Vol. 33 No. 2 pp. 131-142.

Argote, L. (2011) Organizational learning research: Past, present and future. *Management Learning*. Vol. 42 No. 4 pp. 439-446.

Armstrong, S. J. & Fukami, C. V. (2008) Past, present and future perspectives of mnagement learning, education and development. Armstrong, S. J. & Fukami, C. V. (eds.) *The Sage handbook of management learning education and development*. Sage.

Ashford, S. J., Blatt, R. & Vandewalle, D. (2003) Reflections on the looking glass: A review of research on feedback-seeking behavior in organizations. *Journal of Management*. Vol. 29 No. 6 pp. 773–799.

Ashford, S. J. & Cummings, L. L. (1983) Feedback as an individual resource: Personal strategies of creating information. *Organizational Behavior and Human Performance*. Vol. 32 pp. 370–398.

Ashforth, B. E., Sluss, D. M. & Harrison, S. H. (2007) Socialization in organizational contexts. Hodkinson, G. P. & Ford, J. K. (eds.) *International Review of Industrial and Organizational Psychology*. Vol. 22 pp. 1–70.

Ashforth, B. K., Myers, K. K. & Sluss. D. M. (2011) Socializing perspective and positive organizational scholarship. Cameron, K. S. & Spreitzer, G. M. (eds.) *The Oxford handbook of positive organizational scholarship*. Oxford University Press. pp. 537–551.

Arthur, M. B. (1994) The boundaryless career: A new perspective for organizational inquiry. *Journal of Organizational Behavior*. Vol. 15 pp. 295–306.

Arthur, M. B. & Rousseau, D. M. (1996) The boundaryless career as a new employment principle. Authur, M. B. & Rousseau, D. M. (eds.) *The boundaryless career: A new employment principle for a new organization era*. Oxford University Press.

Avolio, B. J. & Gardner, W. L. (2005) Authentic leadership development: Getting to the root of positive forms of leadership. *The Leadership Quarterly*. Vol. 16 No. 3 pp. 315–338.

Ayoko, O. B. & Callan, V. J. (2010) Teams' reactions to conflict and teams' task and social outcomes: The moderating role of transformational and emotional leadership. *European Management Journal*. Vol. 28 No. 3 pp. 220–235.

Badaracco, J. (1991) The boundaries of the firm. Etzioni, A. & Lawrence, P. R. (eds.) *Socio-economics: Toward at new synthesis*. Sharpe. pp. 293–327.

Baker, W. 中島 豊 (訳) (2001) ソーシャル・キャピタル：人と組織の間にある「見えざる資産」を活用する．ダイヤモンド社．

Baker, W. (2011) A dual model of reciprocity in organization. Cameron, K. S. & Spreitzer, G. M. (eds.) *The Oxford handbook of positive organizational scholarship*. Oxford University Press. pp. 413–423.

Baldwin, T. T., Ford, J. K. & Blume, B. D. (2009) Transfer of training 1988–2008: An updated review and agenda for future research. *International Review of Industrial and Organizational Psychology*. Vol. 24 pp. 41–70.

Bartone, P. T., Snook, S. A., Forsythe, G. B., Lewis, P. & Bullis, R. C. (2007) Psychosocial development and leader performance of military officer cadets. *The Leadership Quarterly*. Vol. 18 No. 5 pp. 490–504.

Basile, C., Olson, F. & Nathenson-Mejía, S. (2003) Problem-based learning: Reflective coaching for teacher educators. *Reflective Practice: International and Multidisciplinary Perspectives*. Vol. 4 No. 3 pp. 291–302.

Bass, B. M. & Avolio, B. J. (1990) Developing transformational leadership: 1992 and beyond. *Journal of European Industrial Training*. Vol. 14 No. 5 pp. 21–27.

Bass, B. M. & Avolio, B. J. (1995) *MLQ Multifactor Leadership Questionnaire* (Second edition). Mind Garden.

Bass, B. M. & Bass. R. (2008) *The bass handbook of leadership: Theory, research, and managerial applications* (Forth edition). Free Press.

Bauer, T. N. & Green, S. G. (1998) Testing the combined effects of newcomer information seeking and manager behavior on socialization. *Journal of Applied Psychology*. Vol. 83 pp. 72–83.

Belous, R. (1989) *The contingent economy: The growth of the temporary, part-time and subcontracted workforce*. National Planning Association.

Bettin, J. P. & Kennedy Jr., J. K. (1990) Leadership and leader performance: Some empirical support at last. *The Leadership Quarterly*. Vol. 1 No. 4 pp. 219–228.

Billett, S. (2001) Co-Participation: Affordance and engagement at work. *New Directions for Adult and Continuing Education*. Vol. 92 pp. 63–71.

Billett, S. (2004) Workplace participatory practices: Conceptualising workplaces as learning environments. *Journal of Workplace Learning*. Vol. 16 No. 6 pp. 312–324.

Billett, S. (2010) The relational interdependence between personal and social agency in learning for working life. Woerkom, M. V. & Poell. R. (eds.) *Workplace learning: Concepts, measurement and application*. Routledge. pp. 11–25.

Black, J. S. (1990a) The relationship of personal characteristics with the adjustment of Japanese expatriate managers. *Management International Review*. Vol. 30 No. 2 pp. 119–133.

Black, J. S. (1990b) Locus of control, social support, stress and adjustment in international transfer. *Asia Pacific Journal of Management*. Vol. 7 No. 1 pp. 1–29.

Black, J. S. (1992) Socializing American expatriate managers overseas: Tactics, tenure, and role innovation. *Group & Organization Management*. Vol. 17 No. 2. pp. 171–192.

Black, J. S. (1993) The role of expectations during repatriation for Japanese managers. Shaw, J. B., Kirkbride, P. S. & Rowland, K. M. (eds.) *Research in personnel and human resources management*. Suppl. 3 pp. 339–358.

Black, J. S. & Gregersen, H. B. (1990) Expectations, satisfaction and intention to leave of American expatriate managers in Japan. *International Journal of Intercultural Relations*. Vol. 14 pp. 485–506.

Black, J. S., Gregersen, H. B., Mendenhall, M. E. & Stroh, L. (1999) *Globalizing people through international assignments*. Addison-Wesley.

Black, J. S. & Mendenhall, M. (1989) A practical but theory-based flamework for selecting cross-cultural training methods. *Human Resource Management*. Vol. 28 No. 4 pp. 519–539.

Black, J. S. & Mendenhall, M. (1990) Cross-cultural training effectiveness: A review and a theoretical flamework for future research. *Academy of Management Review*. Vol. 15 No. 1 pp. 113–136.

Black, J. S., Mendenhall, M. & Oddou, G. (1991) Toward a comprehensive model of international adjustment : An integration of multiple theoretical perspectives. *Academy of Management Review*. Vol. 16 No. 2 pp. 291–317.

Black, J. S. & Stephens, G. K. (1989) The influence of the spouse on American expatriate adjustment and intent to stay in Pacific Rim overseas assignment. *Journal of Management*. Vol. 15 No. 4 pp. 529–543.

Blumer, H. 後藤将之（訳）（1991）シンボリック相互作用論：パースペクティヴと方法. 勁草書房.

Bollnow, O. F. 浜田正秀（訳）（1980）人間学的に見た教育学. 玉川大学出版部.

Borstorff, P., Harris, S., Feild, H. & Giles, W. (1997) Who'll go? A review of factors associated with employee willingness to work overseas. *Human Resource Planning*. Vol. 20 No. 3 pp. 29–40.

Bourdieu, P. (1986) The forms of capital. Richardson, J. (ed.) *Handbook of theory and research for the sociology of education*. Greenwood Press. pp. 241–258.

Bourdieu, P. & Passeron, J. 宮島喬（訳）（1991）再生産：教育・社会・文化. 藤原書店.

Boyce, L. A., Zaccaro, S. J. & Wisecarver, M. Z. (2010) Propensity for self-development of leadership attributes: Understanding, predicting, and supporting performance of leader self-development. *The Leadership Quarterly*. Vol. 21 No. 1 pp. 159–178.

Boyd, N. G. & Taylor, R. R. (1998) A developmental approach to the examination of friendship in leader-follower relationships. *The Leadership Quarterly*. Vol. 9 No. 1 pp. 1–25.

Bridges, W. (1980) *Transitions: Making sense of life's changes*. Addison-Wesley.

Brinkerhoff, R. O. (2006) *Telling Training's Story: Evaluation made simple, credible, and effective*. Berrett-Koehler Publishers.

Brinkerhoff, R. O. (2008) Training impact evaluation that senior managers believe and use: The success case Method. Presentation at ASTD2008.

Brown, A. L. (1978) Knowing when, where, and how to remember: A problem of metacognition. Glaser, R. (ed.) *Advances in Instructional Psychology*. Vol. 1. Lawrence Erlbaum. 77–165.

Bryman, A., Collinson, D., Grint, K., Jackson, B. & Uhl-Bien, B. (eds.) (2001) *The SAGE handbook of leadership*. Sage.

Burns, S. & Bulman, C. 田村由美・津田紀子・中田康夫（訳）（2005）看護における反省的実践：専門的プラクティショナーの成長. ゆみる出版.

Cairns, L. (2011) Learning in the workplace: Communities of practice and beyond. Malloch, M., Cairns, L., Evans, K. & O'connor, B. N. (eds.) *The Sage handbook of workplace learning*. Sage Publications. pp. 73–85.

Carraher, S. M. & Buckley, M. R. (2005) Attitudes towards benefits among SME owners in Western Europe: An 18-month study. *Journal of Applied Management and Entrepreneurship*. Vol. 10 No. 4 pp. 45–57.

Chao, G. T. (1988) The Socialization process: Building newcomer commitment. London, M. & Mone, E. M. (eds.) *Career growth and human resource strategies: The role of the human resource professional in employee development*. Quorum Books.

Chao, G. T., O'leary-Kelly, A. M., Wolf, S., Klein, H. J. & Gardner, P. D. (1994) Organizatinal socialization: Its content and consequences. *Journal of Applied Psychology*. Vol. 79 No. 5 pp. 730–743.

Charan, R., Drotter, S. & Noel, J. (2011) *The leadership pipeline: How to build the leadership powered company*. Jossey-Bass.

Child, I. L. (1954) Socialization. Lindzey, G. (ed.) *Handbook of social psychology*. Addison-Wesley. pp. 655–692.

Cho, Y. & Egan, T. M. (2009) Action learning research: A systematic review and conceptual flamework. *Human Resource Development Review*. Vol. 8 No. 4 pp. 431–462.

Churchill, G. A. (1979) A paradigm for developing better measures of marketing constructs. *Journal of Marketing Research*. Vol. 16 pp. 64–73.

Clarke, N. (2004) HRD and the challenges of assessing learning in the workplace. *International Journal of Training and Development*. Vol. 8 No. 2 pp. 140–156.

Clarke, N. (2005) Workplace learning environment and its relationship with learning outcomes in healthcare organizations. *Human Resource Development International*. Vol. 8 No. 2 pp. 185–205.

Clarke, N. (2006) Why HR policies fail to support workplace learning: The complexities of policy implementation in healthcare. *The International Journal of Human Resource Management*. Vol. 17 No. 1 pp. 190–206.

Cohen, D. & Prusak, L. (2001) *In good company: How social capital makes organizations work*. Harvard Business School Press.

Cohen, J. & Cohen, P. (1983) *Applied multiple regression/correlation analysis for the behavioral sciences*. LEA.

Coleman, J. (1988) Social capital in the creation of human capital. *The American Journal of Sociology*. Vol. 94 pp. 95–120.

Collin, K. (2004) The role of experience in work and learning among design engineers. *International Journal of Training and Development*. Vol. 8 No. 2 pp. 111–127.

Collins, A., Brown, J. S. & Newman, S. E. (1989) Cognitive apprenticeship: Teaching the craft of reading, writing, and mathematics. Resnick, L. B. (ed.) *Knowing, learning, and instruction: Essays in honor of Robert Glaser*. LEA. pp. 453–494.

Collins, D. B. & Holton, E. E. (2004) The effectiveness of managerial leadership development programs: A meta-analysis of studies from 1982–2001. *Human Resource Development Quarterly*. Vol. 15 No. 2 pp. 217–248.

Conger, J. A. & Benjamin, B (1999) *Building leaders: How successful companies develop the next generation*. Jossey-Bass.

Copeland, L. & Griggs, L. (1985) *Going international: How to make friends and deal effectively in the global marketplace*. Random House.

Creswell, J. W. 操華子・森岡崇（訳）（2007）研究デザイン：質的・量的・そしてミックス法. 日本看護協会出版会.

Creswell, J. W. & Clark, V. L. P. 大谷順子（訳）（2010）人間科学のための混合研究法：質的・量的アプローチをつなぐ研究デザイン. 北大路書房.

Crocitto, M., Sullivan, S. & Carraher, S. (2005) Global mentoring as a means of career development and knowledge creation: A learning based-framework and agenda for future research. *Career Development International*. Vol.10 No.6/7 pp.522–535.

Cromwell, A. L. & Kolb, J. A. (2004) An examination of work-environment support factors affecting transfer of supervisory skills training to the workplace. *Human Resource Development Quarterly*. Vol. 15 No. 4. pp. 449–471.

Crossan, M. M., Lane, H. W. & White, R. E. (1999) An organizational learning framework: From institution to institution. *Academy of Management Review*. Vol. 24 No. 3 pp. 522–537.

Daft, R. L. (2005) *The leadership experience* (Forth edition). South Western.

Daft, R. L. (2008) *The leadership experience* (Fifth edition). South Western.

Damanpour, F. (1991) Organizational innovation: A meta analysis of effects of determinants and moderators. *Academy of Management Journal*. Vol. 34 No. 3 pp. 555–590.

Damanpour, F., Szabat, K. A. & Evan, W. M. (1989) The relationship between types of innovation and organizational performance. *Journal of Management Studies*. Vol. 26 No. 6 pp. 587–601.

Davies, J. & Easterby-Smith, M. (1984) Learning and developing from managerial work experiences. *Journal of Management Studies*. Vol. 21 No. 12 pp. 169–183.

Day, D. (2001) Leadership development: A review in context. *The Leadership Quarterly*. Vol. 11 No. 4 pp. 581–613.

Day, D. V., Fleenor, J. W. Atwater, L. E., Sturm, R. E. & Mckee, R. A. (2014) Advances in leader and leadership development: A review of 25 years of research and theory. *The Leadership Quarterly*. Vol. 25 No. 1 pp. 63–82.

Day, D. V. & Lance, C. E. (2004) Understanding the development of leadership complexity through latent growth modeling. Day, D. V., Zaccaro, S. J. & Halpin, S. M. (eds.) *Leader development for transforming organizations: Growing leaders for tomorrow*. Lawrence Erlbaum Associate. pp. 41–69.

Day, D. V. & Harrison, M. M. (2007) A multilevel, identity-based approach to leadership development. *Human Resource Management Review*. Vol. 17 No. 4 pp. 360–373.

Day, D. V., Harrison, M. M. & Halpin, S. M. (2009) *An integrative approach to leader development: Connecting adult development, identity and expertise*. Psychology Press.

出口明子・稲垣成哲・山口悦司・舟生日出男（2007）理科教育におけるテクノロジを利用したリフレクション支援の研究動向. 科学教育研究. Vol. 31 No. 2 pp. 71-85.

Dewey, J. 宮原誠一（訳）（1957）学校と社会. 岩波文庫.

Dewey, J. 市村尚久（訳）（2004）経験と教育. 講談社学術文庫.

Dixon, N. M.（2000）*Common knowledge: How companies thrive by sharing what they know*. Harvard Business School Press.

土井正巳（1986）ヤル気を伸ばす営業・サービス部門の OJT. 日経連広報部.

Donovan, P.（2014）The measurement of transfer using return on investment. Schneider, K.（eds.）*Transfer of learning in organizations*. Springer. pp. 145-168.

Dotlich, D. L. & Noel, J. L.（1998）*Action learning: How the world's top companies are re-creating their leaders and themselves*（First edition）. Jossey-Bass.

Dreier, O.（1999）Personal trajectories of participation across contexts of social practice. *Educational Researcher*. Vol. 28 No. 2 pp. 1-15.

Dreyfus, S. E.（1983）How expert managers tend to let the gut lead the brain. *Management Review*. September. pp. 56-61.

Drucker, P.（1954）*The practice of management*. Haper & Row.

Drucker, P. 上田惇生（訳）（2007）イノベーションと企業家精神. ダイヤモンド社.

Dudeck, T. R. & McClure, C. 絹川友梨（監訳）（2020）応用インプロの挑戦：医療・教育・ビジネスを変える即興の力. 新曜社.

Easterby-Smith, M., Crossan, M. & Nicolini, D.（2000）Organizational learning: Debates past, present and future. *Journal of Management Studies*. Vol. 37 No. 6 pp. 783-796.

Ellinger, A. D.（2005）Contextual factors influencing informal learning in a workplace setting: The case of "reinventing itself company." *Human Resource Development Quarterly*. Vol. 16 No. 3 pp. 389-415.

Ellinger, A. D., Ellinger, A. E. & Frank, G. R.（2008）Antecedents and consequences of frontline service employee commitment to service quality. *Journal of Marketing Theory and Practice*. Vol. 16 No. 2 pp. 95-110.

Elliott, E. S. & Dweck, C. S.（1988）Goals: An approach to motivation and achievement. *Journal of Personality and Social Psychology*. Vol. 54 No. 1 pp. 5-12.

Ellström, Per-Erik（2011）Informal learning at work: Processes, conditions, and logics. Malloch, M., Cairns, L., Evans, K. & O'Connor, B. N.（eds.）*The Sage handbook of workplace learning*. Sage Publications. pp. 105-119.

Engeström, Y.（2001）Expansive learning at work: Toward an activity theoretical reconceptualization. *Journal of Education and Work*. Vol. 14 No. 1 pp. 133-156.

Engeström, Y.（2004）New forms of learning in co-configuration work. *Journal of Workplace Learning*. Vol. 16 No. 1/2 pp. 11-21.

Engeström, Y.（2009）Wildfire activities: New patterns of mobility and learning. *International Journal of Mobile and Blended Learning*. Vol. 1 No. 2 pp. 1-18.

Engwall, L. & Zamagni, V. (1998) *Management education in historical perspective*. Manchester University Press.

Ericsson, K. A. (1996) The acquisition of expert performance: An itroduction to some of the issues. Ericsson, K. A. (ed.) *The road to excellence: The acquisition of expert performance in the arts and sciences, sports, and games*. LEA.

Facteau, C. L., Facteau, J. D., Schoel, L. C., Russell, J. E. A. & Poteet, M. L. (1998) Reactions of leaders to 360-degree feedback from subordinates and peers. *The Leadership Quarterly*. Vol. 9 No. 4 pp. 427–448.

Falcione, R. L. & Wilson, C. E. (1987) Socialization processes in organizations. Goldhaber, G. M. & Barnett, G. A. (eds.) *Handbook of organizational communication: An interdisciplinary perspective*. Ablex. pp. 151–169.

Fang, R., Duffy, M. K. & Shaw, J. D. (2011) The organizational socialization process: Review and development of a social capital model. *Journal of Management*. Vol. 37 No. 1 pp. 127–152.

Feldman, D. C. (1976) A contingency theory of socialization. *Administrative Science Quarterly*. Vol. 21 pp. 433–452.

Feldman, D. C. (1981) The multiple socialization of organization members. *The Academy of Management Review*. Vol. 6 pp. 309–318.

Feldman, D. C. (1994) Who's socializing whom?: The impact of socializing newcomers on insiders work groups, and organizations. *Human Resource Management Review*. Vol. 4 Issue. 3 pp. 213–233.

Fenwick, T. (2000) Tides of change: New themes and questions in workplace learning. *New Directions for Adult and Continuing Education*. Vol. 2001 Issue. 92 pp. 3–17.

Fenwick, T. (2008) Understanding relations of individual-collective learning in work: A review of research. *Management Learning*. Vol. 39 No. 8 pp. 227–243.

Fenwick, T. (2010) Beyond indivisual acquisition: Theorizing practice-based collective learning in HRD. Woerkom, M. V. & Poell, R. (eds.) *Workplace learning: Concept, measurement and application*. Routledge. pp. 11–25.

Ferris, G. R., Adamis, G., Kolodinsky, R. W. Hochwarrer, W. A. & Ammeter, A. P. (2002) Perceptions of organizational politic: Theory and research directions. Yammarino, J. & Dansereau, F. (eds.) *Research in multi-level issues*. Vol. 1 Elsevier Science/JAI Press. pp. 179–254.

Ferris, G. R., Blickle, G., Schneider. P. B., Kramer, J., Zettler, L. Solga, J., Noehern, D. & Meurs, J. A. (2008) Political skill construct and criterion-related validation: A two study investigation. *Journal of Managerial Psychology*. Vol. 23 No. 7 pp. 744–771.

Ferris, G. R., Davidson, S. L. & Perrewe, P. L. (2005) *Political skill at work: Impact on Work Effectiveness*. Davies-Black publishing.

Field, J. (2005) *Social capital and lifelong learning*. Policy Press.

Fisher, C. D. (1986) Organizational socialization: An integrative review. Rowland, K. M. & Ferris, G. R. (eds.) *Research in personnel and human resources management*. Vol. 4 pp. 101–145.

Flaherty, J. (2010) Coaching: Evoking excellence in others (Third edition). Routledge.

Flanagan, J. C. (1954) The critical incident technique. *Psychological Bulletin*. Vol. 51 pp. 327–355.

Fombrun, C., Tichy, N. M. & Devanna, M. A. (1984) *Strategic human resource management*. Wiley.

福山佑樹 (2012) 業績と能力を伸ばす職場の探究：組織市民行動と職場学習風土に着目して. 中原淳（編）職場学習の探究：企業人の成長を考える実証研究. 生産性出版. pp. 170–192.

Garavan, T. N., Gunnigle, P. & Morley, M. (2000) Contemporary HRD research: A triarchy of theoretical perspectives and their prescriptions for HRD. *Journal of European Industrial Training*. Vol. 24 pp. 65–93.

Garavan, T. M., Morley, M., Gunnigle, P. & McGuire, D. (2002) Human resource development and workplace learning: Emerging theoretical perspectives and organisational practices. *Journal of European Industrial Training*. Vol. 26 No. 2/3/4 pp. 60–71.

Gardner, W. L., Avolio, B. J., Luthans, F., May, D. R. & Walumbwa, F. (2005) "Can you see the real me?" A self-based model of authentic leader and follower development. *The Leadership Quarterly*. Vol. 16 No. 3. pp. 343–372.

Garrick, J. (1998) *Informal learning in the workplace: Unmasking human resource development*. Routledge.

Gilson, L. L., Maynard, M. T., Young, N. C. J., Vartiainen, M. & Hakonen, M. (2014) Virtual teams research: 10 years, 10 themes, and 10 opportunities. *Journal of Management*. Vol. 41 No. 5 pp. 1313–1337.

Goh, S. & Wasko, M. (2012) The effects of leader-member exchange on member performance in virtual world teams. *Journal of the Association for Information Systems*. Vol. 13 No. 10 pp. 861–885.

Gouldner, A. W. (1957) Cosmopolitans and locals: Toward an analysis of latent social roles-I. *Administrative Science Quarterly*. Vol. 2 pp. 281–306.

Gouldner, A. W. (1958) Cosmopolitans and locals: Toward an analysis of latent social roles-II. *Administrative Science Quarterly*. Vol. 2 pp. 444–480.

Graen, G. (1976) Role making proceses within complex organizations. Dunnete, M. D. (ed.) *Handbook of industrial and organizational psychology*. Rand McNally Colledge Publishing Company. pp. 1201–1245.

Graen, G. B. & Uhl-Bien, M. (1995) Relationship-based approach to leadership: Development of leader-member exchange (LMX) theory of leadership over 25 years: Applying a multi-level multi-domain perspective. *The Leadership Quarterly*. Vol. 6

No. 2 pp. 219–247.

Graham, S., Wedman, J. F. & Garvin-Kester, B. (1999) Manager coaching skills: What makes a good coach? *Performance Improvement Quarterly*. Vol. 7 No. 2 pp. 81–94.

Gruman, J. A., Saks, A. M. & Zweig, D. I. (2006) Organizational socialization tactics and newcomer proactive behaviors: An integrative study. *Journal of Vocational Behaviour*. Vol. 69 Isuue. 1 pp. 90–104.

Guile, D. (2011) Workplace learning in the knowledge economy: The development of vocational practice and social capital. Malloch, M., Cairns, L., Evans, K. & O'Connor, B. N. (eds.) *The Sage handbook of workplace learning*. Sage. pp. 385–394.

Gulati, R. (2007) *Managing network resources: Alliances, affliaqtions and other relational assets*. Oxford University Press.

Gundry, L. K. & Rousseau, D. M. (1994) Critical incidents in communicating culture to newcomers: The meaning is the message. *Human Relations*. Vol. 47 No. 9 pp. 1063–1088.

Hager, P. (2011) Theories of workplace learning. Malloch, M., Cairns, L., Evans, K. & O'Connor, B. N. (eds.) *The Sage handbook of workplace learning*. Sage. pp. 17–31.

Hall, D. T. (1984) Human resource development and organizational effectiveness. Fombrun, C., Tichy, N. M. & Devanna, M. A. (eds.) *Strategic human resource management*. Wiley.

Hall, D. T. (2002) *Career in and out of organizations*. Sage.

Hall, D. T., Otazo, K. L. & Hollenbeck, G. P. (1999) Behind closed doors: What really happens in executive coaching. *Organizational Dynamics*. Vol. 27 No. 3 pp. 39–53.

濱中淳子 (2008) 学びに見出した 2 つの類型 高度な学習法は身につくか. Works. Vol. 14 No. 2 pp. 31–33.

花田光世 (2006) 個の自律と人材開発戦略の変化：ES と EAP を統合する支援・啓発パラダイム. 日本労働研究雑誌. Vol. 48 No. 12 pp. 53–67.

花田光世・宮地夕紀子 (2003) キャリア自律を考える：日本におけるキャリア自律の展開. CRL レポート 1 (March).

Harrison, J. K., Lawson, T. & Wortley, A. (2005) Mentoring the beginning teacher: developing professional autonomy through critical reflection on practice. *Reflective Practice: International and Multidisciplinary Perspectives*. Vol. 6 Issue. 3 pp. 419–441.

長谷川輝美 (2003) 合併企業従業員の組織再社会化に関する研究：小売業における一考察. 経営行動科学学会年次大会 発表論文集. Vol. 6 pp. 56–61.

Haueter, J. A., Macan, T. H. & Winter, J. (2003) Measurement of newcomer socialization: Construct validation of a multidimensional scale. *Journal of Vocational Be-*

havior. Vol. 63 No. 1 pp. 20-39.

林祐司（2009）新卒採用プロセスが内定者意識形成に与える影響：製造業大手 A 社のデータを用いて．経営行動科学．Vol. 22 No. 2 pp. 131-141.

Hedberg, B. L.T.（1981）How organizations learn and unlearn. Nystrom, P. C. & Starbuck, W. H.（eds.）*Handbook of organizational design*. Oxford University Press. pp. 3-27.

日向野幹也（2013）大学教育アントレプレナーシップ：新時代のリーダーシップの涵養．ナカニシヤ出版．

東めぐみ（2009）看護リフレクション入門：経験から学び新たな看護を創造する．ライフサポート社．

Higgins, M. C.（2000）The more, the merrier?: Multiple developmental relationships and work satisfaction. *Journal of Management Development*. Vol. 19 No. 4 pp. 277-296.

Higgins, M. C. & Kram, K. E.（2001）Reconceptualizing mentoring at work: A developmental network perspective. *The Academy of Management Review*. Vol. 26 No. 2 pp. 264-288.

Higgins, M. C. & Thomas, D. A.（2001）Constellations and careers: Toward understanding the effects of multiple developmental relationships. *Journal of Organizational Behavior*. Vol. 22 No. 3 pp. 223-247.

Hill, L.（2003）*Becoming a manager: How new managers master the challenges of leadership*. Harvard Business Press.

Hill, L. & Lineback, K.（2011）*Being the boss: The 3 imperatives for becoming a great leader*. Harvard Business Review Press.

平野光俊（2010）本シンポジウムの目的と概要（人材マネジメント型企業変革リーダー）．経営行動科学．Vol. 23 No. 3 pp. 193-197.

Holman, D., Pavlica, K. & Thorpe, R.（1997）Rethinking Kolb's theory of experiential learning in management education: The contribution of social Constructionism and active theory. *Management Learning*. Vol. 28 No. 2 pp. 135-148.

Holton III, E. F.（1996）The flawed four-level evaluation model. *Human Resource Development Quarterly*. Vol. 7 No. 1. pp. 5-21.

Holton III, E. F., Bates, R. A. & Ruona, W. E. A.（2000）Development of a generalized learning transfer system inventory. *Human Resource Development Quaterly*. Vol. 11 No. 4 pp. 333-360.

本間浩輔（2017）ヤフーの1on1：部下を成長させるコミュニケーションの技法．ダイヤモンド社．

Howard, C. G.（1973）The expatriate manager and the role of the MNC. *Personnel Journal*. Vol. 48 No. 1 pp. 25-29.

Høyrup, S.（2004）Reflection as a core process in organisational learning. *The Journal of Workplace Learning*. Vol. 16 No. 8 pp. 442-454.

Huber, G. P.（1991）Organizational learning: The contributing processes and the literatures. *Organization Science*. Vol. 2 No. 1. pp. 88–115.

稲泉連（2010）仕事漂流：就職氷河期世代の「働き方」．プレジデント社.

石川淳（2016）シェアド・リーダーシップ：チーム全員の影響力が職場を強くする．中央経済社.

石山恒貴（2011）組織内専門人材の専門領域コミットメントと越境的能力開発の役割．イノベーション・マネジメント．No. 8 pp. 17–36.

泉谷道子・安野舞子（2015）大学におけるリーダーシップ・プログラムの開発に関する考察：米国の事例を手がかりに．大学教育研究ジャーナル．Vol. 12 pp. 38–47.

泉谷道子・安野舞子（2016）日本人大学生のリーダーシップ・アイデンティティ発達過程の探究．産業・組織心理学研究．Vol. 30 No. 1 pp. 59–69.

Jacoby, S. M.（2005）*The embedded corporation.* Princeton University Press.

Jarvis, P.（1995）*Adult and continuing education: Theory and practice*. Routledge.

Jasper, M.（2003）*Beginning a reflective practice: Foundations in nursing and health care*. Nelson Thornes.

Jassawalla, A., Asgary, N. & Sashittal, H.（2006）Managing expatriates: The role of mentors. *International Journal of Commerce and Management*. Vol. 16 No. 2 pp. 130–140.

Jay, J. K. & Johnson, K. L.（2002）Capturing complexity: A typology of reflective practice for teacher education. *Teaching and Teacher Education*. Vol. 18 No. 1 pp. 73–85.

Jones, G. R.（1986）Socialization tactics, self-efficacy and newcomer's adjustments to organizations. *Academy of Management Review*. Vol. 29 No. 2 pp. 262–279.

加護野忠男（1988）組織認識論：企業における創造と革新の研究．千倉書房.

金井壽宏（1991）変革型ミドルの探求：戦略・革新指向の管理者行動．白桃書房.

金井壽宏（1994）エントリー・マネジメントと日本企業の RJP 指向性：先行研究のレビューと予備的実証研究．神戸大学経営学部研究年報．Vol. 40 pp. 1–66.

金井壽宏（2002）仕事で「一皮むける」．光文社新書.

金井壽宏・守島基博（2009）漸成説からみた早期よりのリーダーシップ発達：教育・人事制度への含意．組織科学．Vol. 43 No. 2 pp. 51–64.

Kanter, R. M.（1989）*When giants learn to dance: Mastering the challenges of strategy, management, and careers in the 1990s*. Simon & Schuster.

笠井恵美（2007）対人サービス職の熟達につながる経験の検討：教師・看護師・客室乗務・保険営業の経験比較．Works Review. Vol. 2.

加登豊（2008）日本企業の品質管理問題と人づくりシステム．青島矢一（編）企業の錯誤／教育の迷走：人材育成の「失われた 10 年」．東信堂．pp. 151–182.

加藤雅則（2009）組織経営におけるナラティブ・アプローチ．野口裕二（編）ナラティブ・アプローチ．勁草書房.

Kayes, D. C.（2002）Experiential learning and its critics: Peserving the role of experience in management learning and education. *Academy of Management Learning & Education*. Vol. 1 No. 2 pp. 137–149.

経済産業省（2009）日本企業が人材の国際化に対応している度合いを測る指標（国際化指標2008）．経済産業省.

木原俊行（1998）同僚との対話と共同：校内研究の活性化を求めて．浅田匠・生田孝至・藤岡完治（編）成長する教師：教師学への誘い．金子書房．pp. 198–211.

木村充（2012）職場における業務能力の向上に資する経験学習のプロセスとは：経験学習モデルに関する実証的研究．中原淳（編）職場学習の探究：企業人の成長を考える実証研究．生産性出版．pp. 34–71.

木村充・舘野泰一・松井彩子・中原淳（2019）大学の経験学習型リーダーシップ教育における学生のリーダーシップ行動尺度の開発と信頼性および妥当性の検討．日本教育工学論文誌．Vol. 43 No. 2 pp. 105–115.

木村充・舘野泰一・関根雅泰・中原淳（2011）職場における経験学習尺度の開発の試み．日本教育工学会研究会報告集．Vol. 4 pp. 147–152.

Kirby, J. R., Knapper, C. K., Evans, C. J., Carty, A. E. & Gadula, C.（2003）Approaches to learning at work and workplace climate. *International Journal of Training and Development*. Vol. 7 No. 1 pp. 31–52.

Kirkpatrick, D. L. & Kirkpatrick, J. D.（2005）*Transferring learning to behavior: Using the four levels to improve performance*. Berrett-Koehler.

北村智・中原淳・荒木淳子・坂本篤郎（2009）業務経験を通した能力向上と組織における信頼，互酬性の規範．組織科学．Vol. 42 No. 4 pp. 92–103.

Knowles, M. 堀薫夫・三輪建二（訳）（2002）成人教育の現代的実践：ペダゴジーからアンドラゴジーへ．鳳書房.

小林哲郎・池田謙一（2006）オンラインゲーム内のコミュニティにおける社会関係資本の醸成：オフライン世界への汎化効果を視野に．社会心理学研究．Vol. 22 No. 1 pp. 58–71.

小林裕（2000）人事評価制度．外島裕・田中堅一郎（編）産業・組織心理学エッセンシャルズ．ナカニシヤ出版．pp. 35–63.

小池和男（1991a）仕事の経済学．東洋経済新報社.

小池和男（1991b）大卒ホワイトカラーの人材開発．東洋経済新報社.

小池和男（1997）日本企業の人材形成：不確実性に対処するためのノウハウ．中公新書.

Kolb, A. Y. & Kolb, D. A.（2009）Experiential learning theory: A dinamic, holistic approach to management learning, education and development. Armstrong, S. J. & Fukami, C. V.（eds.）*The Sage handbook of management learning, education and development*. Sage. pp. 42–68.

Kolb, D. A.（1984）*Experiential learning: Experience as the source of learning and development*. Prentice Hall.

Komives, S. R., Lucas, N. & McMahon, T. R.（1998/2007）*Exploring leadership: For college students who want to make a difference*. Jossey-Bass.

Korthagen, F. A. J.（ed.）武田信子・今泉友里・鈴木悠太・山辺恵理子（訳）（2010）教師教育学：理論と実践をつなぐリアリスティックアプローチ．学文社.

Korthagen, F. A. J., Kessels, J., Koster, B., Lagerwerf, B. & Wubbels, T.（2001）*Linking practice and theory: The pedagogy of realistic teacher education*. Routledge.

鴻巣忠司・小泉大輔・西村知晃（2011）新卒採用者と中途採用者の組織社会化の比較研究. 経営行動科学学会第 14 回大会発表論文集. pp. 255–260.

厚生労働省（2010a）平成 21 年度能力開発基本調査の結果（http://www.mhlw.go.jp/stf/houdou/2r9852000000525e.html）.

厚生労働省（2010b）就労条件総合調査（http://www.mhlw.go.jp/toukei/list/11-23c.html）.

Kram, K. E. 渡辺直登・伊藤知子（訳）（2003）メンタリング：会社の中の発達支援関係. 白桃書房.

Kram, K. E. & Bragar, M. C.（1992）Development through mentoring: A strategic approach. Montross, D. H. & Shinkman, C. J.（eds.）*Career developmnet: Theory and Practice*. Charles C Thomas Publisher. pp. 221–254.

Kramer, R.（2007）Leading change through action learning: Agency managers can change organizational culture and build a learning environment, as demonstrated by APHIS. *The Public Manager*. Vol. 36 No. 3 pp. 38–44.

Kramer, R.（2008）Learning how to learn: Action learning for leadership Development. Morse, R. & Buss, T. F.（eds.）*Innovations in public leadership development*. M. E. Sharpe and National Academy of Public Administration. pp. 296–326.

Krohn. R. A.（2000）Training as a strategic investment. Herling. R. W. & Provo. J.（eds.）*Strategic perspectives on knowledge, competence, and expertise*. Berrett-Koehler. pp. 63–75.

久木元真吾（2011）不安の中の若者と仕事. 日本労働研究雑誌. Vol. 53 No. 7 pp. 16–28.

楠見孝（1999）中間管理職のスキル，知識とその学習. 日本労働研究雑誌. Vol. 41 No. 12 pp. 39–49.

Lave, J. & Wenger, E.（1991）*Situated learning: Legitimate peripheral participation*. Cambridge University Press.

Lengermann, P.（1996）The benefits and costs of training: A comparison of formal company trainig, vendor training, outside seminars, and school-based training. *Human Resource Management*. Vol. 35 No. 3 pp. 361–381.

Leonard-Barton, D. & Doyle, J. L.（1996）Commercializing technology: Imaginative understanding of user needs. Rosenbloom, R. S. & Spencer, W. J.（eds.）*Engines of innovation: U. S. industrial research at the end of an era*. Harvard Business Review Press.

Levitt, B. & March, J. G.（1988）Organizational learning. *Annual Review of Sociology*. Vol. 14 pp. 319–340.

李超（2010）コミュニケーションとキャリア形成. 経営研究. Vol. 61 No. 2 pp. 85–104.

Lim, D. H. & Nowell, B.（2014）Integration for training transfer: Learning, knowledge, organizational culture, and technology. Schneider, K.（eds.）*Transfer of learning in organizations*. Springer. pp. 81–98.

Lin, X., Hmelo, C., Kinzer, C. K. & Secules, T. J.（2003）Designing technology to support reflection. *Educational Technology Research and Development*. Vol. 47 No. 3 pp. 43–62.

Liu, D., Liao, H. & Loi, R.（2012）The dark side of leadership: A three-level investigation of the cascading effect of abusive supervision on employee creativity. *Academy of Management Journal*. Vol. 55 No. 5 pp. 1187–1212.

Louis, M. R.（1980）Surprise and sense making: What newcomers experience in entering unfamiliar organizational settings. *Administrative Science Quarterly*. Vol. 25 No. 2 pp. 227–251.

Louis, M. R., Posner, B. Z.& Powell, G. N.（1973）The availability and helpfulness of socialization practices. *Personnel Psychology*. Vol. 36 Issue. 4 pp. 857–866.

Luse, L., McElroy, J. C., Townsend, A. M. & DeMarie, S.（2013）Personality and cognitive style as predictor of preference for working in virtual teams. *Computers in Human Behavior*. Vol. 29 No. 4 pp. 1825–1832.

Maguire, S. R.（1993）Employer and occupational tenure 1991 update. *Monthly Labar Review*. March/April pp. 9–10.

Maidique, M. A. & Zirger, B. J.（1985）The new product learning cycle. *Research Policy*. Vol. 14 pp. 299–309.

牧野成史（2011）マルチレベル分析の考え方. 組織科学. Vol. 44 No. 4 pp. 14–25.

March, J. M. & Simon, H. A.（1958）*Organizations*. John Wiley & Sons.

Marshall-Mies, J. C., Fleishman, E. A., Martin, J. A., Zaccaro, S. J., Baughman, W. A. & McGee, M. L.（2000）. Development and evaluation of cognitive and metacognitive measures for predicting leadership potential. *The Leadership Quarterly*. Vol. 11 No. 1 pp. 135–153.

Marsick, V. J. & O'Neil, J.（1999）The many faces of action learning. *Management Learning*. Vol. 30 No. 2 pp. 159–176.

Marsick, V. J. & Watkins, K. E.（1990）*Informal and incidental learning in the workplace*. Routledge.

Marsick, V. J. & Watkins, K. E.（1994）The learning organization: An integrative vision for HRD. *Human Resource Development Quarterly*. Vol. 5 No. 4 pp. 353–360.

Marsick, V. J. & Watkins, K. E.（2001）Informal and incidental learning. *New Directions for Adult and Continuing Education*.Vol. 2001 Issue. 89 pp. 25–34.

松尾睦（2002）内部競争のマネジメント：営業組織のイノベーション. 白桃書房.

松尾睦（2006）経験からの学習：プロフェッショナルへの成長プロセス. 同文舘出版.

松尾睦（2009）学習する病院組織：患者志向の構造化とリーダーシップ. 同文舘出版.

松尾睦（2011）「経験学習」入門. ダイヤモンド社.

Matsuo, M.（2011）The role of sales beliefs in facilitating experiential learning: An empirical study of Japanese salespeople. *Psychology & Marketing*. Vol. 28 No. 4 pp. 309–329.

Matsuo, M. & Easterby-Smith, M.（2004）Knowledge sharing dilemma: Knowledge and knowing in Japanese firms. Presented at Academy of Management Annual Meeting.

Matsuo, M. & Kusumi, T.（2002）Salesperson's procedural knowledge, experience and performance: An empirical study in Japan. *European Journal of Marketing*. Vol. 36 pp. 840–854.

松尾睦・中原淳（2009）職場の学習風土に関する定量的研究. 2009年度組織学会研究発表大会・報告要旨集. pp. 279–282.

Matsuo, M. & Nakahara, J.（2013）The effects of the PDCAcycle and OJT on workplace learning. *International Journal of Human Resource Management*. Vol. 24 No.1 pp. 195–207

松浦民恵（2011）営業職の育て方：新人から一人前へ, 一人前からベテランへ. NLI Institute Report July 2011. pp. 18–27.

McCall, M. W.（1988a）*The lessons of experience: How successful executives develop on the Job*. Free Press.

McCall, M. W.（1988b）*High flyers: Developing the next generation of leaders*. Harvard Bussiness Press.

McCall, M. W.（1989）Developing executives through work experiences. *Human Resource Planning*. Vol. 11 No. 1 pp. 39–49.

McCall, M. W.（2010）The experience conundrum. Nohria, N. & Khurana, R.（eds.）*Handbook of leadership theory and practice*. Harvard Business Review Press.

McCall, M. W. & Hollenbeck, J. P.（2002）*Developing Global Executives: The Lessons of International Experience*. Harvard Business School Press.

McCall, M. W. & Lombardo, M. M.（1983）*Off the track: Why and how successful executives get derailed*. Center for Creative Leadership.

McCauley, C. D., Moxley, R. S. & Velsor, E. D. 金井壽宏（監訳）・嶋村伸明・リクルートマネジメントソリューションズ組織行動研究所（訳）（2011）リーダーシップ開発ハンドブック：The Center for Creative Leadership: CCL. 白桃書房.

McCauley, C. D., Ruderman, M. N., Ohlott, P. J. & Morrow, J. E.（1994）Assessing the developmental components of managerial jobs. *Journal of Applied Psychology*. Vol. 79 No. 4 pp. 544–560.

Mendenhall, M. E., Dunbar, E. & Oddou, G. R.（1987）Expatriate selection, training and career-pathing: A review and critique. *Human Resource Management*. Vol. 26 Issue. 3 pp. 331–345.

三崎秀央（2004）研究開発従事者のロイヤリティと組織の業績：製造業における研究所・研究部門の定量的分析. 商学論集. Vol. 72 No. 3 pp. 13–30.

三宅なほみ・白水始（2002）内省. 日本認知科学会（編）認知科学事典. 共立出版.

文部科学省（2007）大学等におけるインターンシップ実施状況調査（http://www.mext.go.jp/b_menu/toukei/chousa01/intern/kekka/1259256.htm）.

Moon, J. A.（2004）*A handbook of reflective and experiential learning: Theory and practice*. Routledge.

Morishima, M.（1996）The evolution of white collar human resource management in Japan. *Advances in Industrial and Labor Relations*. Vol. 7 pp. 145-176.

守島基博（2006）ホワイトカラー人材マネジメントの進化：はたして，成果主義は長期雇用と適合的なシステムなのか. 伊丹敬之・藤本隆宏・岡崎哲二・伊藤秀史・沼上幹（編）組織能力・知識・人材（リーディングス　日本の企業システム第4巻）. 有斐閣. pp. 269-303.

守島基博（2010）社会科学としての人材マネジメント論へ向けて. 日本労働研究雑誌. Vol. 52 No. 7 pp. 69-74.

Morrison, E. W.（1993）Longitudinal study of the effects of information seeking on newcomer socialization. *Journal of Applied Psychology*. Vol. 78 No. 2 pp. 173-183.

Morrison, R. F. & Brantner, T. M.（1992）What enhances or inhibits learning a new job?: A basic career issue. *Journal of Applied Psychology*. Vol. 77 No. 6 pp. 926-940.

元山年弘（2008）管理職への移行における諸問題. 経営教育研究 Vol. 11 No. 1 pp. 72-84.

Mowday, R. T., Steers, R. M. & Porter, L. W.（1979）The Measurement of organizational commitment: A progress report. *Journal of Vocational Behavior*. Vol. 14 No. 2 pp. 224-247.

Mumford, M. D., Scott, G. M., Gaddis, B. & Strange, J. M.（2002）Leading creative people: Orchestrating expertise and relationships. *The Leadership Quarterly*. Vol. 13 No. 6 pp. 705-750.

Mumford, M. D., Zaccaro, S. J., Jacobs, T. O., Harding, F. D. & Fleishman, E. A.（2000）Leadership skills for a changing world: Solving complex social problems. *The Leadership Quarterly*. Vol. 11 No. 1 pp. 11-35.

Mumford, T. V., Campion, M. A. & Morgeson, F. P.（2007）The leadership skills strataplex: Leadership skill requirements across organizational levels. *The Leadership Quarterly*. Vol. 18 No. 2 pp. 154-166.

Murphy, S. E. & Johnson, S. K.（2011）The benefits of a long-lens approach to leader development: Understanding the seeds of leadership. *The Leadership Quarterly*. Vol. 22 No. 3 pp. 459-470.

南雲智映・小熊栄（2011）勤労者が抱える失業と生活の不安：「勤労者短観」10年間の分析. 日本労働研究雑誌. Vol. 53 No. 27 pp. 29-39.

内閣府（2007）平成19年 国民生活白書（http://www5.cao.go.jp/seikatsu/whitepaper/h19/01_honpen/index.html）.

内藤陽子（2009）海外からの帰任過程における問題とその支援：日系大手多国籍企業の帰任者への調査から. 国際ビジネス研究. Vol. 1 No. 1 pp. 1-17.

中原淳（2010）職場学習論：仕事の学びを科学する. 東京大学出版会.

中原淳（2011）知がめぐり，人がつながる場のデザイン：働く大人が学び続ける"ラーニングバー"というしくみ．英治出版．

中原淳（2012a）学習環境としての「職場」：経営研究と学習研究の交差する場所．日本労働研究雑誌．Vol. 54 No. 1. pp. 35-45．

中原淳（2012b）職場イノベーション風土が「職場における部下への支援」に与える影響：新たなことに挑む職場で人は育つ．中原淳（編著）職場学習の探究：企業人の成長を考える実証研究．生産性出版．pp. 193-214．

中原淳（編著）（2012c）職場学習の探究：企業人の成長を考える実証研究．生産性出版．

中原淳（2012d）経営学習論：人材育成を科学する．東京大学出版会．

中原淳（2013）経験学習の理論的系譜と研究動向．日本労働研究雑誌．Vol. 55 No. 10 pp. 4-14．

中原淳（2014）研修開発入門：会社で「教える」，競争優位を「つくる」．ダイヤモンド社．

中原淳（2018）企業におけるリーダーシップ開発研究の効果：異業種民間企業5社による「地域課題解決研修」を事例として．舘野泰一・高橋俊之（編），中原淳（監修）リーダーシップ教育のフロンティア【研究編】．北大路書房．pp. 113-128．

中原淳・荒木淳子（2006）ワークプレイスラーニング研究序説：企業人材育成を対象とした教育工学研究のための理論レビュー．教育システム情報学会誌．Vol. 23 No. 2 pp. 83-103．

中原淳・金井壽宏（2009）リフレクティブ・マネジャー：一流はつねに内省する．光文社新書．

中原淳・中村和彦（2018）組織開発の探究：理論に学び，実践に活かす．ダイヤモンド社．

中原淳・島村公俊・鈴木英智佳・関根雅泰（2018）研修開発入門「研修転移」の理論と実践．ダイヤモンド社．

中島義明（監修）（1999）心理学辞典．有斐閣．

中村香（2009）学習する組織論とは何か：ピーター・センゲの学習論．鳳書房．

中村恵（1995）ホワイトカラーの異動．猪木武徳・樋口美雄（編）日本の雇用システムと労働市場（シリーズ現代経済研究9）．日本経済新聞社．

中村雄二郎（1992）臨床の知とは何か．岩波新書．

中村雄二郎（1999）正念場：不易と流行の間で．岩波新書．

日本デューイ学会（編）（2010）日本のデューイ研究と21世紀の課題：日本デューイ学会設立50周年記念論集．世界思想社．

日本労働研究機構（1993）大卒社員の初期キャリア管理に関する調査研究報告書：大卒社員の採用・配属・異動・定着．日本労働研究機構．

日本生産性本部（2011）平成22年度総合調査研究等委託事業　企業の人材マネジメントの国際化に関する調査報告書．

西村孝史（2007）離職研究と社会化研究の統合をめざして：X事業部の事例から．組織科学．Vol. 41 No. 2 pp. 69-81．

西村孝史（2010）戦略人材マネジメント研究の精緻化に向けて：分析レベルの問題と企業内の雇用区分との関連性. 一橋大学商学研究科ワーキングペーパー. No. 118（http://hermes-ir.lib.hit-u.ac.jp/rs/handle/10086/18679）.

丹羽清（2010）イノベーション実践論. 東京大学出版会.

Noe, R. A. （1986）Trainees' attributes and attitudes: Neglected influences on training effectiveness. *Academy of Management Review*. Vol. 11 No. 4 pp. 736–749.

Noe, R. A. & Ford, J. K. （1992）Emerging issues and new directions in training research. Ferris, G. R. & Rowland, K. M. （eds.）*Research in personnel and human resources management*. JAI press.

Noe, R. A. & Tews, M. J. （2009）Strategic training and development. Storey, J. & Wright, P. M. （eds.）*The routledge companion to strategic human resource management*. Routledge.

Nonaka, I. & Takeuchi, H. （1995）*The knowledge creating company: How Japanese companies create the dynamics of innovation*. Oxford University Press.

Northouse, P. G. （2016）*Leadership: Theory and practice*（Seventh edition）. Sage.

Nowack, K. & Mashihi, S. （2012）Evidence-based answers to 15 questions about leveraging 360-degree feedback. *Counseling Psychology Journal*. Vol. 64 No. 3 pp. 157–182.

O'Connell, P.K. （2014）. A simplified framework for 21st century leader development. *The Leadership Quarterly*. Vol. 25 No. 2 pp. 183–203.

尾形真実哉（2009）導入時研修が新人の組織社会化に与える影響の分析：組織社会化戦術の観点から. 甲南経営研究. Vol. 49 No. 4. pp. 19–61.

小川憲彦・尾形真実哉（2011）組織社会化. 経営行動科学学会（編）経営行動科学ハンドブック. 中央経済社. pp. 319–324.

大庭さよ・藤原美智子（2008）「学び」の場から「働き」の場へ：ある一企業社員のインタビュー調査から. カウンセリング研究. Vol. 41 No. 2 pp. 108–118.

奥田健二（監修）・今田幸子・平田周一（1995）ホワイトカラーの昇進構造. 日本労働研究機構.

O'Leary, M. B. & Mortensen, M. （2009）Go（con）figure: Subgroups, imbalance, and isolates in geographically dispersed teams. *Organization Science*. Vol. 21 No. 1 pp. 115–131.

Organ, D. W. （1988）*Organizational citizenship behavior: The good soldier syndrome*. Lexington Books.

Orr, J. （1996）*Talking about machines: An ethnography of a modern job*. Cornell University Press.

Ostroff, C. & Kozlowski, S. W. J. （1992）Organizational socialization as a learning process: The role of information acquisition. *Personnel Psychology*. Vol. 45 No. 4 pp. 849–874.

Ostroff, C. & Kozlowski, S. W. J. （1993）The role of mentoring in the information gathering processes of newcomers during early organizational socialization. *Journal of Vocational Behavior*. Vol. 42 No. 2 pp. 170–183.

Peterson, D. B.（1996）Executive coaching at work: The art of one-on-one change. *Consulting Psychology Journal: Practice and Research*. Vol. 48 No. 2 pp. 78–86.

Pfeffer, J.（1981）*Power in organizations*. Pitman.

Pfeffer, J.（1992）*Managing with power: Politics and influence in organizations*. Harvard Business School Press.

Pfeffer, J.（2010）Power play. *Harvard Business Review*. Vol. 88 No. 7/8 pp. 84–92.

Pfeffer, J. & Veiga, J. F.（1999）Putting people first for organizational success. *The Academy of Management Executive*. Vol. 13 No. 2 pp. 37–48.

Phillips, J. M.（1998）Effects of realistic job previews on multiple organizational outcomes: A meta analysis. *The Academy of Management Journal*. Vol. 41 No. 6 pp. 151–176.

Powell, K. S. & Yalcin, S.（2010）Managerial training effectiveness: A meta-analysis 1952–2002. *Personnel Review*. Vol. 39 No. 2 pp. 227–241.

Putnam, R. D. 柴内康文（訳）（2006）孤独なボウリング：米国コミュニティの崩壊と再生. 柏書房.

Raelin, J. A.（1997）A model of work-based learning. *Organization Science*. Vol. 8 No. 6 pp. 563–578.

Raelin, J. D.（2000）*Work-based learning: The new frontier of management development*. Addison-Wesley.

Raelin, J. D.（2006）Does action learning promote collaborative leadership? *Academy of Management Learning and Education*. Vol. 5 No. 2 pp. 152–168.

Raelin, J. A. & Raelin, J. D.（2006）Developmental action learning: Toward collaborative change. *Action Learning: Research and Practice*. Vol. 3 No. 1 pp. 45–67.

Ragins, B. R.（2011）Relational mentoring: A positive approach to mentoring at Work. Cameron, K. S. & Spreitzer, G. M.（eds.）*The Oxford handbook of positive organization scholarship*. Oxford University Press. pp. 519–536.

Rainbird, H. & Munro, A.（2003）Workplace learning and the employment relationship in the public sector. *Human Resource Management Journal*. Vol. 13 No. 2 pp. 30–44.

Raver, J.L., Jensen, J.M., Lee, J. & O'Reilly, J.（2012）Destructive criticism revisited: Appraisals, task outcomes, and the moderating role of competitiveness. *Applied Psychology: An International Review*. Vol. 61 No. 2 pp. 177–203.

リクルートワークス研究所（2011）現場：研修をどう設計するか. Works. No. 108 pp. 44–51.

Reddy, M.（1979）The Conduit metaphor: A case of frame coflict in our language about language. Ortony, A.（ed.）*Metaphor and thought*. Cambridge University Press. pp. 284–324.

Reed, E. S. 菅野盾樹（訳）（2010）経験のための戦い：情報の生態学から社会哲学へ. 新曜社.

Revans, R. W.（1980）*Action learning: New technologies for managers*. Blond & Briggs.

Revans, R. W.（1982）*The origin and growth of action learning*. Chartwell-Bratt Publishing & Training.

Revans, R. W.（1984）*The sequence of managerial achievement*. MCB University Press.

Revans, R. W.（1988）*ABC of action learning*. Lemos & Crane.

Reynolds, M.（1998）Reflection and critical reflection in management learning. *Management Learning*. Vol. 29 No. 2 pp. 183–200.

Robbins, P. S. 高木晴夫（監訳）（2009）組織行動のマネジメント：入門から実践へ. ダイヤモンド社.

Rogoff, B.（1990）*Apprenticeship in thinking: Cognitive development in social context*. Oxford University Press.

Rosen, B., Furst, S. & Blackburn, R.（2006）Training for virtual teams: An investigation of current practices and future needs. *Human Resource Management*. Vol. 45 No. 2 pp. 229–247.

Rothwell, W. J. & Sredl, H. J.（2000）*Workplace learning and performance roles: Present and future roles and competencies*（Third edition. Vol. 1）. HRD Press.

労働政策研究・研修機構（2006）労働政策研究報告書 変革期の勤労者意識：新時代のキャリアデザインと人材マネジメントの評価に関する調査. No. 49.

Rowden, R. W.（2002）The relationship between workplace learning and job satisfaction in U. S. small to midsize businesses. *Human Resource Development Quarterly*. Vol. 13 No. 4 pp. 407–425.

佐伯胖・宮崎清孝・佐藤学・石黒広昭（1998）心理学と教育実践の間で. 東京大学出版会.

齊藤弘通（2010）顧客接点人材の成長を促進する人材育成の方法：コンサルティング会社 A 社における営業担当者を事例として. イノベーション・マネジメント. No. 7 pp. 107–128.

榊原國城（2005）職務遂行能力自己評価に与える OJT の効果：地方自治体職員を対象として. 産業・組織心理学研究. Vol. 18 No. 1 pp. 23–31.

坂本雅明・中原淳・松尾睦（2009）人材開発白書2010. 富士ゼロックス総合教育研究所.

坂柳恒夫（1999）成人キャリア成熟尺度（ACMS）の信頼性と妥当性の検討. 愛知教育大学研究報告（教育科学）. Vol. 48 pp. 115–122.

Saks, A. M. & Ashforth, B. E.（1997）Organizational socialization: Making sense of the past and present as a prologue for the future. *Journal of Vocational Behavior*. Vol. 51 No. 2 pp. 234–279.

Saks, A. M. & Burke, L. A.（2012）An investigation into the relationship between training evaluation and the transfer of training. *International Journal of Training and Development*. Vol. 16 No. 2 pp. 118–127.

産業能率大学総合研究所（2011）人材開発担当者に聞いた現場の人材育成の状況（http://www. sanno. ac. jp/research/jinzai2011.html）.

Sanchez, J. I., Spector, P. E. & Cooper, C. L.（2000）Adapting to a boundaryless world: A developmental expatriate model. *Academy of Management Executive*. Vol. 14 No. 2 pp. 96–106.

佐藤博樹（2010）人事管理研究における今後の重要課題. 日本労働研究雑誌. Vol. 52 No. 7 pp. 54–58.

佐藤博樹・堀有喜衣・堀田聡子（2006）人材育成としてのインターンシップ. 労働新聞社.

Sawyer, K. 金子宣子（訳）（2009）凡才の集団は孤高の天才に勝る：「グループ・ジーニアス」が生み出すものすごいアイデア. ダイヤモンド社.

Schein, E. H.（1980）*Organizational psycohlogy*（Third edition）. Princeton-hall.

Schuller, T. & Field, J.（1998）Social capital, human capital and the learning society. *International Journal of Lifelong Education*. Vol. 17 No. 4 pp. 226–235.

Schuler, D. & Namioka, A.（1993）*Participatory design: Principles and practices*. Erlbaum.

Schön, D. A.（1983）*The reflective pactitioner: How professionals think in action*. Basic Books.

Schön, D. A. 柳沢昌一・三輪建二（訳）（2007）省察的実践とは何か：プロフェッショナルの行為と思考. 鳳書房.

Scott, S. G. & Bruce, R. A.（1994）Determinants of innovative behavior: A path model of indivisual innovation in the workplace. *The Academy of Management Journal*. Vol. 37 No. 3 pp. 580–607.

Seifert, C. F. & Yukl, G.（2010）Effects of repeated multi-source feedback on the influence behavior and effectiveness of managers: A field experiment. *The Leadership Quarterly*. Vol. 21 No. 5 pp. 856–866.

関根雅泰（2012）新入社員の能力向上に資する先輩指導員の OJT 行動：OJT 指導員が一人でやらない OJT の提案. 中原淳（編著）職場学習の探究：企業人の成長を考える実証研究. 生産性出版. pp. 144–167.

関根雅泰・中原淳（2011）新入社員の能力向上に対する自己評価と OJT における先輩指導員の行動との関係. 日本教育工学会第 27 回大会講演論文集. pp. 573–574.

関根雅泰・齊藤光弘（2017）研修転移. 中原淳（編）人材開発研究大全. 東京大学出版会. pp. 315–340.

関根雅泰・舘野泰一・木村充・中原淳（2010）OJT 行動に関する尺度作成の試み. 人材育成学会第 8 回年次大会論文集. pp. 111–116.

Senge, P. 守部信之（訳）（1995）最強組織の法則：新時代のチームワークとは何か. 徳間書店.

Senge, P. 枝廣淳子・小田理一郎・中小路佳代子（訳）（2010）学習する組織：システム思考で未来を創造する. 英治出版.

Sennett, R. 森田典正（訳）（2008）不安な経済／漂流する個人：新しい資本主義の労

働・消費文化．大月書店.

Sfard, A.（1997）On two metaphors for learning and the dangers of choosing just one. *Educational Researcher*. Vol. 27 No. 2 pp. 4-13.

島田徳子・中原淳（2010a）元外国人留学生の組織社会化に関する探索的研究：組織参入後の学習課題とその促進要因．日本教育工学会第 26 回全国大会講演論文集．pp. 85-88.

島田徳子・中原淳（2010b）元留学生新入社員の組織社会化プロセスにおける日本人上司の課題認識と支援内容．人材育成学会第 8 回年次大会論文集．pp. 41-44.

甲美花（2002）ホワイトカラーの二重コミットメントに関する研究：コミットメントによる人材タイプ別の比較．三田商学研究．Vol. 44 No. 6 pp. 117-143.

Shore, L. M., Randel, A. E., Chang, B. G., Dean, M. A., Ehrhart, K. H. & Singh, G.（2011）Inclusion and diversity in work groups: A review and model for future research. *Journal of Management*. Vol. 37 No. 4 pp. 1262-1288.

Shulman, L.（2002）Making differences: A table of learning. *Change*. Vol. 34 No. 6 pp. 36-44.

Shumpeter, J.（1934）*The theory of economic development: An inquiry into profits, capital, credit, interest, and the business cycle*. Harvard University Press.

Shumpeter, J.（1950）*Capitalism, socialism and democracy*. Harper & Row.

Slaughter, J. E. & Zickar, M. J.（2006）A new look at the role of insiders in new comer socialization process. *Group & Organization Management*. Vol. 31 pp. 264-290.

Specht, L. B. & Sandlin, P. K.（1991）The differential effects of experiential learning activityes and traditional lecture classes in accounting. *Simulation Gaming*. Vol. 22 No. 2 pp. 196-210.

Spreitzer, G. M., McCall, M. W. & Mahoney, J. D.（1997）Early identification of international executive potential. *Journal of Applied Psychology*. Vol. 82 No. 1 pp. 6-29.

Stokes, J. & Jolly, R.（2014）Executive and leadership coaching. Bachkirova, T., Clutterbuck, D. & Cox, E.（eds.）*The complete handbook of coaching*（Second edition）pp. 244-255. SAGE.

Strang, S. E. & Kuhnert, K. W.（2009）Personality and leadership developmental levels as predictors of leader performance. *The Leadership Quarterly*. Vol. 20 No. 3, pp. 421-433.

杉万俊夫・谷浦葉子・越村利恵（2006）研修会場と職場が共振する研修プログラムの開発：看護組織の中堅看護師研修における試み．実験社会心理学研究．Vol. 45 No. 2 pp. 136-157.

杉浦宏（編）（2003）現代デューイ思想の再評価．世界思想社.

鈴木竜太（2002）組織と個人：キャリアの発達と組織コミットメントの変化．白桃書房.

鈴木竜太・北居明（2005）組織行動論における集団特性の分析手法：マルチレベル

分析に関する研究ノート. 神戸大学経営学研究科 Discussion paper 2005 Vol. 45.

鈴木竜太・忠津剛光・尾形真実哉・松本雄一 (2011) 新人の育成と課題. 経営行動科学学会第 14 回年次大会発表論文集. pp. 17-20.

Swanson, R. A. (1995) Human resource development: Performance is the key. *Human Resource Development Quarterly*. Vol. 6 No. 2 pp. 207-213.

社会生産性本部 (2006)『メンタルヘルスの取り組み』に関する自治体アンケート調査結果 (http://www.js-mental.org/images/03/20060728.pdf).

橘木俊詔 (編) (1992) 査定・昇進・賃金決定. 有斐閣.

高橋弘司 (1993) 組織社会化研究をめぐる諸問題：研究レビュー. 経営行動科学. Vol. 8 No. 1 pp. 1-22.

高橋伸夫 (編) (2000) 超企業・組織論：企業を超える組織のダイナミズム. 有斐閣.

高橋俊之・舘野泰一 (編)・中原淳 (監修) (2018) リーダーシップ教育のフロンティア【実践編】：高校生・大学生・社会人を成長させる「全員発揮のリーダーシップ」. 北大路書房.

高尾隆・中原淳 (2012) Learning × Performance インプロする組織：予定調和を超え, 日常を揺さぶる. 三省堂.

武石彰・青島矢一・軽部大 (2008) イノベーションの理由：大河内賞受賞事例にみる革新への資源動員の正当化. 組織科学. Vol. 42 No. 1 pp. 4-14.

竹内倫和・竹内規彦 (2009) 新規参入者の組織社会化メカニズムに関する実証的検討：入社前・入社後の組織適応要因. 日本経営学会誌. Vol. 23 pp. 37-49.

田中聡・中原淳 (2017) 新規事業創出経験を通じた中堅管理職の学習に関する実証的研究. 経営行動科学. Vol. 30 No. 1 pp. 13-29.

舘野泰一 (2012) 職場を越境するビジネスパーソンに関する研究：社外の勉強会に参加しているビジネスパーソンはどのような人か. 中原淳 (編著) 職場学習の探究：企業人の成長を考える実証研究. 生産性出版. pp. 282-311.

舘野泰一・木村充・関根雅泰・中原淳 (2011) 職場外の勉強会に参加する社会人に関する探索的研究. 日本教育工学会研究報告集. No. 4 pp. 139-146.

舘野泰一・高橋俊之 (編)・中原淳 (監修) (2018) リーダーシップ教育のフロンティア【研究編】：高校生・大学生・社会人を成長させる「全員発揮のリーダーシップ」. 北大路書房.

寺澤弘忠 (1988) 事例にみる OJT 成功の秘訣：管理・監督者の役割と実践のポイント. 産業労働出版協会.

戸田淳仁 (2010) 職種経験はどれだけ重要になっているのか：職種特殊的人的資本の観点から. 日本労働研究雑誌. Vol. 52 No. 1 pp. 5-19.

Toh, S. M. & DeNisi, A. S. (2005) A local perspective to expatriate success. *Academy of Management Executive*. Vol. 19 No. 1 pp. 1224-1244.

Tsang, E. W. K. (1997) Organizational learning and the learning organization: A dichotomy between descriptive and prescriptive research. *Human Relations*. Vol. 50 No. 1 pp. 73-89.

Tung, R. L. (1981) Selection and training of personnel for overseas assignments. *Co-*

lumbia Journal of World Business. Vol. 16 No. 1 pp. 68-78.

Turner, V. W. 冨倉光雄 (訳) (1996) 儀礼の過程. 新思索社.

上田信行・中原淳 (2013) プレイフル・ラーニング：ワークショップの源流と学びの未来. 三省堂.

Vandewalle, D., Cron, W. L. & Slocum, J. W. (2001) The role of goal orientation following performance feedback. *Journal of Applied Psychology*. Vol. 86 No. 4 pp. 629-640.

Van Maanen, J. (1976) Breaking in: Socialization to work. Dubin, R. (ed.) *Handbook of work, organization and society*. McNally.

Van Maanen, J. & Schein, E. H. (1979) Toward a theory of organizational socialization. Staw, B. M. (ed.) *Research in organizational behavior* (Vol. 1). JAI press.

Van Velsor, E. & McCauley, C.D. (2004) Our view of leadership development. McCauley, C. D. & Van Velsor, E. (eds.) *The center for creative leadership handbook of leadership development* (Second edition). Jossey-Bass. pp. 1-22.

Vince, R. (2002) Organizing Reflection. *Management Learning*. Vol. 33 No. 1 pp. 63-78.

Vygotsky, L. S. (1927) *The collected works of L. S. Vygotsky: Volume 4: The history of development of higher mental functions*. Plenum press.

Vygotsky, L. S. 柴田義松 (訳) (1970) 精神発達の理論. 明治図書出版.

若林満 (1988) 組織内キャリア発達とその環境. 若林満・松原敏浩 (編) 組織心理学. 第 10 章. 福村出版.

若林満・南隆男・佐野勝男 (1980) わが国産業組織における大卒新入社員のキャリア発達過程：その継時的分析. 組織行動研究. Vol. 6 pp. 3-131.

若林満・南隆男・佐野勝男 (1984) わが国産業組織における大卒新入社員のキャリア発達過程：入社 7 年目時点でのフォローアップ. 組織行動研究. Vol. 11 pp. 3-61.

Wageman, R. (2001) How leaders foster self-managing team effectiveness: Design choices versus hands-on coaching. *Organization Science*. Vol. 12 No. 5 pp. 559-577.

Wanous, J. P. (1973) Effects of a realistic job preview on job acceptance, job attitudes, and job survival. *Journal of Applied Psychology*. Vol. 58 Issue. 3 pp. 327-332.

Wanous, J. P. (1992) *Organizational entry: Recruitment, selection, orientation and socialization of newcomers*. Addison-Wesley.

Weisbord, M. R. (2004) *Productive workplaces revisited: Dignity, meaning, and community in the 21st century*. Jossey-Bass.

Wellman, B. (1979) The community question: The intimate networks of east yorkers. *American Journal of Sociology*. Vol. 84 No. 5 pp. 1201-1231.

Woerkom, M. V. (2003) *Critical reflection at work: Bridging individual and organizational learning*. Twente University Press.

Wood, D. J., Bruner, J. S. & Ross, G. (1976) The role of tutoring in problem solving. *Journal of Child Psychology and Psychiatry*. Vol. 17 No. 2 pp. 89-100.

山岸俊男（1998）信頼の構造：こころと社会の進化ゲーム．東京大学出版会．

山村明義（2007）組織再社会化促進施策が民営化企業の従業員の組織適応に与える影響．経営行動科学学会年次大会発表論文集．Vol. 10 pp. 23-25.

Yamazaki, Y. & Kayes, C. (2007) Expatriate learning: Exploring how Japanese managers adapt in the United States.*The International Journal of Human Resoure Management*. Vol. 18 No. 8 pp. 1373-1395.

Yamazaki, Y. & Kayes, D. C. (2004) An experiential approach to cross-cultural learning: A review and integration of success factors in expatriate adaptation. *Academy of Management Learning & Education*. Vol. 3 No. 4 pp. 354-379.

Yamnill, S. & McLean, G. N. (2001) Theories supporting transfer of training. *Human Resource Development Quarterly*, Vol. 12 No. 2 pp. 195-208.

米倉誠一郎・青島矢一（2001）イノベーション研究の全体像．一橋大学イノベーション研究センター（編）知識とイノベーション．東洋経済新報社．

Yukl, G. (2010) *Leadership in organizations* (Seventh edition). Pearson.

Yukl, G. (2013) *Leadership in organizations* (Global edition). Pearson.

Zacharatos, A., Barling, J. & Kelloway, E. K. (2000) Development and effects of transformational leadership in adolescents. *The Leadership Quarterly*. Vol. 11 No. 2 pp. 211-226.

Zigler, E. & Child, I. L. (1969) Socialization. Lindzey, G. & Aronson, E. (eds.) *The handbook of social psychology* (Second edition. Vol. 2). Addison-wesley. pp. 450-589.

索　引

著者略歴

1975 年　北海道に生れる
1998 年　東京大学教育学部卒業
2001 年　大阪大学大学院人間科学研究科博士後期課程中途退学
2003 年　大阪大学博士号（人間科学）取得
2006 年　東京大学 大学総合教育研究センター　助教授
2007 年　東京大学 大学総合教育研究センター　准教授
現　在　立教大学経営学部教授

主要著書

『職場学習論』（2010 年，東京大学出版会）
『人材開発研究大全』（編著，2017 年，東京大学出版会）
『組織開発の探究』（共著，2018 年，ダイヤモンド社）
『サーベイ・フィードバック入門』（2020 年，PHP 研究所）

NAKAHARA-LAB.NET（http://www.nakahara-lab.net/）

経営学習論　増補新装版　　人材育成を科学する

2021 年 2 月 25 日　初　版
2024 年 4 月 5 日　第 4 刷

［検印廃止］

著　者　中原　淳
　　　　なかはら　じゅん

発行所　一般財団法人　東京大学出版会

代 表 者　吉見俊哉
153-0041 東京都目黒区駒場 4-5-29
https://www.utp.or.jp/
電話 03-6407-1069　Fax 03-6407-1991
振替 00160-6-59964

装　幀　水戸部功
印刷所　株式会社理想社
製本所　牧製本印刷株式会社

© 2021 Jun Nakahara
ISBN 978-4-13-040295-8　Printed in Japan

職場学習論──仕事の学びを科学する　　　　　中原 淳

人生の多くの時間を費やす職場での学びが人間形成に果たす役割は大きい．アンケート調査とヒアリング調査によって得られたデータに実証的アプローチを施すことで，これまで見過ごされ，印象論でしか語られてこなかった職場の学習プロセスに寄与する要因を解明する．
A5判／2800円

人材開発研究大全　　　　　中原 淳 編

人的資源開発論，産業組織心理学，経営学習論などさまざまな学問アプローチを駆使し，組織への参入前から退出まで，医療職や教職までをも含め，人材開発の最新の知見をここに集約する．人材育成の研究や現場のための一大リファレンス．
A5判／9200円

活躍する組織人の探究──大学から企業へのトランジション　　中原 淳／溝上慎一 編

大学から企業へ円滑に移行できる人材，素早く効率的に組織適応できる人材，組織革新を担える人材を採用・選抜するために，現在企業で活躍するビジネスパーソンがどのような意識・行動で大学生活を過ごしていたのかを質問紙調査から明らかにする．
A5判／3600円

スタートアップ入門　　　　　長谷川克也

東京大学の人気講座・東京大学アントレプレナー道場で講義されている起業するための基礎知識を完全網羅．本郷バレーと呼ばれ，200社以上が設立した東大発スタートアップはどのような授業をしているのか，人気講座・はじめての入門書．
A5判／2500円

テクノロジー・スタートアップが未来を創る──テック起業家をめざせ　　鎌田富久

東京大学の人気講座・アントレプレナー道場の看板講師であり，自らも学生時代に ACCESS を共同創業し，現在はエンジェル投資家でもある著者が，豊富な経験から指南する大学発ベンチャーのススメ．
四六判／1600円